영어작문

누구나 배울 수 있는

프로젝트

누구나 배울 수 있는
영어 작문 프로젝트 1
(개정판)

누구나 배울 수 있는
영어 작문 프로젝트 1(개정판)

펴 낸 날	개정판 1쇄 2019년 12월 20일
	개정판 3쇄 2022년 12월 20일

지 은 이	조병대
펴 낸 곳	투데이북스
펴 낸 이	이시우
교정 · 교열	Thomas Frazer, 곽나연, 장예린, 박명희
편집 디자인	박정호
출판등록	2011년 3월 17일 제307-2013-64호
주 소	서울특별시 성북구 아리랑로 19길 86, 상가동 104호
대표전화	070-7136-5700 팩스 02) 6937-1860
홈페이지	http://www.todaybooks.co.kr
페이스북	http://www.facebook.com/todaybooks
전자우편	ec114@hanmail.net

ISBN : 978-89-98192-82-2 53740

영어 작문

누구나 배울 수 있는

프로젝트

1

개정판

조병대 지음

투데이북
TodayBooks

머리말

지난주 출판사에서 연락이 왔습니다. 개정판을 내자고.

이 책을 출판한 지 4년이 되었고 절판의 걱정을 깨고 개정판을 내놓게 되었습니다.

서점에서 이 책을 사고 카페에 가입하고 가입 인사를 남겨주신 분들께 고맙다는 말을 먼저 해야겠습니다.

하지만 늘 부끄러운 마음입니다.

열심히 카페 관리를 하고 새로운 콘텐츠를 만들어 내겠다던 처음의 다짐은 먹고사는 문제에 또는 게으름에 닳고 닳아 희미하기만 합니다. 그동안 목수라는 새로운 직업을 얻게 되었고 그럭저럭 잘해나가고 있습니다. 아들이 그러더군요.

"아빠! 백수에서 목수로~" 굳이 목수 일을 택한 것도 시간 활용을 잘만 하면 새로운 책도 쓰고 카페 관리도 잘할 수 있을 거라는 생각에서였습니다. 물론 어리석은 생각이었지요. 세상에 그리 만만한 직업이 있을 리 없지요. 이제 목수 일도 어느 정도 몸에 익어갑니다.

개정판을 내면서 다시 모니터 앞에 앉아보니 오래전 시작해 놓은 영어책 파일들이 눈에 들어옵니다.

다시 한번 조금 더 여유를 가지고 시작해 봐야겠습니다.

처음 이 책을 구상하고 작업을 시작할 때만 해도 이 방법이면 누구나 영어로 마음껏 글을 쓸 수 있다고 확신했었습니다. 하지만 이제 와 생각해 보면 영어 공부라는 것이 특별한 방법의 문제가 아님을 그때는 몰랐거나 알았더라도 머릿속에 자리 잡은 상상의 즐거움에 모른 척했었나 봅니다. 물론 영어 작문으로 시작하면 좋겠다는 생각은 같습니다. 다만 그래야 한다는 고집과 집착이 많이 줄어들었다는 뜻입니다. 요즘은 일주일에 한 번 아이들 몇 명과 작문 수업을 하고 있습니다. 예전보다는 여유로운 모습인 것 같습니다.

여전히 많은 학생이 영어 공부에 힘들어하고 있겠지요.

인연이 있어 이 책을 선택했다면 조금씩 그리고 꾸준히 해 보세요.

카페의 동영상 강의도 참고하시고요.

누구나 알고 있듯이 공부에 왕도는 없습니다.

지름길을 찾기보다 스스로 선택한 길로 꾸준히 지치지 않고 가는 것이 최선의 방법이니까요.

저 역시 한 걸음 한 걸음 지치지 않고 가려고 합니다. 많은 사람이 그렇게 살아가고 있듯이.

고맙습니다.

2019년 12월
저자 조병대

CONTENTS

Chapter

1

품사와 명사 시리즈

품사**와** 명사 시리즈

단어는 문장을 만드는 기본 단위입니다.

그리고 문장의 기본 단위인 단어들을 **품사**(명사, 동사, 형용사, 부사 등)로 구분합니다.

그러면 단어를 품사로 구분하는 기준은 무엇일까요?

그건 바로 **단어의 기능**입니다.

즉, 명사, 동사, 형용사, 부사는 문장 속에서 서로 하는 일이 다르다는 뜻이지요.

우리는 먼저 기본 품사의 기능과 동사의 시제와 의미 표현을 익힌 후, 명사와 기능은 같지만 형태가 다른 명사구, 명사절, 동명사, 부정사를 자유롭게 활용할 수 있는 다양한 문장을 연습해 보도록 하겠습니다.

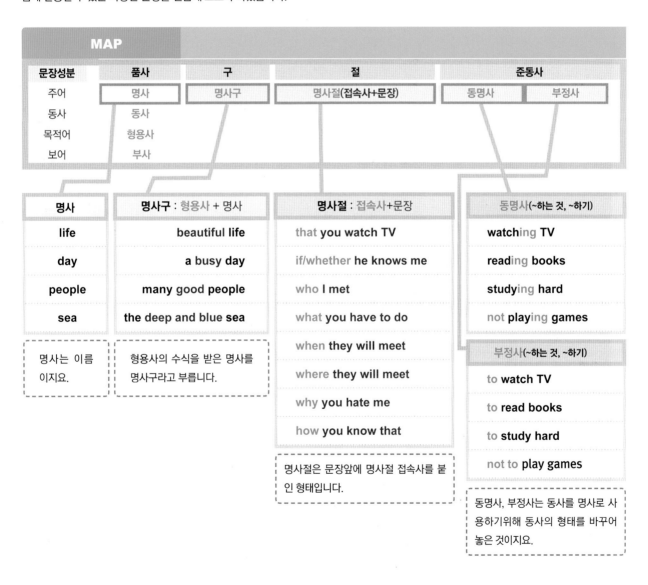

MAP

문장성분	품사	구	절	준동사	
주어	명사	명사구	명사절(접속사+문장)	동명사	부정사
동사	동사				
목적어	형용사				
보어	부사				

명사	명사구 : 형용사 + 명사	명사절 : 접속사+문장	동명사(~하는 것, ~하기)
life	beautiful life	that you watch TV	watching TV
day	a busy day	if/whether he knows me	reading books
people	many good people	who I met	studying hard
sea	the deep and blue sea	what you have to do	not playing games

명사는 이름이지요.

형용사의 수식을 받은 명사를 명사구라고 부릅니다.

명사절	동명사
when they will meet	
where they will meet	**부정사**(~하는 것, ~하기)
why you hate me	to watch TV
how you know that	to read books
	to study hard
	not to play games

명사절은 문장앞에 명사절 접속사를 붙인 형태입니다.

동명사, 부정사는 동사를 명사로 사용하기위해 동사의 형태를 바꾸어 놓은 것이지요.

명사와 동사로 문장쓰기 : 1형식문장과 3형식문장

한국어는 **명사**에 **주격조사(~은, ~는, ~이, ~가**)를 붙여 문장의 주어로 사용합니다. [명사 + 은, 는, 이, 가 = 주어]

영어 역시 명사를 주어로 사용하지만 명사가 주어임을 표시해 주는 조사가 없습니다. [영어는 조사가 없습니다.]

동물들은 숨 쉰다.	Animals breathe.
너는 자는구나.	You sleep.
꽃들이 핀다.	Flowers bloom.
나무가 속삭인다.	The tree whispers.
선생님께서 기침하셔.	Our teacher coughs.

영어는 주어가 3인칭 단수(He, She, It, This, That)에 해당하면 동사의 현재 형태에 '~s, ~es'를 붙여 줍니다.

My father(=**He**) smoke**s**.	smoke-**s**
His wife(=**She**) teach**es** English.	teach-**es**
This animal(=**It, This, That**) eat**s** plants.	eat-**s**
She wash**es** her clothes.	wash-**es**

위의 문장들은 '**주어, 동사**'만으로도 문장이 완성됩니다. 이런 문장을 **1형식문장**이라고 하지요.

하지만 동작의 대상인 **동사의 목적어**가 있어야 문장이 완성되는 동사들도 있습니다.

나는 태권도를 배워.	I learn taekwondo.
동물들이 이 물을 마신다.	Animals drink this water.
그 선생님은 날 미워하셔.	The teacher hate**s** me.
그의 아내는 과학을 가르치지.	His wife teach**es** science.
철수는 수학을 공부한다.	Chulsu stud**ies** math.
아버지가 이 게임을 좋아하셔.	My father enjoy**s** this game.

[동사에 '~**es**, ~**ies**'를 붙여야 하는 경우]

1. '~**o**, ~**s**, ~**x**, ~**ch**, ~**sh**'로 끝나면 '~**es**'
  go**es**, do**es**, miss**es**, mix**es**, teach**es**, wash**es**

2. '**자음**+**y**' 로 끝나면 '~**y**'를 '~**i**'로 바꾸고 '~**es**'
  cry : cr**ies**, study : stud**ies**, try : tr**ies**, fly : fl**ies**
  '**모음**(a, e, i, o, u)+**y**'로 끝나면 그냥 '~**s**'
  enjoy : enjoy**s**, stay : stay**s**

동사의 목적어가 필요한 문장을 **3형식문장**이라고 합니다.

한국어는 **명사**에 **목적격조사**(주로 '~을, ~를' 가끔 '~이, ~가')를 붙여 동사의 목적어로 사용합니다. [명사 + 을, 를 = 목적어]

하지만 영어는 조사가 없습니다. 그래서 명사를 **동사 뒤**에 써서 그 명사가 동사의 목적어임을 표시해 줍니다.

당연히 **동사 앞**의 명사는 주어가 되겠지요. [명사(주어) + 동사 + 명사(목적어)]

☆ **명사**(noun)가 **주어**(subject:**S**)와 **동사의 목적어**(Object of verb:**Ov**)의 기능을 담당하는 것은 한국어, 영어 모두 같습니다.
다만 명사의 기능을 표시하는 방법이 다를 뿐이지요. 한국어는 **조사**(주격조사, 목적격조사)로 명사의 기능을 표시하기 때문에
주어와 보어 또는 목적어가 나란히 등장할 수 있습니다. 따라서 **동사형어미**(~**다**)로 끝나는 동사가 문장의 끝에 위치하게 되지요.
조사가 없는 영어는 **명사의 위치**[**동사 앞, 동사 뒤**]로 명사의 기능을 표시합니다. 그래서 동사는 항상 주어 바로 뒤에 위치해야 하지요.
결국 명사의 기능을 표시하는 방법이 다르기 때문에 한국어와 영어의 어순(말의 순서) 차이가 발생하는 것입니다.

명사의 기능 표시	1형식문장	3형식문장
한국어: 조사와 어미	**주어 + 동사**(~다.)	**주어 + 동사의 목적어**(~을,~를) + **동사**(~다.: 반드시 문장 끝)
영어: 명사의 위치	**주어 + 동사**	**주어 + 동사**(반드시 주어 뒤) + **동사의 목적어**(동사 뒤)

동사가 언제 발생한 일인지 표현하는 것을 **동사의 시제**(time tense)라고 하고 현재의 일이면 **현재시제**, 과거의 일이면 **과거시제**라고 하지요.

(미래시제는 조동사(p38)에서 공부하겠습니다.)

한국어는 동사원형을 '~ㄴ, 는다.'의 형태로 바꾸어 현재시제를 표현하고, '~ㅆ, ~었다.'로 바꾸어 과거시제를 표현하지요.

즉, **동사의 형태**로 시제를 표현합니다.

동사원형은 사전에서 찾을 때 보이는 동사의 형태지요.
한국어의 동사원형은 그대로 문장에 사용하지 못 합니다.
[• 공부하다^(동사원형) • 공부한다^(현재) • 공부했다^(과거)]

현재 : ~ㄴ, 는다	과거 : ~ㅆ, 었다
하늘이 열린다.	하늘이 열렸다.
난 제비꽃이 좋다.	난 제비꽃이 좋았다.
비가 그친다.	비가 그쳤다.
모든 것은 변해.	모든 것이 변했어.
그녀는 무지개를 그린다.	그녀는 무지개를 그렸다.
우린 그걸 알고 있다.	우린 그걸 **알고 있었다**.

영어 역시 동사의 형태를 바꾸어 과거시제를 표현합니다.

현재시제는 동사원형과 같습니다. 물론 3인칭 단수가 주어일 때는 동사에 '~s, ~es'를 붙여주어야 하지요.

과거시제는 주로 동사원형에 '~ed'를 붙여 표현하며 이런 동사들을 **규칙변화동사**라고 합니다.

하지만 일부 동사들은 과거형태가 정해져 있으며 이런 동사들을 **불규칙변화동사**라고 하지요.

현재	과거
The sky opens.	The sky opened.
I like violets.	I liked violets.
Rain stops.	Rain stopped.
Everything changes.	Everything changed.
She draws a rainbow.	She drew a rainbow.
We know that.	We knew that.

> 과거시제의 표현을 위해서는 동사의 과거형태에 익숙해야 합니다. 특히 불규칙동사는 따로 암기해야 하니까 쉽지 않지요.
> 문장을 써 나가면서 조금씩 익숙해지면 되는 것이니까 큰 부담을 가질 필요는 없습니다.

규칙변화동사

보통은 '~ed'만 붙입니다.
'~e'로 끝나면 '~d'만 붙입니다.
'자음+y'로 끝나면 'y'를 'i'로 바꿉니다.
'모음+자음'이 하나 뿐이면 자음을 한번 더 써 줍니다.

동사원형+ed	동사원형(e)+d	동사원형(자음y)+(i)ed	동사원형+자음+ed	불규칙변화동사
act - acted	agree - agreed	cry - cried	beg - begged	cut - cut
bark - barked	bake - baked	carry - carried	chat - chatted	put - put
call - called	create - created	deny - denied	drop - dropped	come - came
enjoy - enjoyed	decide - decided	dry - dried	hop - hopped	drink - drank
fail - failed	erase - erased	hurry - hurried	nod - nodded	feel - felt
help - helped	hope - hoped	study - studied	stop - stopped	buy - bought
kill - killed	save - saved	try - tried	slip - slipped	say - said
laugh - laughed	tie - tied	worry - worried	skip - skipped	take - took

1형식, 3형식문장 (현재시제)

1	나는¹ 공부한다².	
2	나는¹ 영어를³ 공부한다².	
3	너는 웃는구나.	
4	넌 TV를 보는구나.	
5	우리가 이 교실을 청소하지.	
6	그들은 날 미워해.	
7	순이와 철수가 온다.	
8	새들이 노래하지.	
9	my언니와 내가 어머니를 돕지.	
10	대부분의 사람들은 이 이야기를 안다.	
11	그는 나를 알아.	
12	그녀가 미소 짓는군.	
13	이게 움직여요.	
14	여행은 많은 것들을 가르쳐 준다.	
15	저의 어머니께서는 일하십니다.	
16	네 핸드폰이 울린다.	
17	누군가 운다.	
18	시간이 지나간다.	
19	바람이 불어.	
20	the비는 내 마음을 씻어주지.	

[문장 쓰는 순서]

영어로 문장을 쓸 때는 먼저 주어(~은, 는, 이, 가, 께서, 도 등)와 동사(~다, ~지, ~야, ~구나, ~어)를 써 줍니다. 이 부분이 가장 중요하지요. 그리고 나머지 부분은 동사 다음에 거꾸로 써나가면 됩니다.

나는¹ 오늘⁵ 여기서⁴ 그를³ 만난다².

1. I
2. I meet
3. I meet him
4. I meet him here
5. I meet him here today.

하지만 덩어리는 하나의 단어처럼 써주어야 하겠지요.

그는 [우리 영어 선생님]을 안다.
1. He knows
2. He knows our English teacher.
He knows teacher English our. (X)

웃다	laugh-ed	여행	travel	지나가다	pass-ed
TV를 보다	watch TV	가르치다	teach-taught	불다	blow-blew
청소하다	clean-ed	것	thing	씻다	wash-ed
미워하다	hate-d	일하다	work-ed	마음	heart
미소 짓다	smile-d	울리다	ring-rang		

1형식, 3형식문장 (과거시제)

'a, an, the, my, 등'은 한국어에서는 말할 필요가 없지만 영어에는 꼭 필요한 경우가 많습니다. 그런 때는 명사 앞에 작게 적어 두겠습니다. 꼭 적어 주세요.

1	그 개가 짖었다.
2	the선생님께서 네 이름을 부르셨어.
3	누군가 빵을 구웠군.
4	난 그 파일을 지워버렸어.
5	네가 내 목숨을 구했구나.
6	난 울었지.
7	우린 서둘렀다.
8	저는 수학이랑 과학을 공부했어요.
9	네가 이걸 떨어뜨렸어.
10	순이는 아침을 걸렀습니다.

11	사람들이 왔다.
12	내가 그 케익을 잘랐어.
13	my할아버지께서 the숭늉을 마셨다.
14	철수는 his어머니의 사랑을 느꼈지.
15	my언니가 만두를 샀다.
16	난 "네."라고 말했지.
17	my엄마는 her손을 다치셨어요.
18	구름들이 the달을 먹었다.
19	그 남자는 a산삼을 발견했지.
20	그는 그의 영혼을 팔았다.

짖다	bark-ed	파일	file	수학	math	마시다	drink-drank	구름	cloud
부르다	call-ed	구하다	save-d	과학	science	느끼다	feel-felt	발견하다	find-found
누군가	someone	목숨	life	떨어뜨리다	drop-ped	사다	buy-bought	산삼	wild ginseng
굽다	bake-d	울다	cry-cried	거르다	skip-ped	말하다	say-said	팔다	sell-sold
지우다	delete-d	서두르다	hurry-hurried	아침	breakfast	다치다	hurt-hurt	영혼	soul

한정사

☆ 한정사(determiner)

명사 앞에서 명사의 성격이나 수량을 표시해주는 단어를 한정사(determiner)라고 합니다.
앞으로 자주 사용해야 하는 한정사들을 익혀두세요.

자주 쓰이는 한정사

a ~, an ~	어떤, 한, 하나의 ~
the ~	그 ~(들), 저 ~(들)
this ~	이 ~
that ~	저 ~, 그 ~
these + 복수	이 ~들
those + 복수	저 ~들, 그 ~들
one, two ~	하나, 두 ~
a lot of ~	많은 ~(들)
lots of ~	많은 ~(들)
many + 복수	많은 ~들
much ~	많은 ~
more ~	더 많은 ~(들)
most ~	대부분의 ~(들)
some ~	어떤, 몇몇의, 조금
a few + 복수	어떤, 몇몇의 ~들
a little ~	약간의, 조금의 ~
all + 복수	모든 ~들
every + 단수	모든 ~
no ~	어떤 ~도 ~않다

1. 어떤 여자가 너한테 전화했었어.
2. 그는 아들이 한 명 있다. *
3. 우린 사과나무를 한 그루 심었다. *
4. ₐ뱀을 봤어요.
5. 넌 ₐ친구가 필요해.
6. 난 the답을 알지.
7. 난 이 노래가 좋아.
8. 난 이 노래들이 싫어.
9. 우린 저 이야기 알아.
10. 그녀가 저 문제들을 풀었다.

* '아들 한 명, 실수를 많이, 시간이 더'같은 표현은 '한 명의 아들, 많은 실수를, 더 많은 시간이'이라 고 표현할 수도 있지요.
하지만 한국어 표현이 어떻든 영어의 한정사는 항상 명사 앞에 써 주어야 합니다.

11. 난 실수를 많이 했어. (많은 실수를)
12. 많은 사람들이 그 도시를 떠났지.
13. 그녀는 많은 것들을 기억한다.
14. 너무 많은 사람들이 그걸 원해. *
15. 그는 친구들이 너무 많아요(has). *
16. 넌 사랑을 많이(많은 사랑을) 받았어.
17. 우린 많은 시간을 썼다.
18. my아버지는 술을 너무 많이 마셔. *
19. 너희들 물을 너무 많이 쓰잖아. *

* '너무 많은'은 'too many, too much'로 표현합니다.

여자	woman	필요하다	need-ed	노래	song	떠나다	leave-left	받다	receive-d
전화하다	call-ed	알다	know-knew	이야기	story	기억하다	remember-ed	(시간, 돈) 쓰다	spend-spent
심다	plant-ed	답	answer	풀다	solve-d	것(들)	thing(s)	마시다	drink-drank
보다	see-saw	~가 좋다	love-d, like-d	문제(문항)	question	원하다	want-ed	술	alcohol
뱀	snake	싫다	hate-d	실수하다	make mistake	~가 있다	have-had	쓰다 (사용)	use-d

한정사

1	시간이 더(더 많은 시간이) 필요해요.
2	우린 의자가 더(더 많은 의자) 필요해.
3	대부분의 사람들은 그걸 믿었지.
4	어떤(some) 사람들은 TV를 싫어해.
5	난 몇(a few) 사람들을 안다.
6	난 물을 조금(some) 마셨다.
7	그녀는 돈을 조금(a little) 모았다.
8	난 모든(every) 선생님을 알아.
9	난 모든(all) 선생님들을 알아.
10	누구나 the 답을 알지.

☆ 'no'는 문장을 부정문(~않다, ~없다, 아니다)으로 만드는 한정사입니다.

11	난 no친구들이 없어.
12	난 no아이디어가 없다. (전혀 모른다.)
13	우린 no선택의 여지가 없어.
14	난 아무 것도 안 먹었어.
15	난 아무 것도 말하지 않았어.
16	걔네들은 아무 것도 하지 않았다.
17	아무 것(일)도 일어나지 않았다.
18	아무도 이걸 몰라.
19	아무도 널 원하지 않아.
20	난 아무도 만나지 않았어.

의자	chair	선택의 여지	choice	일어나다	happen-ed
믿다	believe-d	먹다	eat-ate	아무도	no one, nobody
모으다 (저축)	save-d	아무 것도	nothing	만나다	meet-met
누구나	everyone, everybody	말하다	say-said		
아이디어, 생각	idea	하다	do-did		

한국어는 **명사**에 **보격조사**(~이, ~가)와 종결어미(~다)를 붙여 주어가 누구인지, 무엇인지 표현합니다.

보통 받침이 없는 명사 뒤의 보격조사는 생략하지요.

하지만 조사가 없는 영어는 **명사**를 '**be 동사**'로 연결해 주어가 누구인지, 무엇인지 표현합니다 .

이때 'be 동사'는 다른 동사들과는 달리 특별한 의미가 없습니다.

난 인조인간이야. (나 = 인조인간)	I am a cyborg. (I = a cyborg)
난 사고뭉치였지. (이었지.)	I was a troublemaker.
그는 우리의 영웅이다.	He is our hero.
그녀는 내 우상이었지.	She was my idol.
이건 내 자전거다.	It is my bike.
우리는 한국인이야.	We are Koreans.
그들은 제 친구들이었습니다.	They were my friends.
그것이 나의 꿈이었습니다.	That was my dream.
넌 나의 천사야.	You are my angel.

'be 동사' 뒤의 명사는 주어가 누구인지, 무엇인지 표현해 주며 주격보어 또는 명사보어(noun complement: **Cn**)라고 부릅니다. 주어와 명사보어는 당연히 서로 같은 대상이겠지요.
【 **주어 = 명사보어** : 나 = 인조인간, 그 = 영웅 】
이렇듯 동일한 대상이 연결된 문장을 **2형식문장**이라고 부릅니다. 그리고 '**be 동사**'는 특별한 의미 없이 주어와 명사보어를 연결해 주는 역할을 합니다. 문장이 이루어지려면 '**주어와 동사**'가 있어야 하기 때문이지요.
즉, 'be 동사'는 특별한 뜻은 없지만 문장을 이루기 위해서는 꼭 필요한 중요한 동사입니다.

주어의 상태가 항상 같을 수는 없지요. 주어의 상태는 변하기도 하기 때문에 '~가/이 **되다**'의 표현이 필요합니다.

이때는 'be 동사'대신 '**become-became**'으로 주어의 상태 변화를 표현합니다.

그 소년은 인조인간이 되었다.	That boy became a cyborg. (boy = a cyborg)
그 애벌레는 나비가 된다.	The caterpillar becomes a butterfly.
그 별은 블랙홀이 된다.	The star becomes a black hole.
길동이가 산적 두목이 되었다.	Gildong became a bandit leader.
그 이야기는 전설이 되었지.	That story became a legend.

become = be + come
되다   상태가   바뀌다

문장은 최소한 주어와 동사를 가지고 있어야 하지요. 그리고 동사의 종류에 따라서 목적어, 또는 보어가 필요합니다.
동사는 목적어가 필요한 **타동사**(transitive verb), 목적어가 필요 없는 **자동사**(intransitive verb)로 구분할 수 있습니다.
1형식과 2형식문장의 동사는 목적어가 필요 없으니까 자동사, 3형식문장은 목적어가 필요하니까 타동사에 속하겠지요.
그리고 '**주어, 동사, 목적어, 보어**'는 문장의 뼈대를 이루며 **문장성분(part of sentence)**이라고 부릅니다.

MAP	문장성분	품사
	주어	명사
	동사	**동사**
	목적어	
	보어	

명사는 주어, 목적어 뿐만 아니라 명사보어의 기능도 담당합니다.
동사는 문장의 서술어(동사)의 기능만 담당합니다.

be + 명사보어

○ **'be 동사'**의 형태 : 동사원형 (**be**) 현재(~이다) (**am, are, is**) 과거(~였다.) (**was, were**) 과거분사 (**been**)

1 나는야 나그네라네.

2 나는 ₐ겁쟁이였지.

3 넌 ₐ천재야.

4 그는 ₐ거짓말쟁이였다.

5 ₘy할머니께서는 ₐ패션리더세요.

6 순이의 오빠는 ₐ킹카였어.

7 그 미용사가 철수 어머니다.

8 그녀는 ₐ가정주부였다.

9 the답은 사랑이야.

10 그것은 제 실수였습니다.

＊ 소유대명사(~의 것) : 내 거(mine) 네 거, 그의 것, 그녀의 것, 우리 거, 너희들 거, 그들 거 (yours, his, hers, ours, yours, theirs)

11 이건 내 거야. ＊

12 내일은 한글날이다.

13 어제가 ₘy언니의 생일이었어.

14 네가 the문제야.

15 너희들이 나의 모든 것이란다.

16 우린 우리 영혼의 the주인들입니다.

17 눈은 the마음의 the창(창문)이지요.

18 아이들은 우리의 미래입니다.

19 너희는 말썽꾸러기들이었어.

20 그것들은 ₘy아빠의 연애편지들이었다.

나그네	traveler	킹카	kingka(king card)	문제	problem
겁쟁이	coward	미용사	hairdresser	주인	owner
천재	genius	가정주부	housewife	영혼	soul
거짓말쟁이	liar	답	answer	미래	future
패션리더	fashion leader	실수	mistake	연애편지	love letter

16
17
영어는 ['s]로 소유(~의)를 표현하지요. 하지만 소유의 대상인 명사 앞에 한정사가 있을 경우 'of~'를 사용합니다.

the dog's **tail** 그 개의 꼬리
the tail of the dog 그 개의 그 꼬리
my mom's **friend** 엄마의 친구
a friend of my mom 엄마의 친구 한 명

~이,가 되다. : become

1	음악은 그의 모든 것이 된다.
2	네 꿈이 ₐ현실이 되지.
3	이 세상은 ₐ천국이 된다.
4	그녀의 책이 ₐ베스트셀러가 된다.
5	그들은 친구가 되지요.
6	그 얼음은 물이 됩니다.
7	그 판다가 the용의 전사가 되지.
8	그 곰은 ₐ여자가 된다.
9	the교실은 ₐ난장판이 된다.
10	놀부는 욕심의 ₐ상징이 된다.

11	난 우리 팀의 the리더가 되었지.
12	그것은 나의 별명이 되었다.
13	그게 ₐ습관이 되어버렸어.
14	my삼촌이 ₐ아빠가 됐다.
15	그 이야기는 ₐ영화가 되었다.
16	그 영화는 ₐ성공했다. (성공이 되었다.)
17	이순신은 조선의 ₐ영웅이 되었다.
18	독서는 제 삶의 한 부분이 되었지요.
19	the지구는 ₐ쓰레기장이 되어버렸어.
20	난 그들 중 한 명이 되었다.

현실	reality	상징	symbol	독서	reading
천국	heaven	욕심, 탐욕	greed	부분	part
베스트셀러	bestseller	리더	leader	쓰레기장	dump
용의 전사	dragon warrior	별명	nickname		
난장판	mess	습관	habit		

20 'of '는 '~중의'를 표현할 수 있습니다.

one / two of ~	~중 하나 / 둘
each of ~	~의 각각
some of ~	~중 일부, 몇몇, 약간
most of ~	~의 대부분(대다수)
all of ~	~모두(전부)

형용사의 기능 : 명사수식과 형용사보어

한국어의 형용사는 **형용사형어미**(~ㄴ, 는)로 끝나며 명사 앞에서 명사를 꾸며주지요. [**네 넓은 마음**]

그리고 형용사형어미를 **동사형어미**(~다)로 바꾸면 쉽게 **동사처럼** 사용할 수 있습니다. [**네 마음은 넓다.**]

명사구 : 형용사^(~ㄴ) + 명사 ➡	2형식문장 : ~다
그 **깊고 푸른 바다**	그 바다는 깊고 푸르다.
부지런한 개미	개미는 부지런하다.
이 **작은 곤충**	이 곤충은 작다.
저 **이상한 그림**	저 그림은 이상하다.
대부분의 **바쁜 사람들**	대부분의 사람들은 바쁘다.
몇몇 **어려운 질문들**	몇몇 질문들은 어려웠다.
우리 **엄한 선생님**	우리 선생님은 엄하셨다.

형용사의 꾸밈을 받은 명사를 **명사구**(noun-phrase)라고 부릅니다. 구(phrase)란 두 개 이상의 단어가 모여 하나의 품사 역할을 하는 형태를 뜻하지요. 그러니까 **명사구**란 기능은 **명사**(noun), **형태는 구** (phrase)라는 뜻이지요.

명사	명사구
내 친구들	내 소중한 친구들
이 시간	이 행복한 시간
그 이야기	그 오래된 이야기

영어의 형용사 역시 명사 앞에서 명사를 수식합니다. 하지만 한국어와 달리 통일된 형태의 '**어미**'가 없기 때문에 형용사를

동사처럼 사용할 수는 없습니다. 대신 영어는 '**be 동사**'를 형용사와 결합시켜 동사처럼 사용할 수 있습니다.

즉, 형용사를 **보어**로 사용하는 것이지요. 이때는 형용사를 형용사보어라고 부르며 **2형식문장**으로 분류합니다.

명사구 : 형용사+명사 ➡	문장 : be + 형용사
the deep and blue sea	The sea **is** deep and blue.
diligent ants	Ants **are** diligent.
this small insect	This insect **is** small.
that strange picture	That picture **is** strange.
most busy people	Most people **are** busy.
some difficult questions	Some questions **were** difficult.
our strict teacher	Our teacher **was** strict.

형용사는 '**be 동사**'와 함께 **주어의 상태**를 표현해 주며, 주격보어 또는 **형용사보어**(adjective complement: **Ca**)라고 부릅니다. 즉, 형용사는 **명사수식 기능**과 **형용사보어 기능**을 담당합니다. 그래서 2형식문장의 **주격보어**는 **명사보어**(Cn)와 **형용사보어** (Ca)로 구분해 두는 것이 편리하지요.

2형식문장	주격보어의 종류
I am a Korean.	**명사보어**(Cn)
I am happy.	**형용사보어**(Ca)

단어(word)는 고유의 **기능**을 가지고 있습니다. 따라서 단어는 기능(function)에 따라 분류할 수 있고, 단어를 기능에 따라 분류한 것을 **품사** (part of speech)라고 부릅니다. 지금까지 **명사**, **동사**, **형용사**의 기능을 간단히 살펴 보았습니다.

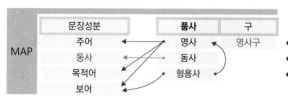

MAP

문장성분	품사	구
주어	명사	명사구
동사	동사	
목적어	형용사	
보어		

● 명사와 명사구는 주어, 목적어, 명사보어의 기능을 담당합니다.
● 동사는 문장의 서술어(동사)의 기능만을 담당합니다.
● 형용사는 명사수식과 형용사보어의 기능을 담당합니다.

be + 형용사

1	우리는 행복해.	
2	그 영화는 무서웠어.	
3	이거 흥미롭군.	
4	the바람이 차가웠다.	
5	영어는 어려워.	
6	하루면 충분해.	
7	난 한가해.	
8	그 뮤지컬은 훌륭했다.	
9	넌 못생겼거든.	
10	심심하다. ✻	

✻ 한국어는 종종 주어가 생략될 수 있습니다. 하지만 영어로 문장을 쓸 때는 주어를 꼭 써 주어야 합니다.

11	넌 게으르구나.	
12	your체온은 정상이군요.	
13	이 노래가 인기가 있지요.	
14	모든 것이 완벽했다.	
15	우린 준비됐어.	
16	넌 안전해.	
17	그 패턴들은 단순했다.	
18	the감기가 지독했어.	
19	the경치가 멋있었어요.	
20	우리 모두 배가 고팠어요. ✻	

✻ 우리 모두 : all of us, 우리 대부분 : most of us, 우리들 중 몇 명 : some of us

행복하다	be happy	충분하다	be enough	체온	body temperature	안전하다	be safe
무섭다	be scary	한가하다	be free	정상이다	be normal	단순하다	be simple
흥미롭다	be interesting	훌륭하다	be great	인기 있다	be popular	지독하다	be terrible
차갑다	be cold	심심, 지루하다	be bored	완벽하다	be perfect	경치	view
어렵다	be difficult	게으르다	be lazy	준비되다	be ready	멋있다	be wonderful

be + 형용사

1 the부엌이 엉망이었어.

2 순이 방은 깔끔했다.

3 그의 눈은 깊고 따뜻했어요.

4 네 의견이 중요해.

5 그 문제들 중 몇 개(some)는 어려웠다.

6 그들의 대부분은 지각했다.

7 이거 고장 났어요.

8 그 원숭이의 the엉덩이는 빨갰다.

9 과일들이 싱싱하고 싸더라.

10 넌 키 크고 잘 생겼고 똑똑하잖아. ＊

＊ 세 가지 이상을 나열할 때는 단어들을 콤마(,)로 연결하고 마지막 단어 앞에 'and'를 써 줍니다. 'and' 앞에는 콤마(,)를 찍어도 좋고 생략해도 좋습니다.
[I am hungry, tired and sleepy. I ate rice, soup, cake and fruits. Chulsu, Sooni and I met.]

11 난 지쳤어. (난 피곤해.)

12 the달이 환했다. (밝았다.)

13 the국이 짜요.

14 브랜드 커피는 비싸.

15 내 다리는 짧아. (숏 다리야.)

16 부모님의 사랑은 끝이 없지.

17 넌 운이 좋구나.

18 the공기는 맑고 달콤했다.

19 모든 것이 사랑스러웠어요.

20 the밤하늘은 신비로웠어요.

엉망이다	be messy	중요하다	be important	싸다	be cheap	비싸다	be expensive
깔끔하다	be neat / tidy	지각하다	be late	지치다	be tired	끝 없다	be endless
깊다	be deep	고장 나다	be broken	환하다	be bright	운 좋다	be lucky
따뜻하다	be warm	엉덩이	bottom	짜다	be salty	사랑스럽다	be lovely
의견	opinion	싱싱하다	be fresh	브랜드 커피	brand coffee	신비롭다	be mysterious

형용사의 기능 : 명사구와 보어

○ 형용사는 명사구와 2형식문장으로 익혀두는 것이 좋습니다.

1	그 화난 새 [명사구]	the angry bird
	그 새는 화났다. [문장]	The bird is angry.
2	용감한 녀석들	
	그 녀석들은 용감하다.	
3	정확한 대답	
	네 대답은 정확했어.	
4	사납고 위험한 동물들	
	그 동물들은 사납고 위험하다.	
5	몇몇(some) 쉬운 질문들	
	몇몇 질문들은 쉬웠다.	
6	그 어리석고 탐욕스러운 남자	
	그 남자는 어리석고 탐욕스러웠다.	
7	너의 좋은 아이디어	
	네 아이디어는 좋다.	
8	행복하고 건강한 아이들	
	그 아이들은 행복하고 건강하다.	
9	the중요한 약속(appointment)	
	그 약속은 중요해.	
10	이 불가능한 임무(미션)	
	이 미션은 불가능합니다.	
11	사랑스러운 꽃들	
	꽃들은 사랑스러웠다.	
12	the온화한 날씨	
	the날씨는 온화했다.	

용감한	brave	사나운	fierce	탐욕스러운	greedy	(만날) 약속	appointment	온화한	mild
녀석	guy	위험한	dangerous	건강한	healthy	불가능한	impossible	날씨	weather
정확한	correct	어리석은	foolish	중요한	important	사랑스런	lovely		

13 그녀의 자연스러운 미소

그녀의 미소는 자연스럽다.

14 the소심하지만 현명한 학생

그 학생은 소심하지만 현명해.

15 이 평화로운 세상

이 세상은 평화롭다.

16 이 작지만 강력한 국가

이 국가는 작지만 강력하다.

17 the조용한 저녁

그(that) 저녁은 조용했다.

18 진짜 이야기

이 이야기는 진짜다.

19 내 특별한 선물

내 선물은 특별해.

20 놀라운 소식(뉴스)

그 소식은 놀라웠다.

21 목마른 사람들

그 사람들은 목이 말랐다.

22 쓸모 없는 지식

지식은 쓸모 없었다.

23 my어머니의 따뜻한 손

my어머니의 손은 따뜻했다.

24 그의 어린 아들

그의 아들은 어리다.

자연스러운	natural	평화로운	peaceful	조용한	quiet	선물	gift, present	쓸모 없는	useless
소심한	timid	강력한	powerful	진짜인	real	놀라운	surprising	지식	knowledge
현명한	wise	국가	country	특별한	special	목마른	thirsty	따뜻한	warm

명사구의 활용 : 주어, 보어, 목적어

1	어떤 이상한 남자가¹ 날³ 따라왔어².
2	난 앵그리버드가 싫어.
3	넌 ₐ용감한 놈이야.
4	ₘᵧ누나는 무서운 영화들을 좋아해요.
5	난 충분한 시간이 있다. (시간이 충분하다.)
6	그 배고픈 호랑이는 ₐ토끼를 발견했지.
7	난 그 쉬운 문제를 놓쳐버렸어.
8	아이들은 더 많은 자유시간이 필요해.
9	ₜₕₑ정상 체온은 36.5 도야.
10	그 말썽꾸러기가 ₐ인기 가수가 됐구먼.

11	그들은 ₐ완전 범죄를 계획했지.
12	서울은 ₐ깨끗하고 안전한 도시랍니다.
13	그는 ₐ검소한 삶을 살았습니다.
14	끔찍한 일들(things)이 일어났다. (벌어졌다.)
15	저 키 크고 잘생긴 녀석이 철수야.
16	이건 ₐₙ중요한 역할이야.
17	난 ₐ연체료를 물었어. (지불했어.)
18	난 ₜₕₑ깨진 병의 ₜₕₑ조각들을 주웠다.
19	우린 그 맑고 신선한 공기를 느꼈지.
20	ₐ다정한 미소는 ₜₕₑ지친 사람들을 위로해.

이상한, 낯선	strange	정상	normal	삶	life	줍다	pick-ed up
따라오다	follow-ed	~도	degrees	(사건)일어나다	happen-ed	조각	piece
용감한	brave	계획하다	plan-ned	역할	role	느끼다	feel-felt
발견하다	find-found	완전범죄	perfect crime	지불하다	pay-paid	다정한	friendly
놓치다	miss-ed	검소한	simple	연체료	late fee	위로하다	comfort-ed

명사구의 활용 : 주어, 보어, 목적어

1 the밝은 달빛이 the겨울 들판을 덮어줍니다.

2 엄마와 난 매운 떡볶이를 좋아해.

3 그것은 사랑스럽고 상냥한 눈을 가졌다.

4 그녀는 a신비로운 매력이 있어. (가졌어.)

5 my아빠는 a운 좋은 남자야.

6 그 작은 마을이 a인기 있는 곳이 되었다.

7 난 a특별하고 멋진 선물을 준비했지.

8 그 높은 담장이 그들을 가로막았다.

9 우린 충분한 돈을 모았어. (저축했어.)

10 the선생님은 a긴 문장을 쓰셨다.

11 그것은 a짧지만 어려운 질문이었다.

12 a어두운 그림자가 나타났다.

13 아무도 그 더러운 개를 만지지 않았지.

14 아무도 그 지저분한 방을 치우지 않았다.

15 난 그 돈의 절반을 써버렸지.

16 우린 그 산 the정상에 도달했다.

17 the매콤한 냄새가 내 코를 간지럽혔지.

18 그 못생긴 애벌레가 a예쁜 나비가 됐다.

19 우린 뭔가 이상한 것을 발견했다.

20 그는 아무런 이상한 것도 말하지 않았어.

들판	field	담장	wall	치우다	clean-ed
매력	charm	가로막다	block-ed	~의 절반/정상	half / top of ~
마을	village, town	문장	sentence	도달하다	reach-ed
곳, 장소	place	그림자	shadow	간지럽히다	tickle-d
준비하다	prepare-d	나타나다	appear-ed	애벌레	caterpillar, larva

19 20 '~thing'로 끝나는 'something, nothing, anything'은 형용사가 뒤에서 수식합니다.

뭔가 이상한 것	something strange
아무런 흥미로운 것	nothing interesting
특별한 무엇(어떤 것)	anything special

4 2형식 동사 : 주어의 상태는 변화, 유지, 감각된다.

영어의 'be 동사'는 주격보어(명사보어, 형용사보어)와 함께 주어의 상태를 묘사합니다.

하지만 주어의 상태는 변화, 유지, 감각의 대상이 될 수 있습니다. 그래서 다른 2형식 동사들도 필요하지요.

물론 다른 2형식동사들도 보어(complement: C)를 필요로 하며, 목적어(Ov)가 필요 없기 때문에 **자동사**로 분류됩니다.

- **주어의 상태는 변한다.**

그가 학생이 되었다.	He became a student.
물이 차가워 졌어.	Water became cold.
어머니는 화가 나셨다.	My mother got angry.
그 고양이는 뚱뚱해 졌다.	The cat grew fat.
네 얼굴이 창백해 졌어.	Your face turned pale.
우유는 쉽게 상한다.	Milk goes bad easily.
꿈들은 이루어 진다.	Dreams come true.

- **주어의 상태는 유지 된다.**

누나는 화난 채로 있다.	My sister remains angry.
나는 깨어 있었다.	I stayed awake.
그들은 침묵한 채로 있었다.	They kept silent.

- **주어의 상태는 감각(느낌, 눈, 코, 입, 귀)된다.**

나는 피곤한 것 같다. (느낌)	I feel tired.
넌 행복해 보여.	You look happy.
그들은 건강해 보였다.	They seemed healthy.
그녀는 화난 것 같아.	She sounds angry.
네 발은 냄새가 끔찍하다.	Your feet smell terrible.
이 과일은 맛이 좋다.	This fruit tastes good.

2형식 동사

○ 상태	
be	~(이)다
○ 변화 : ~되다, ~지다	
become	~되다, ~해 지다
get	~되다, ~해 지다
grow	~되다 (서서히 변함)
turn, fall	~되다 (갑자기 변함)
go	~되다 (좋지 않게 변함)
come	~되다 (어떤 결과에 도달하다.)
○ 유지 : ~인 채로 있다, ~한 상태를 유지하다	
remain	여전히 ~다, ~로 남다
stay	여전히 ~다, ~로 남다
keep	여전히 ~다
○ 감각 : ~한 것 같다	
feel	~것 같다, ~느끼다. 기분이 ~하다
look, seem	~것 같다, ~하게(듯) 보이다
sound	~것 같다, ~하게(듯) 들리다
smell	~것 같다, ~한 냄새(향기) 나다
taste	~것 같다, ~한 맛이 나다

영어의 **문장 형식은 동사가 어떤 문장 성분을 필요로 하는지**에 따라 분류합니다. 그리고 크게는 자동사와 타동사로 분류하지요.

1형식 문장	**주어 + 동사**	I walked.	
2형식 문장	**주어 + 동사 + 명사보어(Cn)**	I was / became **her best friend**.	자동사
	주어 + 동사 + 형용사보어(Ca)	I was / became / remained / felt **happy**.	
3형식 문장	**주어 + 동사 + 동사의 목적어(Ov)**	I hate **English**.	타동사

2형식동사 + 형용사보어

주어의 상태는 **변화, 유지, 감각**됩니다. 'be 동사'를 대신하는 변화, 유지, 감각 동사를 사용하여 다양한 의미를 표현할 수 있도록 연습해 보세요.

1	내 얼굴이 빨갰다.
2	내 얼굴이 빨개졌다. (become, get)
3	내 얼굴이 빨개졌다. (turn)
4	내 얼굴이 빨개졌다. (grow)
5	내 얼굴이 빨개졌다. (go)
6	내 얼굴은 여전히 빨갰다. (remain, stay)
7	내 얼굴이 차갑게 느껴졌다.
8	내 얼굴이 빨개 보였다.
9	내 목소리가 이상하게 들렸다.
10	내 발이 끔찍한 냄새가 났다.

11	the 하늘이 어둡다.
12	the 하늘이 어두워 졌다. (become)
13	the 하늘이 어두워 졌다. (turn)
14	the 하늘이 어두워 졌다. (grow)
15	난 기분이 좋지 않아.
16	넌 바빠 보이는 구나.
17	넌 불행한 것 같아. (불행한 것처럼 들려.)
18	그녀의 떡볶이는 환상적이지.
19	이 꽃들은 향기가 좋아.
20	이 떡볶이는 매운 맛이 난다. (맵다.)

이상한	strange	환상적인	fantastic
끔찍한	terrible	매운	hot, spicy
어두운	dark		
기분 좋지 않은	bad		
불행한	unhappy		

· 변화	· 유지	· 감각
become - became	remain - remained	feel - felt
get - got	stay - stayed	look - looked
grow - grew	keep - kept	seem - seemed
turn - turned		sound - sounded
fall - fell		smell - smelled
go - went		taste - tasted
come - came		

변화와 유지

become, get, grow, turn, fall, go, come, remain, stay, keep + 형용사보어

1	난 심심해 졌다. (become)	
2	내 몸이 무거워졌어. (become)	
3	the하늘이 노했다(화났다). (get)	
4	우린 준비가 됐어. (get)	
5	the바다는 잠잠해졌다. (grow)	
6	the날씨가 쌀쌀해졌어. (grow)	
7	모든 the나뭇잎들이 누렇게 변했다. (turn)	
8	그녀의 상냥하던 태도가 차가워졌다. (turn)	
9	그들 중 몇몇은 잠이 들었다. (fall)	
10	그 방이 조용해졌다. (fall)	

11	the음식의 대부분은 상해 버렸다. (go)	
12	모든 것이 잘못 되었다. (go)	
13	모든 것이 옳게 되었다. (come)	
14	내 꿈이 실현되었어. (come)	
15	그 이야기는 여전히 생생하다. (remain)	
16	그 문은 열린 채로 있었다. (remain)	
17	그 괴물은 여전히 살아 있다. (stay)	
18	그는 여전히 싱글이었다. (stay)	
19	그들은 여전히 차분했다. (keep)	
20	그녀는 여전히 우아했다. (keep)	

심심한	bored	상냥한	friendly	(음식) 상한	bad	생생한	fresh, vivid
노한, 화난	angry, upset	태도	attitude	모든 것	everything	살아 있는	alive
잠잠한	calm	잠든	asleep	잘못된	wrong	싱글	single
쌀쌀한	chilly	조용한	silent, quiet	옳은	right	차분한	calm
누런	brown	~의 대부분	most of ~	실현되다	come true	우아한	elegant, graceful

2형식 감각동사

feel, look, seem, sound, smell, taste + 형용사보어

1 난 자신있어. (feel)

2 난 편안했어요. (feel)

3 my몸이 무거웠다. (feel)

4 그는 "나 아픈 것 같아." 라고 말했다. (feel)

5 넌 슬퍼 보인다. (look)

6 그것들은 달라 보였다. (look)

7 그 사자가 말했다. "넌 맛있어 보여." (look)

8 이 퍼즐은 단순해 보여. (seem)

9 그들 중 몇몇은 긴장한 것 같았다. (seem)

10 그 낡은 의자는 쓸모 없어 보였다. (seem)

11 그거 재미있겠구나. (sound)

12 저 멜로디는 익숙하게 들린다.

13 넌 건방진 것 같다. (sound)

14 그것은 어려울 것 같다. (sound)

15 네 방귀는 냄새가 끔찍해. (smell)

16 라일락들이 향기롭네요. (smell)

17 이건 깊고 풍부한 향이 나는군. (smell)

18 이 당근은 단 맛이 나. (taste)

19 이 국은 싱겁네요. (taste)

20 좋은 약은 맛이 쓰지. (taste)

자신있는	confident	단순한	simple	익숙한	familiar	향기로운	sweet
편안한	comfortable	긴장된	nervous	건방진	arrogant	깊고 풍부한	deep and rich
아픈	sick	쓸모 없는	useless	어려운	difficult, hard	싱거운	flat
다른	different	재미 있는	funny, interesting	방귀	farts	약	medicine
맛있는	delicious, tasty	멜로디	melody	라일락	lilac	쓴	bitter

명사는 형용사가 꾸며줍니다. 그리고 명사를 제외한 나머지 품사는 부사(adverb)가 꾸며줍니다.

즉, 부사는 명사를 제외한 **동사, 형용사, 부사**를 꾸며주는 품사로 문장성분(주어, 서술어, 목적어, 보어) 역할은 하지 않습니다.

하지만 부사는 '**언제, 어디, 어떻게, 얼마나**' 같은 정보를 표현해 주는 중요한 품사입니다.

• 동사를 수식하는 부사

여기서 이걸 **발견했지**.	I **found** it here.
밖에서 **이야기 하자**.	Let's **talk** outside.
연기가 안으로 **들어온다**.	Smoke **comes** in.
지금 당장 **떠나라**.	**Leave** right now.
우린 어제˙ 거기서 **만났어**.	We **met** there yesterday.
그 강은 천천히 **흐른다**.	The river **flows** slowly.

동사를 수식하는 부사는 '언제, 어디, 어떻게'의 정보를 표현 합니다.

언제 **when**	난 오늘 자유야.	I am free today.
	난 곧 떠났어.	I left soon.
어디서(로) **where**	난 여기서 살아.	I live here.
	내가 돌아왔다.	I came back.
어떻게 **how**	저는 잘 잡니다.	I sleep well.
	난 밝게 웃었다.	I smiled brightly.

• 형용사를 수식하는 부사 : 항상 형용사 앞에서

그는 정말 **교활해**.	He is really **sneaky**.
나는 거기에 약간 **늦었다**.	I was a little **late** there.
넌 너무 **무거워보여**.	You look too / so **heavy**.
매우 **허스키한** 목소리였다.	It was a very **husky** voice.
꽤 **좋게** 들리는군.	It sounds pretty **good**.

'very, really, so, pretty, a little, too'같은 부사는 주로 **정도(얼마나)**를 표현하거나 강조하며 형용사와 부사 앞에 써 줍니다.

얼마나 **how ~**	이건 꽤 싸다.	It is pretty cheap.
	난 너무 화났다.	I got too angry.
	약간 배고파요.	I am a little hungry.
	매우 바쁜 날이야.	It is a very busy day.
	엄청 많이 고마워.	Thank you very much.
	그는 아주 빨리 달려.	He runs so fast.

• 부사를 수식하는 부사 : 항상 부사 앞에서

개들이 아주 시끄럽게 짖었다.	Dogs barked very loudly.
너는 너무 천천히 말해.	You speak too slowly.
그녀는 정말 빠르게 말해.	She speaks really fast.
나는 그를 꽤 잘 안다.	I know him pretty well.

부사(adverb)는 문장성분의 역할은 하지 않습니다. 오직 동사, 형용사, 부사를 수식하는 역할만 하지요.

하지만 '언제, 어디서, 어떻게, 얼마나' 등의 의미를 표현하기 때문에 자주 사용할 수밖에 없는 중요한 품사입니다.

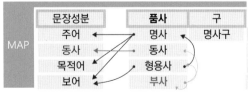

문장성분	품사	구
주어	명사	명사구
동사	동사	
목적어	형용사	
보어	부사	

명사와 명사구는 주어, 목적어, 명사보어의 기능을 담당합니다.

동사는 문장의 서술어(동사)의 기능만을 담당합니다.

형용사는 명사수식과 형용사보어의 기능을 담당합니다.

부사는 명사를 제외한 동사, 형용사, 부사를 수식하는 기능을 담당합니다.

동사를 수식하는 **부사**

문장은 [주어+동사] 를 먼저 쓰고 동사부터는 거꾸로 써나갑니다. 물론 주어 앞에 있는 부사는 주어보다 먼저 써주어야 하겠지요.

부사	
함께	together
열심히	hard
요즘	these days
일찍	early
늦게	late
쉽게	easily
조용히	quietly
보통	usually
천천히	slowly
빠르게	quickly
가끔	sometimes
시끄럽게	loudly
곧	soon
다시	again
나중에	later
밖에서	outside
거기에	there
말없이	silently
갑자기	suddenly

1. 난¹ 오늘⁴ 영어수업이³ 있다².   I¹ have² English class³ today⁴.

2. 이제¹ 내가² 네 파트너다³.   Now¹ I² am³ your partner.

3. 내가 여기서는 the왕이야.

4. my아버지께서는 저기서 일하셔.

5. 그들은 함께 행복해 보였습니다.

6. 요즘 my어머니는 열심히 운동하셔.

7. 어제 나는 일찍* 집에 왔다.

8. 저희 부모님은 늦게 결혼하셨어요.

9. 그녀는 쉽게 그 문제를 풀었다.

10. 그 날은 조용히 지나갔다. 하지만...

11. 보통 저는 천천히 먹어요.

12. 그 소문은 빠르게 퍼졌다.

13. 가끔 the바람이 이상한 소리를 냈다.

14. 곧 그 그림자가 다시 나타났다.

15. 나중에, 그 눈물은 a강이 되었단다.

16. 난 밖에서 기다렸지.

17. 그 소녀는 말없이* 거기에 앉았다.

18. 모든(all) 학생들이 일어섰다.

19. 갑자기, 그가 걸어 들어왔다.

20. 아무도 돌아오지 않았다.

일하다	work-ed	소문	rumor	눈물	tears	돌아오다	come back
운동하다	exercise-d	퍼지다	spread-spread	강	river		
결혼하다	marry-married	소리 내다	make sound	기다리다	wait-ed		
풀다, 해결하다	solve-d	그림자	shadow	앉다	sit-sat down		
지나가다	pass-ed	나타나다	appear-ed	일어서다	stand-stood up		

형용사와 부사를 강조하는 **부사**

형용사와 부사를 강조하는 부사는 항상 형용사, 부사 앞에 써 줍니다.

강조부사	
매우, 아주	very
정말, 매우, 아주	really
꽤, 매우, 아주	pretty
약간, 조금	a little
그렇게, 저렇게, 너무, 아주	so
너무	too

1	우리는 너무 늦게 일어났다. (too)	We got up too late.
2	난 너무 많이 먹었어.	
3	그 경기는 너무 일찍 끝나버렸다.	
4	넌 너무 많은 적을 만들었어.	
5	정말 미안해. (really)	
6	그는 정말 빠르게 타자를 쳤다.	
7	네 대답이 정말 중요하단다.	
8	아주 잘 잤어요. (very)	
9	한국은 ₐ매우 긴 역사를 가졌지.	
10	순이는 ₐ매우 호기심 많은 소녀지.	

11	철수는 ₐ꽤 신중한 소년이야. (pretty)	
12	난 오늘ˇ 꽤 바빠.	
13	난 ₐ꽤나 재미난 이야기를 지어냈다.	
14	그 식당은 약간 복잡했어. (a little)	
15	우린 조금 늦게ˇ 거기 도착했다.	
16	그 이야기는 약간 우스꽝스럽게 들렸다.	
17	그것들은 너무 달라 보여. (so)	
18	난 엄청 많이 널 그리워했단다.	
19	your선생님이 굉장히 젊어 보이신다.	
20	그들은 그렇게 열심히 노력했지.	

많이	much	잘	well	우스꽝스러운	ridiculous	열심히	hard
끝나다	end-ed	호기심 많은	curious	다른	different		
적	enemy	지어내다	make up	그리워하다	miss-ed		
타자 치다	type-d	도착하다	arrive-d	젊은	young		
중요하다	be important	복잡하다	be crowded	노력하다	try-tried		

명령문과 권유문 : ~해라. ~하자.

'~해라, ~하지 마라' 형태의 문장을 명령문, '~하자, ~하지 말자, ~하는 게 어때?' 형태의 문장을 권유문이라고 하지요.

명령문의 주어는 항상 그 말을 듣고 있는 상대방(you)이고, 권유문의 주어는 항상 말하는 사람과 듣고 있는 사람(we)입니다.

따라서 한국어와 영어 모두 명령문과 권유문은 주어를 따로 써 주지 않습니다. 주어를 밝힐 필요가 없는 것이지요.

● **명령문** : ~해, ~해봐, ~하지마

여기 앉아.	**Sit** down here.
따뜻한 물을 마셔.	**Drink** warm water.
이 종이비행기를 날려 봐.	**Fly** this paper plane.
입 다물어라.	**Shut** up.
날 따라와.	**Follow** me.
천천히 눈을 떠 보세요.	**Open** your eyes slowly.
행복해라.	**Be** happy.
정직해라.	**Be** honest.
거기 앉지 마.	**Don't** sit there.
너무 차가운 물은 마시지 마.	**Don't** drink too cold water.
날 건드리지 마라.	**Don't** touch me.
화내지 마.	**Don't** be angry.
무서워하지 마.	**Don't** be afraid.

● **권유문** : ~하자, ~해 보자, ~하는 게 어때?, ~하지 그래?, ~하지 말자

가자.	**Let's** go.
먼저 뭘 좀 먹자.	**Let's** eat something first.
같이 이걸 읽어보자.	**Let's** read it together.
주의하자.	**Let's** be careful.
시간을 낭비하지 말자.	**Let's not** waste time.
서로 보지 맙시다.	**Let's not** see each other.
다시 생각해 보는 게 어때?	**Why don't you** think again?
포기하지 그러냐?	**Why don't you** give up?
우리 기다려 보지 않을래?	**Why don't we** wait?

영어는 주어 다음에는 반드시 동사가 있기 때문에 주어가 필요 없다면 동사가 가장 먼저 등장하게 됩니다.

그래서 명령문은 반드시 '동사원형(~해라) 또는 Don't ~(~하지 마라)'로 시작되고, 권유문은 'Let's ~(~하자) 또는 Let's not~(~하지 말자)'로 시작됩니다.

'**Why don't** you / we ~?' 형태는 원래 '왜 ~하지 않니?'의 의미겠지요. 하지만 '~하는 게 어때?, ~해 보지 그래?'의 의미로 사용될 수 있습니다.

일찍 와.	Come early.
거기 가지 마.	Don't go there.
다시 이 페이지를 읽어.	Read this page again.
지금은 그거 먹지 마.	Don't eat that now.
저리 가자.	Let's go there.
거기 가지 말자.	Let's not go there.
(너) 거기 가는 게 어때?	Why don't you go there?
(우리) 거기 가는 게 어떨까?	Why don't we go there?

✎ 한 가지 꼭 기억해야 할 것은 2형식 문장을 명령문, 권유문으로 표현할 때 '**be**'를 빠뜨리지 않아야 한다는 점입니다.

조심하세요.	**Be** careful.
용감해져라.	**Be** brave.
쩨쩨하게 굴지 마.	Don't **be** stingy.
늦지 마세요.	Don't **be** late.
친절 합시다.	Let's **be** kind.
너무 서두르지 말자.	Let's not **be** too hasty.

1	내일[3] 다시[2] 오너라[1].	
2	여기서는[3] 너무 큰 소리로[2] 웃지 마[1].	
3	이제 your나쁜 습관들을 고쳐 보세요.	
4	날 실망시키지 마.	
5	너무 깊이 생각하지 마라.	
6	당당해라. (당당해져라.)	
7	부끄러워하지 마.	
8	조용히 해.	
9	게으름 피우지 마.	
10	그렇게 슬퍼하지 마.	

11	오늘은* 여기서 축구 하자.	
12	함께 일 해보자. (힘을 합쳐보자.)	
13	우리 다시 이걸 시도해 보는 게 어떨까?	
14	우리들의 닫힌 마음을 열어보자.	
15	여기서 다투지 말자.	
16	오늘 여기 머무르는 게 어때?	
17	너무 일찍 포기하지 말자.	
18	지금 당장* 거기서 만나자.	
19	창의적이 됩시다. *	
20	a긍정적인 사람이 됩시다.	

* 'be'가 '되다(become)'의 의미로 사용될 수 있습니다.

큰 소리로	loudly	당당하다	be confident	시도하다	try-tried
버릇	habit	부끄러워하다	be shy	닫힌	closed
고치다	fix-ed	조용하다	be quiet, silent	마음	mind, heart
실망시키다	disappoint-ed	게으름 피우다	be lazy	다투다	argue-d
깊이, 깊게	deeply	슬퍼하다	be sad	머무르다	stay-ed

포기하다	give up
당장	right now
창의적이다	be creative
긍정적인	positive
사람	person

명령과 권유

1	빨리 움직여.
2	움직이지 마. (꼼짝 마.)
3	이제 그만 하지? (그만하는 게 어때?)
4	너무 자주 고기(육류)를 먹지 마세요.
5	주의해서' 다시 이 부분을 읽어.
6	나한테 묻지마. 네가 직접 그걸 해.
7	여기서 사진 찍지 마세요.
8	먼저 the케익을 맛보는 게 어떨까?
9	여기에는 방울토마토를 심어요. (let's)
10	이 거대한 용을 상상해 봐.

11	the화살표 아이콘을 클릭하시오.
12	a가능한 방법을 찾아 보자.
13	내 인내심을 시험하지 마라.
14	너무 짠 음식은 먹지 마세요.
15	the거리를 계산해보자.
16	행복하세요.
17	긴장하지 마.
18	무서워하지 마세요.
19	미안해 하지마.
20	the약자들을 괴롭히지 마라. ＊

＊ 'the+형용사+people'에서 'people'은 종종 생략될 수 있습니다. 그래서 'the+형용사'가 '~한 사람들'을 표현할 수 있지요.
[the poor = the poor people, the old = the old people, the brave = the brave people]

빨리	quickly	사진 찍다	take pictures	거대한	huge	방법	way, method	거리	distance
그만 하다	stop-ped	맛보다	taste-d	클릭하다	click-ed	시험하다	test-ed	긴장하다	be nervous
고기	meat	심다	plant-ed	화살표	arrow	인내심	patience	무서워하다	be afraid
부분	part	방울토마토	cherry tomato	찾다	find-found	짠	salty	괴롭히다	bully-ied
네가직접	yourself	상상하다	imagine-d	가능한	possible	계산하다	calculate-d	약자들	the weak

한국어는 종결어미(~다)의 형태를 다양하게 바꿀 수 있기 때문에 쉽게 동사의 다양한 **시제**와 **의미**를 표현할 수 있습니다.

반면 영어의 동사는 형태가 다섯 가지뿐입니다. [영어의 동사 형태 : **동사원형, 현재, 과거, 현재분사, 과거분사**]

따라서 동사만으로는 한국어처럼 다양한 시제와 의미를 표현할 수 없지요.

이런 이유로 영어는 동사의 시제와 의미 표현을 도와주는 조동사(helping verb)가 발달되어 있습니다.

● **조동사가 필요 없는 : 현재(~ㄴ 다)와 과거 (~ㅆ다)**

| 내가 라면을 **끓인다.** | I **cook** ramen. |
| 내가 라면을 **끓였다.** | I **cooked** ramen. |

● **형식조동사 + 동사원형** : 미래, 가능, 의무 등

내가 라면을 **끓이겠다.**	I **will** cook ramen.
내가 라면을 **끓일 수 있다.**	I **can** cook ramen.
내가 라면을 **끓일 수도 있다.**	I **may** cook ramen.
내가 라면을 **끓일 수 있었다.**	I **could** cook ramen.
내가 라면을 **끓이곤 했다.**	I **would** cook ramen.
내가 라면을 **끓여야 한다.**	I **should** cook ramen.
내가 라면을 **끓여야만 한다.**	I **must** cook ramen.

● **be + 현재분사** : 진행 (~고 있다)

내가 라면을 **끓이고 있다.**	I am cook**ing** ramen.
내가 라면을 **끓이고 있었다.**	I was cook**ing** ramen.
내가 라면을 **끓이고 있겠다.**	I will be cook**ing** ramen.

● **have + 과거분사** (~한 적 있다, ~해버렸다, ~했다)

| 내가 라면을 **끓인 적이 있다.** | I have **cooked** ramen. |
| 그가 라면을 **끓였다.** | He has **cooked** ramen. |

∘ 영어의 동사는 다섯 가지 형태뿐입니다.

1. **동사원형**	cook	study	make	cut
2. **현재**	cook(s)	study(ies)	make(s)	cut(s)
3. **과거**	cooked	studied	made	cut
4. **과거분사**	cooked	studied	made	cut
5. **현재분사**	cooking	studying	making	cutting

조동사의 종류

☆ 영어는 단순 현재와 단순 과거를 제외한 모든 시제와 의미 표현에 반드시 하나 이상의 조동사가 필요합니다.

그러니까 조동사를 활용할 수 있는 능력이 너무나 중요하겠지요.

영어의 조동사는 크게 네 가지로 구분하며 종류에 따라 결합하는 동사의 형태가 정해져 있습니다.

1 형식조동사 + 동사원형

will	~할 것이다, ~하겠다, ~하려 한다
can	~할 수 있다, ~해도 좋다
may	~수도 있다, ~해도 좋다, ~지도 모른다
would	~하곤 했다, ~하려고 했다
could	~할 수 있었다
should	~해야 한다
must	~해야만 한다, 분명하다, 틀림없다

2 be 동사 + 현재분사(~ing) : 진행

am, are, is		~하고 있다
was, were	+ **~ing**	~하고 있었다
will be		~하고 있을 것이다

3 have + 과거분사(pp) : 완료와 경험

have, has	+ **pp**	~한 적 있다, 했다

4 do, does, did + 동사원형

부정문	He does **not** like me.
의문문	Does he like me?
강조	He does like me.

영어는 조동사가 없는 문장(일반동사만 있는 문장)은 부정문과 의문문으로 바꿀 수 없습니다. 그렇다면 일반동사를 대신해 사용할 조동사가 필요하겠지요? 그래서 필요한 조동사가 바로 ‘do 동사’입니다.

조동사 + 일반동사		
난 이걸 사용한다.	I **use** it.	현재
난 이걸 사용했다.	I **used** it.	과거
난 이걸 사용할 것이다.	I will **use** it.	미래, 의지
난 이걸 사용할 수 있다.	I can **use** it.	가능
난 이걸 사용할 수 있었다.	I could **use** it.	과거 가능
난 이걸 사용할 수도 있다.	I may **use** it.	추측, 가능
난 이걸 사용하곤 했다.	I would **use** it.	습관
난 이걸 사용해야 한다.	I should **use** it.	의무
난 이걸 사용해야만 한다.	I must **use** it.	강한 의무
난 이걸 사용하고 있다.	I am **using** it.	현재 진행
난 이걸 사용하고 있었다.	I was **using** it.	과거 진행
난 이걸 사용하고 있을 거야.	I will be **using** it.	미래 진행
난 이걸 사용한 적이 있다.	I have **used** it.	경험, 완료
난 이걸 사용해 오고 있어.	I have been **using** it.	완료 진행

☆ 영어로 문장을 쓰거나 말할 때 한국어 동사의 시제와 의미에 알맞은 조동사의 형태를 사용할 수 없다면 아무리 오래 영어를 공부해도 영어는 늘 멀게만 느껴집니다.

왜 그러냐 하면 영어는 한국어와 다르게 주어를 말하고 나면 바로 동사를 표현해야 하는데, 동사의 의미와 시제 표현에 서툴면 동사 뒤의 다른 부분은 알고도 표현하지 못하게 되기 십상이기 때문이지요. "조동사만 잘 활용할 줄 알면 영어공부의 절반은 끝난다." 라는 말을 꼭 기억해 두세요.

단순 현재	조동사 없음	~ㄴ / 는다
단순 과거	조동사 없음	~ㅆ / 었다, 였다
미래	will +**원형**	~ㄹ 것이다
의지	will +**원형**	~하려 한다, ~하겠다
will의 과거	would +**원형**	~하려 했다
가능, 능력	can +**원형**	~수 있다
can의 과거	could +**원형**	~수 있었다
추측, 가능	may +**원형**	~수도 있다, ~지 모른다
허락	may, can +**원형**	~해도 좋다
습관	would +**원형**	~하곤 했다
의무	should, must+**원형**	~해야(만) 한다
확신	must+**원형**	분명 ~다, 틀림 없다
(현재)**진행**	be ~ing	~고 있다
(과거)**진행**	be ~ing	~고 있었다
(미래)**진행**	will be ~ing	~고 있을 것이다
경험	have PP	~한 적 있다
완료	have PP	~해버렸다, ~했다
완료진행	have been ~ing	~해오고 있다

조동사 + be 동사	
그 시험은 어렵다.	The exam **is** difficult.
그 시험은 어려웠다.	The exam **was** difficult.
그 시험은 어려울 것이다.	The exam will **be** difficult.
어려울 수도 있다. ~지도 모른다.	The exam may **be** difficult.
그 시험은 어려워야 한다.	The exam should **be** difficult.
그 시험은 분명(틀림없이) 어렵다.	The exam must **be** difficult.
그 시험은 어려웠다. ^(완료)	The exam has **been** difficult.
그들은 친구다. / 였다.	They **are** / **were** friends.
그들은 친구가 될 거야. 수 있어.	They will / can **be** friends.
그들은 친구일지 모른다.	They may **be** friends.
그들은 친구가 틀림없다.	They must **be** friends.
그들은 친구였다.	They have **been** friends.

'be'가 동사(~다)인 문장은 진행형이 없습니다. 그리고 2형식 문장 또는 진행형 문장 앞에 형식조동사, 또는 완료 시제의 'have'가 올 경우 'be, been'을 빠뜨리지 않는 습관도 중요합니다.

조동사

영어는 동사(조동사)를 자유롭게 표현할 수 있는 능력이 무엇보다 중요한 언어입니다. 익숙해질 때까지 반복해 보세요.
[간다. 갔다. – 갈 거다. 갈려고 한다. 가겠다. 갈 수 있다. 갈 수 있었다. 갈 수도 있다. 가도 좋다. 가야 한다. 가야만 한다. 가곤 했다. 가고 있다. 가고 있었다. 가고 있을 것이다. 가고 있어야 한다. 가버렸다.] [이 책을 읽는다. 읽었다. – 읽겠다. 읽을 수 있다. 읽을 수도 있다. 읽어도 좋다. 읽을 수 있었다. 읽곤 했다. 읽어야 한다. 읽어야만 한다. 읽고 있다. 읽고 있었다. 읽고 있겠다. 읽고 있어야 한다. 읽은 적이 있다. 읽어 오고 있다.] [배고프다. 배고팠다. 배고플 거다. 배고플 수도 있다. 배고픈 게 분명하다.] [농담이다. 농담이었다. 농담이 분명하다. 농담일 거다.]

1	난 매일 그걸 한다.	I do that every day.
2	난 어제 그걸 했다.	
3	난 내일 그걸 하겠다. (할 것이다. 하려고 한다.)	I will do that tomorrow.
4	난 그걸 할 지도 모른다. (할 수도 있다.)	
5	난 여기서 그걸 할 수 있다.	
6	난 거기서 그걸 할 수 있었다.	
7	난 그걸 하곤 했다. (하려고 했다.)	
8	난 지금 그걸 해야 한다.	
9	난 여기서 그걸 해야만 한다.	
10	난 정말 열심히 그걸 하고 있다.	I am doing that really hard.
11	난 정말 열심히 그걸 하고 있었다.	
12	난 그걸 하고 있겠다. (하고 있을 것이다.)	
13	난 그걸 하고 있을 수도 있다. (지도 모른다.)	
14	난 그걸 하고 있어야 한다.	
15	그는 지금 그걸 하고 있는 게 분명하다.	
16	난 이미 그걸 했다. (완료)	
17	난 그걸 해 오고 있다. (완료진행)	
18	넌 행복할 거다.	You will be happy.
19	넌 여기서 행복할 수 있다.	
20	넌 행복해야 한다.	
21	넌 행복한 게 분명하다.	
22	우린 거기서 행복했었다. (완료)	

12 ~ 22 조동사 뒤 'be'에 주의하세요.

I will be sleeping.
He may be watching TV.
He can be waiting here.
You should be studying.
She must be crying.

We will be happy.
We can be busy.
It may be cold.
You should be healthy.
You must be joking.
I will be a teacher.
This can be a problem.
That must be an error.

조동사

1	외계인들이 the지구를 침략한다.	Aliens invade the earth.
2	외계인들이 the지구를 침략했지.	
3	외계인들이 곧 the지구를 침략할 거야.	
4	외계인들이 곧 the지구를 침략할지 몰라.	
5	내가 the지구를 지킬 수 있어.	I can protect the earth.
6	우린 the지구를 지킬 수 있었지.	
7	외계인들이 the지구를 침략하곤 했지.	
8	우리가 the지구를 지켜야만 해.	
9	누군가 the지구를 지켜야 해.	
10	동물들이 the지구를 지키고 있군.	
11	우리가 the지구를 지키고 있었지.	
12	외계인들이 the지구를 침략하고 있을 걸.	
13	외계인들이 the지구를 침략하고 있을 지도 몰라.	
14	네가 the지구를 지키고 있어야 해.	
15	그 외계인들이 the지구를 침략한 적이 있지. (완료)	
16	외계인들이 the지구를 침략해 오고 있다. (완료진행)	
17	그녀가 혼자서 the지구를 지켜오고 있어. (완료진행)	
18	넌 a영웅이야.	You are a hero.
19	넌 a영웅이 될 거야.	
20	넌 a영웅이 될 수 있어.	
21	그 외계인들은 우리의 친구들인지도 몰라.	
22	넌 a영웅이 되어야 해.	
23	넌 an외계인이 분명하구나. (틀림없이 외계인이야.)	
24	그 외계인들은 우리의 친구들이었지. (완료)	
25	넌 우리의 영웅이었어. (완료)	

형식조동사 : will, can, may, could, would, should, must

1	곧 돌아오겠다. (돌아올 거야.)
2	니들이 직접(스스로) 이 지저분한 방을 청소해야 해.
3	우린 다른 사람들을 도울 수 있어.
4	수민이가 우릴 초대할 수도 있어. (할지도 몰라.)
5	아무도 그 간단한 질문에 대답하지 못했다.
6	철수와 나는 여기서 시간을 죽이곤 했지.
7	그들은 경상도 사람들이 틀림없어. (must be)
8	아마 이번(this) 시험은 어려울 거야.
9	우린 주의해야 해.
10	이 책은 쉬워 보일 수도 있어. 하지만...

11	많은 변화들이 곧 시작될 거야.
12	당신은 당신의 운명을 바꿀 수 있습니다.
13	a감기 걸릴 수도 있어. 이 재킷을 입어.
14	그건 불가능할 지도 몰라.
15	**누가** the지구를 지켜야(보호해야) 할까?
16	울지마. a남자는 씩씩해야지.
17	우린 먼저 the두려움을 없애야 해(제거해야 해).
18	이건 내 운명이 틀림 없어.
19	그 개는 여기 저기 헤매고 있는 게 분명해.
20	그래서(so), 그 동물들은 살아남을 수 있었다.

돌아오다	come back	아마	maybe	감기 걸리다	catch a cold	두려움, 공포	fear
너희 스스로	yourselves	주의하는	careful	불가능하다	be impossible	헤매다	wander-ed
지저분한	messy	바꾸다	change-d	보호하다	protect-ed	여기 저기	here and there
초대하다	invite-d	시작되다	begin-began	씩씩하다	be tough	살아남다	survive-d
~에 답하다	answer-ed	운명	destiny, fate	없애다, 제거하다	remove-d		

1. 요즘 my형과 나는 돈을 모으고(저축) 있어.

2. my부모님은 the9시 뉴스를 보고 계셨다.

3. my엄마가 내 교복을 입고 있었다.

4. 사나운 개 한 마리가 그 문을 지키고 있었지.

5. 혼자 숙제 하고 있어요.

6. 저는 my형의 새 자전거를 타고 있었지요.

7. 대부분의 사람들은 자고 있을 거야.

8. 전에 그녀의 떡볶이를 먹어 본 적 있어. (경험)

9. 순이는 전에 the선생님을 놀래킨 적이 있다. (경험)

10. the버스는 이미 떠나버렸어. (완료)

11. the선생님께서 뭔가를 설명하고 계셨다.

12. 너희는 또 싸우고 있구나.

13. 우린 뭔가 신나는 것을 기대하고 있었다.

14. 우리 팀은 잘 하고 있었어.

15. 엄마는 저녁을 차리고(만들고) 계실 거야.

16. 그녀는 미쳐가고 있는 지도 몰라.

17. 미안해. 그 돈을 모두 써버렸어. (완료) (~을 모두 : all the ~)

18. 최근에 그녀를 본 적 있어요. (경험)

19. 그는 어린 학생들을 가르쳐본 적이 있다. (경험)

20. the숲들이 사라지고 있습니다. (완료진행)

저축하다	save-d	타다	ride-rode-ridden	신나는	exciting	최근에	recently
입다	wear-wore-worn	놀래키다	surprise-d	저녁식사	dinner	가르치다	teach-taught
교복	school uniform	설명하다	explain-ed	미쳐가다	go mad	사라지다	disappear-ed
사나운	fierce	싸우다	fight-fought	(돈, 시간) 쓰다	spend-spent		
지키다	guard-ed	기대하다	expect-ed	보다	see-saw-seen		

8 조동사의 법칙으로 끝내는 **부정문과 의문문**

한국어는 동사형어미(다)를 '~안 하다, ~않다, ~못하다, ~없다'로 바꾸어 부정문을 만들고, '~까?, ~니?, ~어?'로 바꾸어 의문문을 만들지요.

하지만 영어는 어미가 없습니다. 그래서 조동사를 활용해 부정문과 의문문을 만들게 됩니다.

이때 조동사에 적용되는 두 가지 원칙을 조동사의 법칙이라고 부르도록 하겠습니다.

조동사의 법칙만 잘 이해하고 있으면 쉽게 영어의 부정문과 의문문을 만들 수 있으니까 아주 편리한 법칙입니다.

조동사의 법칙 1 : 부정문의 법칙   'not'은 조동사 뒤에만 쓸 수 있다.

영어의 부정문은 [조동사 + **not**]의 형태입니다.

조동사가 있는 문장	주어 + [조동사 + **not**]
I **will** come back.	I **will not** come back.
I **can** give up now.	I **cannot**(can't) give up now.
I **may** go there.	I **may not** go there.
I **could** meet him.	I **could not** meet him.
I **should** do that.	I **should not** do that.
I **am** eating ramen.	I **am not** eating ramen.
I **was** crying.	I **was not** crying.
I **will** be waiting.	I **will not** be waiting.
You **are** my friend.	You **are not** my friend.
It **is** late.	It **is not** late.
You **have** heard it.	You **have not** heard it.
She **has** met him.	She **has not** met him.
일반동사만 있는 문장	do, does, did + **not** + 동사원형
I **hate** you.	I **do not** hate you.
He **hates** me.	He **does not** hate me.
She **hated** him.	She **did not** hate him.
I **did** that.	I **did not** do that.
He **has** the key.	He **does not** have the key.

조동사의 법칙 2 : 의문문의 법칙   주어 앞에 올 수 있는 동사는 조동사 뿐이다.

영어의 의문문은 [조동사 + **주어**]의 형태입니다.

조동사가 있는 문장	[조동사+**주어**] ~ ?
He **will** come back.	**Will** he come back?
I **can** give up now.	**Can** I give up now?
I **may** go there.	**May** I go there?
She **could** meet him.	**Could** she meet him?
I **should** do that.	**Should** I do that?
She **is** eating ramen.	**Is** she eating ramen?
She **was** crying.	**Was** she crying?
He **will** be waiting.	**Will** he be waiting?
He **is** your friend.	**Is** he your friend?
He **was** late again.	**Was** he late again?
We **have** met before.	**Have** we met before?
She **has** seen it.	**Has** she seen it?
일반동사만 있는 문장	Do, Does, Did + 주어 + 동사원형~?
I **hate** you.	**Do** I hate you?
He **hates** me.	**Does** he hate me?
She **hated** him.	**Did** she hate him?
I **did** that.	**Did** I do that?
He **has** the key.	**Does** he have the key?

조동사의 법칙에 따르면 **일반동사만으로 이루어진 문장**(단순 현재와 단순 과거)은 조동사가 없기 때문에 부정문과 의문문을 만들 수 없겠지요.

이 문제를 해결하기 위해 만들어진 조동사가 바로 'do, does, did'입니다.

즉, 'do, does, did'라는 모든 일반동사를 대표하는 조동사를 만들어 일반동사만으로 이루어진 문장에도 조동사의 법칙을 적용하는 것이지요.

물론 'do, does, did'가 조동사로 사용되면 일반동사는 반드시 동사원형을 사용해야 하겠지요. 습관이 되기 전까지는 매우 까다로운 부분입니다.

부정문 : 조동사 + not

☆ '**not**'은 조동사 뒤에만 사용할 수 있습니다. 당연히 조동사를 잘 정리해 두어야 하겠지요.

1. 형식조동사   will **not**~, can**not**~, may **not**~, could **not**~ , should **not**~ , must **not**~
2. be 동사   am **not**~, was **not**~ , is **not**~, are **not**~, were **not**~
3. have+pp   have **not**~ , has **not**~
4. do 동사   do **not**~, does **not**~, did **not**~

1	난 마음을 바꾸지 않을 거야.	I will not change my mind.
2	난 마음을 바꿀 수 없어.	
3	그녀는 ₕₑᵣ마음을 바꾸지 않을지도 몰라.	
4	그는 ₕᵢₛ마음을 바꿀 수 없었다.	
5	넌 ᵧₒᵤᵣ마음을 바꾸어서는 안 된다.	
6	넌 ᵧₒᵤᵣ마음을 바꾸어서는 안 된다. (must)	
7	난 농담하고 있는 게 아니야. (농담하고 있지 않아.)	I am not kidding.
8	그녀는 농담하고 있는 게 아니었어.	
9	난 자고 있지 않을 거야. (안 자고 있을 거야.)	
10	그들은 안자고 있을 수도 있어.	
11	넌 자고 있으면 안 돼.	
12	이건 ₐ농담이 아니야.	This is not a joke.
13	그건 ₐ농담이 아니었어.	
14	난 겁먹지 않겠다.	I will not be scared.
15	넌 겁먹으면 안 된다.	
16	난 마음을 바꾼 적 없어. (완료)	
17	그녀는 ₕₑᵣ마음을 바꾼 적 없어. (완료)	
18	난 겁먹은 적 없어. (완료)	
19	그는 겁먹은 적 없어. (완료)	
20	난 그렇게 생각 안 해. (그렇게 생각하지 않아.)	I do not think so.
21	난 그렇게 생각하지 않았어.	
22	그녀는 그렇게 생각 안 하지.	

Yes, No 의문문 : 조동사 + 주어 ~?

☆ 의문문은 반드시 **조동사**가 주어 앞에 있습니다.

1. 형식조동사   Will **you** ~?   Can **I** ~?   May **I** ~?   Should **I** ~?   Would **you** ~?
2. be 동사   Am **I** ~?   Was **I** ~?   Are **you** ~?   Were **you**?   Is **it** ~?
3. have+pp   Have **you** ~?   Has **she** ~?
4. do 동사   Do **I** ~?   Does **he** ~?   Did **she** ~?

1	너 올 거야?	Will you come?
2	그녀가 올까?	
3	너 올 수 있니?	
4	다시 와도 되나요? (~해도 되나? May I ~?)	
5	내일 다시 와야 합니까?	
6	내일 와 주시겠습니까? (와 줄래?) *	* 공손하게, 상냥하게 묻거나 요청할 때는 [Would you~? Could you~?]
7	내일 와 주실 수 있나요? (와 줄 수 있니?) *	
8	내가 ₐ로봇이냐?	Am I a robot?
9	지금 바쁘세요?	
10	이거 녹차예요?	
11	그녀가 화났었나요?	
12	너 울고 있니?	
13	우리가 전에 만난 적 있나요?	Have we met before?
14	너 이거 본 적 있어? *	* 경험을 물을 때는 부사 'ever'를 자주 사용합니다. [Have you ever PP ~?]
15	그걸 믿어?	Do you believe that?
16	그걸 믿었어?	
17	그가 그걸 믿습니까?	

✎ **부정의문문** : [조동사 + not]을 주어 앞에 쓰면 '~않니?'의 의미가 됩니다.

[Won't **you**~?   Can't **you**~?   Aren't **you**~?   Haven't **you**~?   Hasn't **she**~?   Don't **you**~?   Doesn't **he**~?   Didn't **you**~?]

18	너 내일 오지 **않**을래?	Won't you come tomorrow?
19	너 여기 올 수 **없**니?	
20	배 **안** 고파?	
21	우리 전에 만난 적 **없**나요?	
22	넌 그걸 **안** 믿어?	
23	너 그거 **안** 봤어?	

일반동사의 부정문 : do not, does not, did not + 동사원형

1	걱정 마. 난 안 울어.
2	난 거짓말하지 않았어. 날 믿어줘.
3	넌 날 모르는구나.
4	너 또 _{your}숙제 안 했구나.
5	_{my}아버지는 담배 안 피우셔.
6	내 여동생은 안경을 쓰지 않아.
7	_a뱀은 _{its}먹이를 씹지 않지.
8	이건 전혀 특별해 보이지 않아.*
9	난 더 이상 네 도움이 필요 없어.
10	대부분의 사람들은 그의 말을 믿지 않았지.

* 전혀(at all) 더 이상(any more, any longer)은 부정문에 어울리는 부사들 입니다.

11	난 신경 안 써.
12	전 아무것도_(anything) 훔치지 않았어요.
13	그건 전혀 어렵게 들리지 않아. _(어려울 것 같지 않아.)
14	나이는 문제가 되지 않아.
15	이런_(this) 세계는 존재하지 않지요.
16	아무도_(no one) 대답하지 않았다.
17	아무도_(nobody) 그녀의 진짜 이름을 몰라.
18	아무 일도_(nothing) 일어나지 않았다.
19	그 고양이는 아무것도_(nothing) 먹지 않았다.
20	우린 아무런_(no) 선택권이 없어.

걱정하다	worry-worried	먹이	prey	훔치다	steal-stole
거짓말 하다	lie-d	특별한	special	문제 되다	matter-ed
믿다	believe-d	필요하다	need-ed	존재하다	exist-ed
안경 쓰다	wear glasses	~의 말	~ words	일어나다	happen-ed
씹다	chew-ed	신경쓰다	care-d	선택(권)	choice

16 ~ 20 명사에 'no'를 붙여 부정문을 만든 문장에는 'not'을 사용할 수 없습니다.

아무도 안 왔어.	No one did not come.	(X)
	No one came.	(O)
나 돈 없어.	I do not have no money.	(X)
	I have no money.	(O)

1	나를 아느냐?	Do you know me?
2	~your~숙제 끝냈니?	
3	넌 나를 믿어? 난 나를~(myself)~ 안 믿는데.	
4	~your~아버지께서 가끔 요리를 하시니?	
5	네 누나가 이종격투기를 배운다고?	
6	~our~피부가 숨을 쉬나요?	
7	~the~나무들이 네 말을~(you)~ 이해할까?	
8	~the~동물들도 감정이 있나요?	
9	너 그 영화 "세 얼간이" 봤어?	
10	통닭 주문했냐?	

11	나를 모르느냐?	Don't you know me?
12	넌 ~your~이 안 닦아?	
13	아직 이걸 안 읽었어?	
14	너 나를 믿지 않는 거야?	
15	넌 그렇게 생각 안 해?	
16	더 이상 날 사랑하지 않는 건 가요?	
17	너 어제 나한테 전화 안 했어?	
18	그가 오늘* 조금 이상해 보이지 않아?	
19	그녀가 오늘* 좀 들뜬 것 같지 않아? (sound)	
20	너네 엄마는 이 TV 연속극 안 보시냐?	

끝내다	finish-ed	숨 쉬다	breathe-d	그렇게	so
가끔	sometimes	감정	feelings	전화하다	call-ed
배우다	learn-ed	주문하다	order-ed	이상한	strange
이종 격투기	mixed martial arts	이 닦다	brush teeth	들뜬	excited
피부	skin	아직	yet	연속극	drama

1	걱정 마세요. 저는 포기하지 않을 거예요.	Don't worry. I will not give up.
2	그들은 그렇게 쉽게 항복하진 않을 거야.	
3	이 문제를 풀 수가 없어. 도와줘.	
4	그들은 날 이해하지 못해.	
5	우린 내일¨ 충분한 시간이 없을지도 몰라.	
6	the프린터가 제대로 작동하지 않을 수 있어.	
7	함부로 살아있는 것들을 죽여서는 안돼.	
8	우린 물을 낭비하면 안 돼요.	
9	그들은 그 녀석을 찾을 수가 없었어.	
10	그녀는 아무것도(anything) 기억하지 못 했다.	

11	난 아직 안 자고 있어.	I am not sleeping yet.
12	아무도 날 따라오고 있지 않았다.	
13	저는 더 이상 ₐ애가 아니 예요.	
14	난 아직 지치지 않았어. 계속하자.	
15	우리는 전에 만난 적이 없어. (경험)	
16	그녀는 이 사이트에 가입한 적이 없다. (경험)	
17	난 그 치욕을 잊지 않았어. (완료)	
18	이게 the마지막 기회는 아닐 거야.	
19	이건 사실일 리 없어. 이건 분명 ₐ꿈이야.	
20	우린 겁먹으면 안 돼. (겁먹어서는 안 돼.)	

항복하다	surrender-ed	제대로	properly	따라오다	follow-ed	치욕	disgrace
쉽게	easily	살아있는	living	지치다	be tired	기회	chance
풀다	solve-d	함부로	thoughtlessly	계속하다	continue-d	사실이다	be true
충분한	enough	낭비하다	waste-d	가입하다	join-ed	꿈	dream
작동하다	work-ed	기억하다	remember-ed	잊다	forget-forgot-forgotten	겁먹다	be scared

조동사 의문문

1	이모, 그 사람(him)과 결혼 할 거예요?	Aunt, will you marry him?
2	우리와 함께 하지 않을래? (조인 안 할래?)	
3	저 좀 도와주실래요?	
4	먼저 제 글을 체크해 주시겠어요?	
5	이거 맛나게 생겼네. 한 입 먹어도 돼? (can)	
6	네가 그걸 상상이나 할 수 있겠어?	
7	네 핸드폰을 볼 수 있을까? (봐도 될까?)	
8	지금 이 컴퓨터를 사용해도 될까? (may)	
9	우리가 여기에 ₐCCTV를 설치해야 할까요?	
10	네가 the진실을 말해줘야 하지 않을까?	

11	너 화난 거니?	Are you angry?
12	내가 ₐ공부하는 기계야?	
13	우리 지금 날고 있는 거야?	
14	김치는 일종의 발효 음식인가요?	
15	그거 쉽지 않았니?	
16	너 거기서 혼자 있었어?	
17	지금 공부하고 있니?	
18	걔네들 쌍둥이야?	
19	그녀가 네 언니 순이니?	
20	너 ₐUFO 본 적 있어? (경험 : ever)	

결혼하다	marry-married	말해주다	tell-told	혼자 있다	be alone
글	writing	공부하는 기계	studying machine	쌍둥이	twins
한 입 먹다	have a bite	일종의 ~	a kind of ~		
상상하다	imagine-d	발효 음식	fermented food		
설치하다	install-ed	지각하다	be late		

평서문(~는 ~다)뒤에 평서문의 내용을 확인하는 의문문을 부가의문문이라고 하지요.
부가의문문 역시 조동사의 법칙을 적용하면 어렵지 않습니다.
즉, 평서문의 동사에 사용된 조동사를 사용하는 것이지요. 물론 조동사가 없다면 'do'를 사용합니다.

너 거기 올 거지, 안 그래?	You will come there, **won't** you?	형식조동사 + not +주어?
너 내 친구지, 그렇지?	You are my friend, **aren't** you?	be + not + 주어?
넌 이거 봤어, 아냐?	You have seen it, **haven't** you?	have + not + 주어?
철수는 널 좋아해, 아니니?	Chulsu likes you, **doesn't** he?	do/does + not + 주어?
너 그거 잊어버렸지, 아냐?	You forgot that, **didn't** you?	did + not + 주어?

너 이거 못 읽지, 아냐?	You cannot read it, **can** you?	형식조동사 + 주어?
그거 사실 아니지, 그지?	It is not true, is it?	be + 주어?
그녀가 떠나지 않았지, 그지?	She has not left, has she?	have + 주어?
순이는 나 싫어하지, 그지?	Sooni doesn't like me, does she?	do/does + 주어?

한국어의 부가의문문은 평서문과 상관없이 '안 그래?, 그렇지?'를 모두 사용할 수 있습니다.

하지만 영어의 부가의문문은 반드시 평서문과 반대(긍정이면 부정, 부정이면 긍정)로 물어야 합니다.

그리고 부가의문문의 조동사는 평서문에 사용된 조동사를 사용해야 합니다.

조동사를 네 가지로 정리해 두는 것이 여러모로 중요하다는 것을 알겠지요?

1	이거 네 거지, 아니니?	It is yours, isn't it?
2	이 개는 정말 똑똑하다, 안 그래?	
3	그 영화 재미없었지, 그지?	
4	너 지금 TV보고 있지, 아냐?	
5	우린 다시 만날 수 있지요, 그렇지요?	
6	그가 그걸 해낼 수 있었어, 안 그래?	
7	너 나 도와줄 거지, 아냐?	
8	우리 전에 만난 적 있지, 안 그래?^(완료)	
9	그녀가 그 돈을 써 버렸지, 아니니?^(완료)	
10	너 나 미워하지, 그지?	
11	걔가 또 너 괴롭혔지, 아냐?	
12	너희 선생님 안경 끼시지, 아니니?	
13	너 돈 없지, 그지?	You do not have money, do you?
14	너 안 피곤하지, 그렇지?	
15	너 이거 본 적 없지, 그지?	
16	걔네들 안 올 거야, 그지?	
17	우린 이거 살 수 없어, 안 그래?	

재미 없다 be boring   해내다 make it   (돈) 쓰다 spend-spent   괴롭히다 bully-ied   안경 끼다 wear glasses

'누구, 무엇, 언제, 어디, 왜, 어떻게, 얼마나, 누구의~, 어떤~'등을 묻는 단어를 의문사라고 하지요.

의문사 의문문은 묻고자 하는 부분을 의문사로 바꾸어 yes/no 의문문 앞에 써주기만 하면 쉽게 만들 수 있습니다.

그리고 의문사는 명사, 부사, 한정사에 해당하는 것을 묻기 때문에 '의문대명사, 의문부사, 의문한정사'로 나눌 수 있습니다.

yes/no 의문문	의문사변환	의문사의문문 : 의문대명사	
Will she marry him?	(she ➡ who)	**Who will** marry him?	누가 그와 결혼할까?
Did he meet her?	(Chulsu ➡ who)	**Who/Whom did** he meet?	그가 누굴 만났지?
Are you drawing a cat?	(tiger ➡ what)	**What are** you drawing?	너 뭘 그리고 있어?
Do you want this?	(this ➡ which)	**Which do** you want?	어떤 걸 원하세요?

yes/no 의문문	의문사변환	의문사의문문 : 의문부사	
Can I use it now?	(now ➡ when)	**When can** I use it?	언제 그걸 쓸 수 있어?
Have we met there?	(there ➡ where)	**Where have** we met?	우리가 어디서 만났었지?
Did he lie for you?	(for you ➡ why)	**Why did** he lie?	그는 왜 거짓말을 했을까?
Do you come by bike?	(by bike ➡ how)	**How do** you come?	너 어떻게 오니?
Was that so difficult?	(so ➡ how)	**How difficult was** that?	그건 얼마나 어려웠니?
Do you run very fast?	(very ➡ how)	**How fast do** you run?	넌 얼마나 빨리 달리지?

yes/no 의문문	의문사변환	의문사의문문 : 의문한정사	
Did he call my name?	(my ➡ whose)	**Whose** name **did** he call?	그가 누구 이름을 불렀어?
Am I this kind of person?	(this ➡ what)	**What** kind of person **am** I?	난 어떤 종류의 인간일까?
Should I go this way?	(this ➡ which)	**Which** way **should** I go?	어떤 길로 가야 하나요?

의문사	
의문대명사	
누가	who
누구를	who, whom
무엇	what
어떤 것	which
의문부사	
언제	when
어디	where
왜	why
어떻게	how
얼마나	how + 형용사/부사
의문한정사	
누구의	whose + 명사
어떤, 무슨	what + 명사
어떤	which + 명사

☆ 문장의 모든 정보는 의문사로 물을 수 있지요. 즉, 우리는 의문사에 해당하는 정보를 전달하기 위해 문장을 만드는 것입니다.

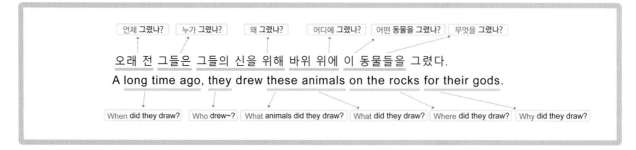

언제 그랬나? ／ 누가 그랬나? ／ 왜 그랬나? ／ 어디에 그랬나? ／ 어떤 동물을 그렸나? ／ 무엇을 그렸나?

오래 전 그들은 그들의 신을 위해 바위 위에 이 동물들을 그렸다.

A long time ago, they drew these animals on the rocks for their gods.

When did they draw? ／ Who drew~? ／ What animals did they draw? ／ What did they draw? ／ Where did they draw? ／ Why did they draw?

의문사 의문문 : 의문대명사, 의문한정사

who, what, which, whose

1	**누가** 철수냐?
2	난 그 경기를 놓쳤어. **누가** 이겼어?
3	**누가** 여기에 낙서한 거야?
4	**누가** 이 말도 안 되는 이야기를 믿겠니?
5	**누가** 이 진리를 부인할 수 있나?
6	**누가** 먼저 사과해야 할까?
7	넌 **누굴** 닮은 거야?
8	어제* 거기서 **누구를** 만났지?
9	**누굴** 따라갈 거니?
10	그럼(then) 우리는 **누굴** 믿어야 하지요?

* 일종의 ~ : a kind of ~, 이런 (종류의) : this kind of ~, 어떤 (종류의) : what kind of ~

11	**뭐가** the문제야?
12	**무엇이** 이런* 문제를 일으켰을까? *
13	이게 **뭐야**? 너 **뭘** 만든 거니?
14	오늘 **뭐** 할 거야?
15	**어떤 게** 네 자전거냐?*
16	**어떤**(which) 소년이 거짓말을 했습니까?
17	넌 **어떤**(what) 종류의 게임을 즐기냐?
18	어제 **무슨**(what) 영화를 봤니?*
19	너 **누구**(누구의) 노트를 베낀 거야?
20	이건 **누구의** 발자국일까?

* **What** 과 **Which**는 의미가 비슷하지만 보통 **Which**는 정해진 범위 내에서 어떤 것을 의미합니다.

놓치다	miss-ed	부인하다	deny - denied	일으키다, 야기하다	cause-d
경기	match, game	진리	truth	문제	matter, problem
이기다	win-won	사과하다	apologize-d	즐기다	enjoy-ed
낙서하다	scribble-d	닮다	resemble-d	베끼다	copy-copied
말도 안 되는	ridiculous	따라 가다	follow-ed	발자국	footprint

의문사 의문문 : 의문부사

when, where, why, how

1. 당신은 **언제** 행복하다고 느끼나요?

2. 넌 **언제** 그걸 알아차렸니?

3. 제가 **언제쯤** 그걸 받을 수 있나요?

4. the마감 기한이 **언제**야?

5. 엄마, the충전기 **어디에** 두셨어요?

6. the하드디스크가 꽉 찼어. 이걸 **어디** 저장해야 하지?

7. the수업이 곧 시작돼. 너 **어디** 가고 있는 거야?

8. 그 PC방이 **어디야**?

9. 넌 **왜** 낄낄대고 있어? **뭐가** 그렇게 재미있어?

10. 넌 **왜** 수영 안 해? (수영하는 게 어때?)

11. 네가 **어떻게** 이 문제를 풀었지?

12. 우린 **어디서** 그리고 **어떻게** 시작해야 할까?

13. 네가 **어떻게** 날 배신할 수 있어?

14. a삶은 **얼마나** 소중하고 아름다운가?

15. 이 드론은 **얼마나** 높이 날 수 있나요?

16. 넌 **얼마나** 많은 돈이 필요하니?

17. **얼마나** 많은 사람들이 오늘 여기 올까요?

18. 그 떡볶이가 **얼마나** 매운 거야?

19. 그는 **얼마나** 자주(often) 여기에 오나요?

20. **얼마나** 오래 여기서 기다리고 있는 거야? (완료진행)

알아차리다	notice-d	꽉 차다	be full	삶	life
받다	receive-d	저장하다	save-d	오래	long
마감 기한	deadline	낄낄대다	giggle-d	드론	drone
두다	put-put	배신하다	betray-ed	높이	high
충전기	charger	소중하다	be precious	맵다	be spicy

> 14
> ~
> 20
>
> '**How ~**' 가 '얼마나, 몇'의 의미일 때는 반드시 형용사, 부사와 함께 사용됩니다. [How + 형용사, 부사 ~ ?]
>
> How much do you need?   얼마나 (많이) 필요해?
> How many books should I read?   몇 권을 읽어야 해?
> How cold is it there?   거긴 얼마나 추워요?
> How well do you know me?   날 얼마나 잘 아냐?

인생의 가장 집요하고 절박한 질문은 "당신이 다른 이들을 위해서 무엇을 하고 있느냐"하는 것이다.

Life's most persistent and urgent question is, 'What are you doing for others?' ...Martin Luther King, Jr.

@ 의문사 의문문에서는 도치(조동사가 주어 앞으로 이동하는 현상)가 발생하지요.
　그래서 [의문사 + 조동사 + 주어~?] 형태가 만들어집니다. 물론 조동사는 '형식조동사, have, be, do'로 구분됩니다.
　그리고 의문사 의문문을 명사절의 형태로 바꾸어 사용할 수도 있지요. 의문문이 명사절이 되면 도치가 일어나지 않습니다.
　(명사절은 이 책 74p에서 공부합니다.) 그래서 [의문사 + 주어 + 동사 ~] 형태가 됩니다.

의문사 의문문	명사절
- Who are you?	I don't know who you are.
- Who can we trust?	I don't know who we can trust.
- What will you do?	Tell me what you will do.
- Which have you chosen?	I don't want to know which you have chosen.
- When did you meet her?	Tell me when you met her.
- Where are you going?	Tell me where you are going.
- Why is she crying?	I don't know why she is crying.
- How does he know that?	I don't know how he knows that.

　따라서 위 문장의 의문문을 명사절로 바꾸어 다시 쓸 수 있겠지요.

　Life's most persistent and urgent question is, 'What are you doing for others?' (의문문)
　Life's most persistent and urgent question is what you are doing for others. (명사절)

@ Yes/No 의문문은 명사절 접속사 if 또는 whether 을 붙여 "~인지 아닌지, ~이건 말건"의 명사절로 만들 수 있습니다.

의문사 의문문	명사절
- Will you come?	Tell me if/whether you will come or not.
- Have you ever met her?	It doesn't matter if/whether you have ever met her or not.
- Is this true?	I can't tell if/whether this is true or not.
- Did she read the message?	I wonder if/whether she read the message or not.

@ 명사절을 만드는 접속사는 that, if/whether, who, what, which, when, where, why, how 가 있습니다.
　이들 중 that 을 제외한 나머지 명사절 접속사는 의문문의 변형이라고 이해할 수 있는 것이지요.

형식조동사 대체표현

영어의 형식조동사는 그 수가 그리 많지 않지요. 또 형식조동사를 사용할 수 없는 경우가 생기기도 합니다.

그래서 형식조동사와 비슷한 의미를 표현할 수 있는 대체표현들이 필요합니다.

대체표현들은 주로 부정사(to+동사원형)를 사용합니다. 아래 표현들은 매우 자주 사용되니까 꼭 익혀두세요.

형식조동사		대체표현	
will, would	=	**be going to ~**	~할 것(예정, 생각)이다, ~하려고 하다
can, could	=	**be able to ~**	~할 수 있다
should, must	=	**be supposed to ~**	~해야 한다, ~하기로 되어 있다
		have to ~, **has to ~**	~해야 한다, ~이 분명하다
		had to ~	~해야 했다, ~이 분명했다
would	=	**used to ~**	~하곤 했다 (과거의 습관 : **지금은 아니다**)
		used to ~	~였(었)다 (과거의 습관, 상태 : **지금은 아니다**)
기타 의미표현		**be willing to ~**	기꺼이 ~하다, ~하려고 하다
		be about to ~	막 ~하려 하다, ~하려던 참이다
		be likely to ~	~할 것 같다, ~하기 쉽다
		had better ~	~하는 편이 좋다, ~하는 게 낫다
		would rather ~	차라리 ~하겠다, 차라리 ~하는 게 낫다
2형식 동사 + to ~			
		seem to ~	~하는 것 같다, ~하는 것처럼 보이다

I **am going to** help them.

I **was able to** help them.

We **are supposed to** help ~.

We **have to** help them.

We **had to** help them.

We **used to** help them.

We **used to** be good friends.

He **is willing to** help them.

I **was about to** leave.

She **is likely to** win you.

You **had better** leave now.

I **would rather** leave now.

She **seems to** like me.

She **seemed to** like me.

☞ 영어의 형식조동사는 두 개 이상을 동시에 사용할 수 없습니다. 그래서 위의 표현들이 필요한 것이지요.

넌 거기 갈 수(도) 있을 거야.	You **will / may** can go there.	(X) ▶	You **will / may** be able to go there.	(O)
넌 이걸 할 수 있어야(만) 해.	You **should / must** can do it.	(X) ▶	You **should / must** be able to do it.	(O)
우린 서로 도와야 할 거야.	We **will** should help each other.	(X) ▶	We **will** have to help each other.	(O)

☞ 'should, must'는 과거형태가 없습니다. 그래서 '~해야(만) 했다'의 의미는 반드시 'had to~'를 사용합니다.

난 거기에 가야(만) 했다.	I **should / must** go there.	(X) ▶	I had to go there.	(O)
우린 포기해야(만) 했다.	We **should / must** give up.	(X) ▶	We had to give up.	(O)
그는 기다려야(만) 했지.	He **should / must** wait.	(X) ▶	He had to wait.	(O)

형식조동사 대체표현들은 **부정문**과 **의문문**의 형태도 함께 익혀두면 좋겠지요.

당연히 조동사의 법칙을 적용시켜 부정문과 의문문을 만들지만 그렇지 않은 표현도 있습니다.

be not ~	
be not going to ~	~하지 않을 것(예정, 생각)이다, ~안 하겠다
be not able to ~	~할 수 없다 = be un**able** to ~
be not supposed to ~	~해서는 안 된다, ~하지 않기로 되어있다
be not willing to ~	~하려 하지 않다, 꺼리다, 하기 싫어하다
be not likely to ~	~할 것 같지 않다, ~할 가능성이 낮다

do not ~	
do / does not have to ~ *	**~할 필요 없다**, ~하지 않아도(안 해도) 된다
did not have to ~ *	**~할 필요 없었다**, ~하지 않아도(안 해도) 됐다
do / does not seem to ~	~하는 것 같지 않다
did not seem to ~	~하는 것 같지 않았다

~ not to ~	
seem / seems not to ~ *	~하지 않는 것 같다
seemed not to ~ *	~하지 않는 것 같았다

~ not ~	
had better not ~	~하지 않는 편이 좋다
would rather not ~	차라리 ~하지 않겠다

Be + 주어 ~?
Are you **going / able / supposed / willing / likely to** come?
Waht is he **going / able / supposed / willing / likely to** make?

Do + 주어 ~? *
Does he **seem / have to** do that?
Why do I **have to** * learn English?

Would you rather ~? (차라리 ~할래?) *
Would you rather go there **or** stay here? (거기 갈래, 여기 있을래?)

I **am not going to** meet him.

I **was not able to** meet him.

He **is not supposed to** come here.

She **was not willing to** help us.

Kids **are not likely to** eat it.

I **don't have to** go there. *(안 가도 된다)

I **didn't have to** do that. *(안 해도 됐다)

You **don't seem to** like it. (좋아하는 것 같지 않다)

She **didn't seem to** hear me. (듣는 것 같지 ~)

* '**do not have to ~**'는 '~하면 안 된다'가 아니라 '~할 필요 없다, 하지 않아도 된다' 입니다.

　'~하면 안 된다'는 'should not ~, must not ~, be not supposed to~'로 표현해야 합니다.

She **seems not to** like it . *(좋아하지 않는 것 ~)

She **seemed not to** hear me. *(듣지 않는 것 ~)

I'd better / rather not stay here. *

* '**seem not to~**'는 '~하지 않는 것 같다'라는 뜻입니다.
* had better, would rather 는 '**d better**, '**d rather** 로 간단히 표현할 수 있습니다.

* '**Do 주어 have to ~?**'는 '~해야 하나?, ~할 필요가 있나?' 의 뜻입니다.

* '**Woud you rather~?**' 은 두 가지 중 선택을 물을 때 또는 '차라리 ~할래?'의 의미로 사용합니다.

형식조동사 대체표현

1	난 아침을 거를 생각이야. (거르려고 해.)	I am going to skip breakfast.
2	그녀는 살을 뺄 생각이었다.	
3	넌 살을 뺄 수 있어.	
4	my엄마와 난 살을 뺄 수 있었지.	
5	넌 다시 살을 뺄 수 있을 거야.	
6	my아버지는 살을 빼기로 되어있어. (빼야 해.)	
7	난 살을 빼기로 되어있었지. (빼야 했지.)	
8	난 기꺼이 저녁을 거르겠다.	
9	그녀는 기꺼이 저녁을 거르려 했다.	
10	넌 다시 살찌기 쉬워. (살찔 것 같아.)	
11	난 컵라면 하나 먹을 참이다.	
12	그녀는 막 컵라면 하나를 먹으려 했다.	
13	난 살을 빼야 해.	
14	my엄마는 살을 빼야 해.	
15	넌 저녁밥을 걸러야 할 거야.	
16	my아버지는 저녁밥을 걸러야 했다.	
17	난 아침을 거르곤 했다. (지금은 아니다.)	
18	우린 좋은 친구였다. (지금은 아니다.)	
19	난 꽤나 뚱뚱했었지. (지금은 아니다.)	
20	넌 저녁밥을 거르는 편이 좋아. (좋겠어.)	
21	난 차라리 아침을 거르겠어.	
22	난 차라리 뚱뚱한 게 낫다.	
23	그녀는 아침밥을 거르는 것 같아.	
24	그녀는 살이 빠지고 있는 것 같아.	
25	그녀는 저녁밥을 거르는 것 같았다.	

살 빼다/찌다 lose/gain weight   저녁 dinner   뚱뚱하다 be fat

부정사(to~) 뒤에 'be'를 빠뜨리지 않도록 주의하세요. [to be]

대체표현의 부정문, 의문문

1	아직 포기하지 않을 거야.	I am not going to give up yet.
2	이제 포기할 거냐?	
3	넌 이제 **뭐** 할 거야?	
4	우린 이걸 설명할 수 없어.	We are not able to explain it.
5	넌 이걸 설명할 수 있니?	
6	넌 아침밥을 거르면 안 돼. (be not supposed to~)	
7	전 **어디로** 가기로 되어있나요? (가야 하나요?)	
8	그는 (기꺼이) 포기하려 하지 않았다.	
9	그들이 포기하려 할까?	
10	그녀는 포기할 것 같지 않았지.	
11	그는 그 기회를 포기할 것 같지 않아.	
12	넌 아직 포기하지 않는 편이 좋아.	
13	난 차라리 거기 가지 않겠어.	
14	차라리 거기 갈래?	
15	넌 살 뺄 필요 없어. 넌 건강해 보여.	
16	네 엄마는 여기 오실 필요 없어.	
17	그는 더 이상 저녁을 거를 필요가 없었다.	
18	제가 지금 당장 이걸 설명해야 하나요?	
19	철수가 거기 가야 하나요?	
20	네가 **왜** 거기 가야 했니?	
21	넌 이 이야기를 아는 것 같지 않구나.	You do not seem to know this story.
22	the선생님은 이 이야기를 모르는 것 같아.	
23	걔네들은 이 이야기를 아는 것 같지 않았어.	
24	my언니는 이 이야기를 모르는 것 같았어.	
25	그는 날 이해할 수 있는 것 같지 않았어.	

설명하다 explain-ed   거르다 skip-ped   기회 chance   건강한 healthy

형식조동사 대체표현

be **going**, **able**, **supposed**, **willing**, **about**, **likely** to~

1	거기서 **뭘** 할 거냐? (뭘 하려고 하니?)	What are you going to do there?
2	저는 an아이돌 스타가 될 거예요.	
3	**어떻게** 그것들을 다 먹으려고 그래?	
4	아무도 내 말을 믿지 않겠지.	
5	**누가** 우릴 가르칠까?	
6	다행히 난 그 테스트를 통과할 수 있었지.	
7	그는 더 이상 네게 손대지 못할 거야. 걱정 마.	
8	난 그 현실을 받아들일 수 없었다.	
9	영어를 타이핑할 수 있어야 해.	
10	**얼마나** 빠르게 영어를 타이핑할 수 있니?	

11	넌 여기 오면 안 돼. (오지 않기로 되어 있어.)	
12	**언제** 이 카드를 사용해야 해? (사용하기로 되어있어?)	
13	겨울은 추워야지. (춥기로 되어있지.)	
14	기꺼이 네 도전을 받아들이지.	
15	넌 기꺼이 스스로를 희생하겠느냐?	
16	어떤 여자가 막 그 화장실 문을 열려고 했지.	
17	난 막 토하려 했다.	
18	이 계획은 또 실패할 것 같다.	
19	그들이 **언제** 여기 도착할 것 같아요?	
20	그들은 그렇게 행복할 것 같지 않아.	

아이돌	idol	걱정하다	worry-worried	사용하다	use-d	실패하다	fail-ed
그것들을 다	them all	손대다	touch-ed	도전	challenge	도착하다	arrive-d, get-got
내 말	my words	받아들이다	accept-ed	희생하다	sacrifice-d		
다행히	fortunately	현실	reality	토하다	vomit-ed		
통과하다	pass-ed	타이핑하다	type-d	계획	plan		

형식조동사 대체표현

used to~, 'd rather~, 'd better~, have to~, seem to~

1	저 녀석이 날 괴롭히곤 했어.	That guy used to bully me.
2	이 건물은 _{an}초등학교 였었지요. (used to)	
3	그녀의 눈이 반짝이곤 했지.	
4	차라리 김밥을 먹을래요.	
5	난 차라리 _{the}지구를 떠나련다.	
6	차라리 그걸 듣지 않겠어.	
7	난 이제˚ 집에 가는 편이 좋겠어.	
8	넌 이 파일을 열어보지 않는 게 좋겠다.	
9	넌 태권도를 배우는 게 좋겠다.	
10	넌 네 얼굴을 보여주지 않는 편이 좋겠다.	

11	그래서 여러분들은 매우 조심해야 해요.	So you have to be very careful.
12	더 많은 사람들이 _{the}진실을 알아야 해.	
13	**왜** 내가 이렇게 열심히 영어 공부를 해야 해?	
14	걱정할 필요 없어. 시간은 충분해.	
15	그래서, 난 약간의 돈을 빌려야 했어요.	
16	난 그것들을 모두 외울 필요는 없었다.	
17	가끔 그는 _a콤플렉스가 있는 것 같아.	
18	그는 거기서 담배를 피우고 있는 것 같았다.	
19	그녀는 개들을 좋아하지 않는 것 같았지.	
20	사람들이 _{the}진실을 아는 것 같지 않았다.	

초등학교	elementary school	진실	truth	콤플렉스	complex
반짝이다	twinkle-d	열심히	hard		
배우다	learn-ed	충분하다	be enough		
보여주다	show-ed	빌리다	borrow-ed		
조심하다	be careful	외우다	memorize-d		

11 등위 접속사

등위 접속사는 단어와 단어, 구와 구, 문장과 문장을 연결해 주는 품사입니다.
등위 접속사를 사용하면 문장을 '~다'로 끝맺지 않고 계속 이어나갈 수 있어서 긴 문장을 써 내는 데에 아주 유용합니다. 잘 익혀 두세요.

and	연속동작 : ~하고(는), ~하더니	난 돌을 집어(집어서) 그걸 던졌지.	I picked up a stone **and** threw it.
		그가 일어서더니 소리쳤다. "조용히 해!"	He got up **and** shouted "Be quiet!"
	명령문 : ~해라. 그러면	샤워해. 그러면 기분이 좋아질 거야.	Take a shower **and** you will feel better.
but	반대 : 그러나, 하지만	우린 피곤했지만 행복했어요.	We were tired **but** happy.
		넌 할 수 있지만, 그녀는 못 하잖아.	You can do that, **but** she can't.
		난 시간이 충분하나, 그는 아니다.	I have enough time, **but** he doesn't.
		난 지쳤지만, 다시 일어섰다.	I was tired, **but** (I) stood up again.
or	선택 : 또는, 아니면, ~나	철수가 두세 명 데려올걸.	Chulsu may bring two **or** three guys.
		그는 천재 아니면 바보가 틀림없어.	He must be a genius **or** an idiot.
		너 올 거야 말 거야? (안 올 거야?)	Will you come or not?
		넌 천재냐 (아니면) 바보냐?	Are you a genius or a fool?
	~해라. 안 그러면(아니면)	지금 나가. 안 그러면 버스 놓칠 거야.	Go out now **or** you will miss the bus.
		이걸 해야 해. 아니면 그가 화낼 거야.	We should do this **or** he will be angry.
so	원인과 결과 : 그래서	너무 늦어서, 난 전화 안 했어.	It was too late, **so** I did not call you.
		그는 오지 않았고, 그래서 난 슬펐다.	He did not come, **so** I was sad.
		그는 돈이 없었다. 그래서 내가 샀다.	He had no money. **So** I bought that.

not **A** but **B**	**A**가 아니라, **B**다	그것은 내가 아니라 순이였다.	That was **not** me, **but** Sooni.
		그는 멍청한 게 아니라, 현명한 거야.	He is **not** foolish, **but** wise.
		부탁하는 게 아니라, 명령하고 있어.	I am **not** asking, **but** ordering.
not only **A** but (also) **B**	**A**뿐 아니라 **B**도	넌 똑똑할 뿐 아니라 친절해.	You are **not only** smart **but** (**also**) kind.
		난 너뿐만 아니라 그도 싫어.	I hate **not only** you **but** (**also**) him.
		그는 노래도 하고 춤도 췄어.	He **not only** sang **but** (**also**) danced.

등위 접속사

1 우리는 거기서 빵, 우유 그리고 아이스크림을 샀다.

2 내 고양이는 정말로 귀엽고 사랑스러워서, 누구나 그걸 사랑하지.

3 오늘 나는 이 책을 읽고 a독후감을 써야 해.

4 모두 떠났고 순이가 홀로 거기에 남았다.

5 우리 선생님이 들어오시더니(들어와서는) 내 이름을 불렀다.

6 your어머니께 전화해서 먼저 사과하면, 그녀는 모든 걸 용서하실 거야. (사과해라. 그러면 ~)

7 the선생님께서는 his가방을 열고는(열어서, 열더니) 작은 노트 하나를 꺼내셨다.

8 그 노인이 말했다. "웃으렴, 그러면 복이 올 거야.(웃으면, 복이 올 거야.)"

9 그 공원은 작았지만, 매우 아름다웠지.

10 나는 열심히 공부했지만, 그 시험은 너무 어려웠어.

11 넌 빠르지만 또박또박 말할 수 있어야 해.

귀여운	cute	남다	remain-ed	꺼내다	take-took out
사랑스러운	lovely	부르다, 전화하다	call-ed	복	blessings
누구나	everyone	사과하다	apologize-d	말하다	speak-spoke-spoken
독후감	book report	용서하다	forgive-forgave	또박또박	clearly

등위 접속사

1   넌 충분한 시간이 있지만, 난 아니야.

1 ~ 5
'~지만, ~는 아니다'는 앞 문장이 긍정이면 부정, 부정
이면 긍정으로 표현합니다.
그리고 앞 문장에 사용된 조동사를 사용합니다.

I know you, but she doesn't.	일반동사
He had money, but I didn't.	일반동사
You do not like it, but I do.	일반동사
She is tall, but I am not.	be
She was tall, but I wasn't.	be
You can buy it, but he can't.	형식조동사
You will come, but he won't.	형식조동사
He has seen it, but I haven't.	have

2   그들의 대부분은 그 결정을 싫어하는 것 같았지만, 몇몇은 아니었다.

3   새들은 자유롭게 날 수 있지만, 우리는 아니야.

4   그들은 힘세고 용감했지만, 나는 아니었다.

5   넌 전에 그를 만난 적이 있지만, 난 아니야.

6   우린 ₐ큰 아파트나 ₐₙ비싼 자동차는 없지만, ₐ따뜻하고 다정한 가족이 있습니다.

7   저의 어머니께서는 ₐₙ영어 선생님이 아니라, ₐ수학 선생님이세요.

8   그들은 시간을 낭비하고 있는 게 아니라, 좋은 경험들을 얻고 있는 것이지요.

9   그는 ₐ위대한 작가였을 뿐 아니라, ₐ아주 좋은 농부였습니다.

10   신발은 우리 발을 보호할 뿐만 아니라, 우리의 패션을 완성합니다.

11   그녀는 아름다울 뿐만 아니라, 매우 지적이었다. 그래서 난 그녀를 부러워했었다 (used to).

결정	decision	낭비하다	waste-d	보호하다	protect-ed	부러워하다	envy-ied
힘센	strong	얻다	gain-ed	발	feet		
아파트	apartment	경험	experience	완성하다	complete-d		
비싼	expensive	작가	writer	패션	fashions		
다정한	loving	농부	farmer	지적인	intelligent		

등위 접속사

1 **언제** 내가 이걸 끝내야 하지, 오늘이야 내일이야?

둘 중 하나를 선택해야 하는 의문문을 선택의문문이라고 합니다.

Who did it, you **or** Chulsu? 누가 했어, 너야 철수야?

Which do you want, this **or** that? 어떤 걸 원해, 이거야 저거야?

When will you go, now **or** later? ~, 지금이야 나중이야?

Will you come, **or not**? 올 거야 말 거야?

Was that red **or** blue? 빨강이었냐, 파랑이었냐?

Did he call, **or not**? 그가 전화 한 거야, 아니야?

2 **누가** the반장이 될까, 철수일까 순이일까?

3 내가 걔네들을 따라가야 할까, 아니면 혼자˚ 집에 있어야 할까?

4 너 그 메시지 읽은 거야, 아니야? 넌 **왜** 답을 안 했어?

5 내 친구들은 밖에서 축구를 하고 있거나 TV를 보고 있을 거예요.

6 지금 당장 the컴퓨터를 꺼, 안 그러면(그렇지 않으면) 난 엄마한테 이를 거야.

7 어제 나는 너무 늦게˚ 집에 돌아왔고, 그래서 my어머니께서 화나셨지.

8 난 그 문장의 the의미를 이해할 수 없었고, 그래서 난 그 문항을 포기해야 했다.

9 그 강아지는 매우 지쳐 보였을 뿐만 아니라, 아파 보였다. 그래서 난 그 강아지를 밖에 내버려 둘 수 없었다.

10 걔네들이 저의 부모님을 욕했고, 그래서 전 제 자신을 통제하지 못하고 my이성을 잃어버렸어요.

11 그녀는 기름기 많은 음식을 좋아하지 않는 것 같아서, 우린 비빔밥을 주문했다.

끝내다	finish-ed	답하다	answer-ed	문항	question	통제하다	control-led
반장	class president	끄다	turn off	아픈	sick	잃다	lose-lost
따라가다	follow-ed	이르다	tell-told	내버려 두다	leave-left	이성	reason
집에 있다	stay home	의미	meaning	밖에	outside	기름기 많은	greasy
메시지	message	문장	sentence	욕하다	insult-ed	주문하다	order-ed

비인칭 주어(It)

한국어는 '**시간, 날씨, 온도, 거리, 상황**'등을 표현할 때 종종 주어가 필요 없지요.

하지만 영어는 주어를 생략할 경우 동사가 문장 앞에 등장해서 명령문처럼 보이기도 해서 어색합니다.

그래서 주어가 필요 없는 경우에도 주어를 반드시 써 주어야 하며 이때 사용하는 주어를 비인칭 주어(It)라고 부릅니다.

5시다.	**It** is five o'clock.
7시 40분이었다.	**It** was seven forty.
월요일이다.	**It** is Monday.
12월이었다.	**It** was December.
(어제는) 비가 왔다.	**It** rained yesterday.
(오늘은) 맑다.	**It** is sunny today.
멀다. / 가깝다.	**It** is far. / **It** is close.
어둡다. / 환하다.	**It** is dark. / **It** is bright.
늦었다. / 너무 이르다.	**It**'s late. / **It** is too early.
(상황이) 쉽지 않군. / 끔찍하군.	**It** is not easy. / **It** is terrible.

【 비인칭 주어, 왜 필요할까? 】

한국어는 '날씨, 시간'등을 표현할 때 주어가 따로 필요 없습니다. **형용사**(맑은, 흐린)나 **명사**(일요일, 3시, 봄)에 **동사형접미어(~다)** 를 붙여 동사처럼 사용하기 때문이지요.

영어는 '**be동사**' 없이 형용사나 명사를 동사처럼(~다) 사용할 수 **없지요.** 그래서 '날씨, 시간'등을 표현할 때 '**be동사**'를 사용해야 하는데, **주어 없이 'be동사'만 사용할 수도 없습니다.** (명령문이 되어버리니까.) 그래서 어쩔 수 없이 **특별한 의미가 없는 주어(비인칭 주어)**를 사용하게 됩니다.

하지만 대화를 할 때는 가끔 'It is'를 생략하고 형용사나 명사만 말할 수도 있습니다.

비인칭 주어를 사용한 표현들

10시다.	It is ten o'clock.	밖은 너무 어두웠다.	It was too dark outside.
오늘은 월요일이다.	It is Monday today.	지금은 환하다.	It is bright now.
이른(초) / 늦은 여름이다.	It is early / late summer.	10도다.	It is ten degrees.
오늘은 내 생일이야.	It is my birthday today.	영하 10도다.	It is minus ten degrees .
어제는 내 생일이었다.	It was my birthday yesterday.	너무 멀어.	It is too far.
비가 온다.	It rains. / It's rainy.	아주 가까웠다.	It was very close.
비가 왔다.	It rained. / It was rainy.	5km다.	It is 5 kilometers.
지금 비가 오고 있다.	It is raining now.	아름답군.	It is beautiful.
거기는 비가 오고 있었다.	It was raining there.	너무 늦었다.	It is too late.
곧 비가 올 거야.	It is going to rain soon.	좋군요.	It is great.
눈이 온다.	It snows. / It's snowy.	괜찮아.	It is OK.

물론 비인칭 주어 없이도 시간, 날씨, 온도, 거리, 상황을 표현할 수 있습니다. 하지만 영어는 비인칭 주어로 표현하는 것을 더 좋아합니다.

오늘은 춥다.	**Today** is cold.	온도가 20도다.	**The temperature** is 20˚C.
어제는 더웠다.	**Yesterday** was hot.	오늘은 일요일이다.	**Today** is Sunday.
내일은 흐릴 거야.	**Tomorrow** will be cloudy.	어제는 토요일이었다.	**Yesterday** was Saturday.
날씨가 좋다.	**The weather** is great.	상황이 끔찍하다.	**The situation** is terrible.
날씨가 나쁘다.	**The weather** is bad.	거리는 3km다.	**The distance** is 3 kilometers.

1	10시 30분이야.	It is ten thirty.
2	이른 아침이었습니다.	
3	늦은 저녁이었지.	
4	오늘은 화요일이다.	
5	5월 3일이었다.	
6	지금은 늦 봄이다.	
7	초 여름이었다.	
8	지금은 2100년이다.	
9	밖은 영하 10도다.	
10	오늘은 건조하다.	

11	오늘은 날씨가 좋다.	It is good today.
12	내일은 화창할 거야.	
13	어제는˚ 아주 추웠다.	
14	오늘은 덥고 습하다.	
15	밖에 비가 오고 있다.	
16	어제 비가 왔었다.	
17	밝아지고 있었다.	
18	ₐ아름다운 날입니다.	
19	멋지군. [훌륭해.]	
20	지겹다.	

[날씨표현]

날씨표현 형용사

	It is beautiful.
좋다, 화창하다	It is good / great.
	It is nice / fine.
	It is sunny.
나쁘다	It is bad / terrible.
음울하다	It is gloomy.
덥다	It is hot.
습하다	It is humid.
후텁지근하다	It is muggy.
후텁지근하다	It is sultry.
따뜻하다	It is warm.
춥다	It is cold.
쌀쌀하다	It is chilly.
몹시 춥다	It is freezing.
시원하다	It is cool.
흐리다	It is rainy.
비 온다	It is wet.
눅눅하다	It is damp.
흐리다	It is cloudy.
흐리다	It is gray.
안개 꼈다	It is foggy.
바람 분다	It is windy.
산들바람 분다	It is breezy.
폭풍우 친다	It is stormy.

날씨표현 동사

비 온다	It rains.
비가 왔다	It rained.
비가 올 것이다	It will rain.
비가 오고 있다	It's raining.
눈이 온다	It snows.
눈이 오고 있다	It is snowing.

이른	early	밝아지다	get bright	
늦은	late	멋지다	be great	
~도	degrees	지겹다	be boring	
영하	minus			
건조하다	be dry			

동사(~다)는 목적어(~을, ~를)가 될 수 없습니다. 목적어가 될 수 있는 품사는 명사뿐이지요.

하지만 우리는 동사를 목적어로 사용하는데 매우 익숙합니다. 즉, 동사를 명사로 사용하고 있다는 말이지요.

동사를 명사로 바꾸기 위해서는 동사의 형태를 약속된 명사의 형태로 바꾸어 주어야 합니다.

어미가 발달된 한국어는 동사형어미(~다)를 명사형어미(**~것, ~기, ~ㅁ**)로 바꾸어 쉽게 명사로 사용할 수 있지요.

영어는 동사를 **부정사(to+동사원형)** 또는 **동명사(동사~ing)**의 형태로 바꾸어 명사로 사용합니다.

찬 물을 마시**다**	drink cold water	동사
찬 물을 마시는 것/기	**to** drink cold water	부정사
	drink**ing** cold water	동명사
행복하**다**	am(are, is) happy	동사
행복하다는 것, 행복하기	**to** be happy	부정사
	be**ing** happy	동명사
한국인이**다**	am(are, is) a Korean	동사
한국인이라는 것	**to** be a Korean	부정사
	be**ing** a Korean	동명사

동사를 다른 품사로 사용하기 위해 형태를 바꾸어 놓은 것을 준동사 (verbal)라고 부릅니다. 명사로 사용할 수 있는 준동사가 한 가지뿐이라면 좋겠지만 영어는 두 가지(동명사, 부정사)를 사용합니다.

☆ 문제는 준동사를 동사의 목적어로 사용할 때

[1] 부정사와만 결합하는 동사 (동사 + to ~)

[2] 동명사와만 결합하는 동사 (동사 + ~ing)

[3] 둘 다 결합하는 동사 (동사 + to ~/~ing)로 나누어진다는 것입니다.

하는 수 없이 구분해서 익혀두어야겠지요.

문장성분	품사	구	준동사
MAP 주어	명사	명사구	동명사 ⋯ 부정사
동사	동사		
목적어	형용사		
보어	부사		

---

[1] 동사 + 부정사(~할, ~하기로, ~하는 것을)

need to ~	~할 필요가 있다
'd like to ~	~하고 싶다
want to ~	~하고 싶다 (원하다)
wish to ~	~하고 싶다. (바라다)
hope to ~	~하고 싶다 (희망하다)
plan to ~	~할 계획(생각)이다
hesitate to	~하길 망설이다, 주저하다
decide to ~	~하기로 (결정)하다
learn to ~	~하는 것을, 법을 배우다
promise to	~하기로 약속하다
pretend to ~	~하는 척 하다
fail to ~	~하는데 실패하다 (~ 못하다)

[2] 동사 + 동명사(~하기, ~하는 것을)

enjoy ~ing	~을 즐기다, 좋아하다
keep ~ing	~계속 ~하다
finish ~ing	~하는 것을 끝내다
give up ~ing	~ 포기, 단념하다
stop ~ing	~ 멈추다. 그만두다
quit ~ing	~ 그만두다
avoid ~ing	~ 피하다. 회피하다
mind ~ing	싫어하다, 꺼리다, 신경쓰다
imagine ~ing	~ 상상하다
consider ~ing	~ 고려, 생각하다
try ~ing	(시도) 한 번 해보다

[3] 동사 + 부정사 or 동명사

like, **love** to /~ing	~하고 싶다, 좋아하다
hate to /~ing	~하기 싫다, 싫어하다
begin, **start** to /~ing	~하기 시작하다
continue to /~ing	~계속(해서) ~하다
부정사(미래의 일)	동명사(과거의 일)
forget to ~	~할 것을 잊다
forget ~ing	~한 것을 잊다
remember to ~	~할 것을 기억하다
remember ~ing	~한 것을 기억하다

동사를 명사로 만들기 [동명사, 부정사]

1

여기서³ 영어를² 배우는 것¹(배우기)

to learn English here

learning English here

2

ₜₕₑ세계를 여행하는 것(여행하기)

3

오늘 하얀 셔츠를 입는 것(입기)

4

혼자 ₜₕₑ집을 청소하는 것(청소하기)

5

좋은 친구들을 만드는 것(사귀기)

6

피곤하게 느끼는 것(느끼기)

7

쿵푸 마스터가 되는 것(되기)

8

똑똑해 보이는 것(보이기)

9

바쁘다는 것

10

ₐ중학생이라는 것

11

날 수 있다는 것

12

영어를 공부해야 한다는 것

[동명사 만들기]

소리 나지 않는 'e'는 생략

bake	baking
breathe	breathing
come	coming
ride	riding
smile	smiling
take	taking
use	using

단모음+단자음(더블 자음~ing)

cut	cutting
get	getting
hit	hitting
put	putting
run	running
sit	sitting
stop	stopping
swim	swimming

9
10 ['be'의 동명사와 부정사]

네 친구라는 것

to be your friend

being your friend

게으르다는 것

to be lazy

being lazy

자고 있다는 것

to be sleeping

being sleeping

잘 수 있다는 것

to be able to sleep

being able to sleep

11
12 ☆ 형식조동사(will, can, may, should 등)는 준동사로 바꿀 수가 없습니다.
때문에 대체표현을 사용해 준동사를 만들어야 합니다.
【 **to be able to ~** : ~할 수 있다는 것 】 【 **having to ~** : ~해야 한다는 것 】

동사 + 부정사

동사의 목적어 ◄·······명사·······명사구·······동명사···· **부정사**

1	넌 _{your}부모님들을 이해할 필요가 있어.	You need to understand your parents.
2	넌 부끄러워할 필요 없어.	
3	제가 _{the}한자 시험을 칠 필요가 있나요?	
4	이거 (한번) 먹어보고_(try) 싶은데요. ＊ ('d like)	
5	당신의 미래를 보고 싶나요? ＊ (Would you like to~)	
6	**어떤** 나라를 방문해 보고 싶니? ＊ ('d like)	
7	난 새로운 경험들을 해보길 원했지. (want)	
8	난 또 지각하고 싶지 않아. 서둘러! (want)	
9	**왜** 사람들은 오래 살고 싶어 할까? (want)	
10	누구나 _a행복한 삶을 살기를 바라지. (wish)	

＊ 'd like to 는 would like to 를 줄여놓은 표현입니다.

11	_{the}같은 실수를 반복하고 싶지 않아. (wish)	
12	난 _a영웅이 되고 싶진 않았어. (hope)	
13	난 _a좋은 인상을 남기고 싶었다. (hope)	
14	그녀는 늘 젊은 채로 있고 싶어 해. (hope)	
15	너 이 돈 **어떻게** 쓸 계획(생각)이야?	
16	저는 그 돈을 기부할 계획이었어요.	
17	무언가 특별한 걸 하려고 계획하고 있어.	
18	네 감정을 표현하는 걸 망설이지 마.	
19	난 _{the}초인종 누르는 걸 망설이고 있었지.	
20	그 녀석은 서슴없이 욕을 했다. ＊	

＊서슴없이 ~하다 = ~하길 망설이지 않다

이해하다	understand	방문하다	visit-ed	인상	impression	누르다	push-ed
부끄러워하다	be ashamed	경험을 하다	have experience	기부하다	donate-d	초인종	doorbell
시험 치다	take a test	반복하다	repeat-ed	특별한	special	욕하다	swear-swore
한자	Chinese character	같은	same	표현하다	express-ed		
미래	future	남기다	leave-left	감정	feelings		

동사 + 부정사

1	결국 철수는 학교를 그만 두기로 결정했다.	*Finally Chulsu decided to quit school.*
2	그는 **왜** 그렇게 하기로 결정했을까?	
3	넌 먼저 인내하는 것을 배워야 해.	
4	**언제** the기타 치는 걸 배웠어?	
5	그래서 난 다시 수영을 배우기로 결정했어.	
6	**어디서** 싸움을(싸우는 법을) 배울 수 있을까요?	
7	넌 너 자신을 용서하는 법을 배워야만 해.	
8	the비밀을 지키겠다고 약속할 수 있니?	
9	난 그렇게 하겠다고 약속한 적이 없어.	
10	우선, 저를 용서하겠다고 약속해 주세요.	

11	그 약삭빠른 개구리는 죽은 척했다.	
12	자고 있는 척하지 마.	
13	**왜** 그 이야기를 아는 척 한 거야?	
14	난 my엄마를 설득하지 못했어. (실패했어.)	
15	대부분의 사람들은 the진리를 깨닫지 못해.	
16	난 더 이상* 거기 가지 않기로 결정했어.	
17	my엄마는 저녁을 먹지 않기로 결정하셨지.	
18	난 다시는 지각하지 않겠다고 약속했다.	
19	신경 쓰지 않는 척했지만, 난 정말 기뻤다.	
20	그녀는 거기서 날 모르는 척했어.	

그만두다	quit-quit	설득하다	persuade-d
인내하다	be patient	깨닫다	realize-d
비밀	secret	진리	the truth
약삭빠른	smart	신경 쓰다	care-d
죽었다	be dead	기쁘다	be glad

16 ~ 20 'decide, promise, pretend'는 '~not to ~'의 형태로 부정을 표현할 수 있습니다.
'seem not to ~ (~하지 않는 것 같다)'에서 이런 식의 부정표현을 본 적 있지요.

decide not to~	~하지 않기로 결정하다	I decided not to go there.
promise not to~	~하지 않겠다고 약속하다	I promised not to go there.
pretend not to~	~하지 않는 척하다	I pretended not to know that.
seem not to~	~하지 않는 것 같다	He seems not to know that.

동사 + 동명사

동사의 목적어 ◀········명사········명사구····· **동명사** **부정사**

1	철수네 가족은 캠핑 가는 걸 좋아해.	Chulsu's family enjoys going camping.
2	넌 스키니 진 입는 걸 좋아하는 것 같아.	
3	사실은 난 생선 먹는 걸 좋아하지 않아.	
4	큰 소리로 계속 읽어. (읽는 걸 계속해.)	
5	그 녀석은 계속 날 놀렸다.	
6	미안하지만, 여기서 계속 노닥거릴 순 없어.	
7	그건 쉽지 않았지만, 난 계속해 나갔다.	
8	난 외계인 만나는 걸 상상하곤 했지.	
9	an투명인간이 되는 걸 상상해 봐.	
10	자유롭게 날 수 있다고 상상해 봐.	

11	이 학원 그만두는 걸 생각(고려)중이야.	
12	그는 a인간이기를 포기한 것 같았다.	
13	다른 문항들을 푸는 것을 단념해야 했다.	
14	아직 your방 정리하는 걸 안 끝낸 거야?	
15	오늘 the발표 준비하는 걸 끝내야 해.	
16	그만 투덜거려. (투덜거리는 걸 멈춰.)	
17	my아빠는 담배를 끊겠다고 약속하셨지.	
18	**왜** my질문에 답하기를 피하고 있는 거야?	
19	his휴대폰으로 전화 한 번 해보지 그래?	
20	약간만 조용히 말해 주시겠어요?	

스키니 진	skinny jeans	계속 해 나가다	keep going	(방)정리하다	tidy-tidied
사실은	actually	투명인간	invisible man	준비하다	prepare-d
큰 소리로	loudly	자유롭게	freely	발표	presentation
놀리다	tease-d	학원	institute	투덜거리다	complain-ed
노닥거리다	chat-chatted	인간	human		

20
'Would you mind ~ing?' '~해 주겠어?'
'I don't mind ~ing' '괜찮아, 신경 안 써'

Would you **mind** waiting here?
Would you **mind** turning off the TV?
I don't **mind** waiting here.
I don't **mind** eating it.

동사 + 부정사 또는 동명사

동사의 목적어 ◀┈┈┈┈┈┈ 명사 ┊ 명사구 ┊ 동명사 ┊ 부정사

1 난 편한 옷 입는 게^(to~) 좋아.

2 난 책 읽는 거^(to~) 좋아하지 않아요. *

3 _{my}형은 만화 그리는 걸^(~ing) 좋아해. *

4 우린 외식하는 걸^(~ing) 좋아하지 않아.

5 너 보드게임 하는 거^(~ing) 좋아해? *

6 그 소년은 곤충 잡는 걸^(to~) 좋아했다. _(love) *

7 난 판타지소설 읽는 걸^(~ing) 좋아 했어. _(love) *

8 대부분의 학생들은 시험치기^(~ing) 싫어해. *

9 순이는 널 보기^(to~) 싫어하는 것 같아.

10 난 샤워하기 싫어했었지. ^(used to~)

＊ 한국어는 복수(~들)로 표현하지 않아도 영어는 복수(s)로 표현해야 하는 경우가 많습니다.

11 난 다시 졸리기(졸리게 느끼기)^(to~) 시작했다.

12 갑자기 나는 살찌기^(to~) 시작했어.

13 갑자기 나는 살찌기^(~ing) 시작했어.

14 _{the}모기 물린 곳이 계속 가려워^(to~).

15 _{the}달이 계속 날 따라왔다^(~ing).

16 난 그걸 못 들은 척하고는, 계속 걸었다.

17 아이스크림 사 오는 거 잊지 마세요.

18 난 _{the}별똥별 본 걸 잊지 않을 거야.

19 _{the}알람 맞추는 거 기억해.

20 난 그렇게 말한 기억이 없어. _(don't remember~)

편안한	comfortable	잡다	catch-caught	살찌다	gain weight
그리다	draw-drew-drawn	곤충	insect	모기 물린 곳	mosquito bite
만화	cartoon	판타지 소설	fantasy novel	가렵다	itch-ed
외식하다	eat out	시험 치다	take tests	별똥별	shooting star
보드게임	board game	샤워하다	take a shower	알람 맞추다	set the alarm

우리는 지금까지 문장(sentence)을 써 왔습니다. 이제부터는 문장을 명사절(noun-clause)로 바꾸어 명사(품사)처럼 사용해 보도록 하겠습니다. 절(clause)이란 주어와 동사를 가지고 있다는 점에서 문장과 같습니다. 하지만 혼자서는 아무것도 할 수 없고 문장 속에서 하나의 품사로 사용되는 형태를 뜻합니다. 즉, 혼자 독립해서 쓰일 수 없는 것이지요. 그래서 흔히 절을 종속절(independent clause)이라고 부르기도 합니다.

그러니까 명사절이란 명사의 기능을 가진 절(**기능=명사, 형태=절**)인 것이지요

○ **명사절 접속사 1**　**that** (~가 ~한다는 것, 고, 기) **if / whether** (~하는지)

문장 : ~다. ➡	명사절 : ~것, 고, 기, 지
인생은 아름답다.	인생이 아름답다는 것(고)
	인생이 아름다운지 (아닌지)
Life is beautiful.	**that** life is beautiful
	if/whether life is beautiful

난 **인생이** 아름답다고 생각해.	I think (**that**) life is beautiful.
인생이 아름다운지 모르겠어.	I don't know **if/whether** life is ~.

○ **명사절 접속사 2**　의문사 (누구, 무엇, 언제, 어디, 왜, 어떻게, 얼마나 ~지)

~지	의문사 명사절
난 그가 **누구인지** 안다.	I know **who** he is.
난 **누가 이것을 썼는지** 모른다.	I don't know **who** wrote it.
난 그가 **누굴 좋아하는지** 안다	I know **who / whom** he likes.
난 네가 **무엇을 원하는지** 안다.	I know **what** you want.
네가 거기서 본 것을 그려라. *	Draw **what** you saw there.
난 **어떤 것이** 더 좋은지 모르겠다.	I don't know **which** is better.
난 그가 **언제 왔는지** 몰라.	I don't know **when** he came.
난 그가 **어디 사는지** 안다.	I know **where** he lives.
난 **왜 그녀가 날 미워하는지** 안다.	I know **why** she hates me.
난 그가 **어떻게 그걸 했는지** 안다.	I know **how** he did that.
난 **그것이 얼마나 어려운지** 안다.	I know **how** difficult it is.
난 네가 **무슨 영화를 봤는지** 안다.	I know **what** movie you saw.
난 네가 **누구의 사탕을 먹었는지**	I know **whose** candy you ate.

✍ 한국어 문장은 동사로 끝나지요. 그래서 종결어미(~다)를 명사형어미(~것, ~고, ~기, ~지)로 바꾸면 문장이 **명사절**로 바뀝니다. 즉, 어미를 바꾸어 문장을 절로 만드는 것이 편리하지요.

하지만 영어 문장은 동사로 끝나지 않고, 또 한국어와 같은 어미도 없습니다. 그래서 명사절을 표시해 주는 명사절 접속사를 문장 앞에 붙여 명사절을 만드는 것이 더 편리합니다.

명사절 접속사와 명사형 어미	
that ~	~가 ~한다는 것(고)
if / whether ~	~가 ~하는지 (아닌지)
who ~	누가 ~하는지
who / whom ~	누구를 ~하는지
what ~	무엇이/을 ~하는지
what ~	*~가 ~한 것 (**무엇**)
whatever ~	*~가 ~한 것은 무엇이든
which ~	어떤 것이/을 ~지
when, where ~	언제, 어디서 ~하는지
why, how ~	왜, 어떻게 ~하는지
how + 형용사, 부사	얼마나 ~하는지
what, which, whose + 명사	무슨, 어떤, 누구의 ~지

명사절 접속사는 크게 'that, if/whether'과 '의문사'로 나누어 볼 수 있습니다.

'that'절은 명사형어미 '~한다는 것, 고, 기'에 해당합니다.

'if / whether'절은 ' ~인지 (아닌지), 하는지 (안 하는지)'

그리고 의문사 명사절은 명사형 어미인 '~지'에 해당합니다.

* 하지만 의문사 'what, whatever'은 '**~가 ~한** 것(무엇), 무엇이든'의 의미도 표현할 수 있기 때문에 자주 사용됩니다.

그러면 명사절은 어떻게 사용할까요? 명사절은 명사와 기능이 같으니까 당연히 **주어, 목적어, 명사보어**의 역할을 할 수 있겠지요.

👉 주어, 명사보어로 명사절 사용하기

지구가 둥글다는 것은 사실이야.	**It** is a truth (that) the earth is round.
그가 화가 났는지는 중요하지 않아.	**It** is not important whether he is angry.

문제는 그가 화가 났다는 거야.	The problem is (that) he is angry.
질문은 그가 화가 났는지 아닌지 이다.	My question is whether he is angry.
질문은 **왜** 그가 화가 났는지 이다.	My question is why he is angry.

영어는 명사절이 주어인 경우 대부분 명사절을 나중에 말하기 위해서 가주어(**It**)라는 것을 사용합니다. 즉, 영어는 명사절이 직접 주어 자리(문장의 머리)에 오는 것을 꺼려합니다.

👉 동사의 목적어로 명사절 사용하기

난 그가 거짓말쟁이라는 것을 안다.	I **know** (that) he is a liar.
사람들은 돈이 중요하다고 말하지.	People **say** (that) money is important.
네가 중국어를 할 수 있다고 들었어.	I **heard** (that) you can speak Chinese.
난 네가 날 좋아하는지 궁금했어.	I **wondered** if/whether you liked me.
왜 이게 틀렸는지 이해가 안 돼.	I don't **understand** why it is wrong.
그들은 **무엇이** 잘못되었는지 알아냈다.	They **found** what was wrong.
나는 그가 **누구**인지 기억났다.	I **remembered** who he was.
네가 열쇠를 **어디** 뒀는지 잊지 마.	Don't **forget** where you put the key.
난 그것이 **얼마나 중요한지** 깨달았지.	I **realized** how important it was.
우리가 **어떤 영화**를 볼지 결정하자.	Let's **decide** what movie we will see.

동명사와 부정사를 목적어로 사용하기 좋아하는 동사들이 있듯이 명사절을 목적어로 사용하기 좋아하는 동사들이 있습니다. 자주 사용해야 하니까 꼭 익혀두세요.

명사절을 목적어로 즐겨 쓰는 동사	
say, hear	~라고 말하다, 듣다
mean	~라는 뜻, 의미, 말이다
answer	대답하다
explain	설명하다
show	보여주다
promise	약속하다
admit	인정, 시인하다
deny	부인하다
decide	결정하다
know	알다
understand	이해하다
see	알다, 이해하다, 보다
think	생각하다 (~같다)
believe	믿다, 생각하다
feel	느끼다 (~같다)
expect	기대, 예상하다
learn	배우다, 알게 되다
realize	깨닫다
find	알아내다, 발견하다
imagine	상상하다
wonder	궁금(해) 하다, 모르겠다
remember	기억하다, 기억나다
forget	잊다

이제 우리는 명사의 기능을 가진 다섯 가지 형태들을 모두 살펴보았습니다.
명사, 명사구, 명사절, 동명사, 부정사는 서로 형태는 다르지만 명사의 기능을 담당합니다.
그래서 이 다섯 형태를 **명사 시리즈**라고 부르도록 하겠습니다.

문장성분	품사	구	절	준동사	
주어	명사	명사구	명사절	동명사	부정사
동사	동사		접속사+문장	동사+~ing	to+동사
목적어	형용사				
보어	부사				

MAP

명사절 접속사 'that'은 어떤 문장이건 문장 앞에 붙여주기만 하면 문장을 '~가 ~한다는 것(고, 기)'의 의미의 명사절로 바꾸어 줍니다.
특히 접속사 'that' 자체는 특별한 의미를 가지고 있지 않기 때문에 명사절 접속사 중 유일하게 생략할 수 있습니다. [I know you are an idiot.]
                                                                                              that

문장	명사절 (that + 주어 + 동사~)
1 수민이가 택견을 배우기 시작했어.	난 수민이가 택견을 배우기 시작했다고 들었다.
2 그녀는 그렇게 예뻤다.	난 그녀가 그렇게 예쁘다는 걸 몰랐어.
3 인생은 너무 짧아.	사람들은 인생이 너무 짧다고 말하지.
4 그녀는 충분한 시간이 없었다.	수민이는 그녀가 충분한 시간이 없다고 말했다.
5 난 오늘 거기에 갈 거야.	난 내가 오늘 거기에 갈 거라고 약속할 수 없어.

명사절 접속사 'if, whether'은 문장을 '~가 ~하는지 (아닌지)' 즉, 선택 의문문의 의미를 가진 명사절로 바꾸어 준다고 생각하면 쉽게 이해가 됩니다.
[She will come. ➡ I don't know if/whether she will come (or not).] 그래서 명사절에 'or not'을 붙일 수도 있지요.

문장	명사 절 (if/whether + 주어 + 동사~)
6 네 친구들은 이것을 좋아할 것이다.	네 친구들이 이것을 좋아할지 아닐지(or not) 모르겠다.
7 넌 이 책을 읽은 적이 있어. (완료)	난 네가 이 책을 읽은 적이 있는지를 묻고 있는 거야.
8 그 물은 차갑거나 뜨거웠다.	네가 그 물이 차가운지 뜨거운지 어떻게 알아?
9 그 돼지는 웃고 있거나 울고 있다.	그 돼지가 웃고 있는지 울고 있는지 모르겠어.
10 난 이 돈을 써도 된다.	난 내가 이 돈을 써도 되는지 모르겠다.

명사절 접속사 : 의문사 명사절

의문문은 조동사가 주어 앞으로 이동하는 도치가 일어났었지요. [도치 : 문장의 어순을 바꾸는 일]

하지만 절(clause)에는 도치가 없습니다. 따라서 의문사 명사절은 의문사를 먼저 쓴 후 문장을 써나가듯 쓰면 되겠지요.

의문사 의문문 ➥	의문사 명사절	
Who did you meet there?	I know **who** you met there.	네가 거기서 **누구를** 만났는지 안다.
What does she want?	Do you know **what** she wants?	그녀가 **무엇을** 원하는지 아니?
Who are you?	I know **who** you are.	난 네가 **누구**인지 안다.
Why was he crying?	I did not know **why** he was crying.	**왜** 그가 울고 있는지 몰랐다.
What should I do here?	I do not know **what** I should do here.	내가 여기서 **뭘** 해야 하는지 모르겠어.
How deep can he dive?	Let's see **how deep** he can dive.	그가 **얼마나 깊이** 잠수할 수 있는지 보자고.

물론 의문사가 의문문의 주어인 경우 의문문과 명사절의 생김새는 똑 같습니다.

Who wrote this poem?	I do not know **who** wrote this poem.	**누가** 이 시를 썼는지 몰라요.
Who will help us?	I do not know **who** will help us.	**누가** 우릴 도와 줄지 모르겠어.
What happened there?	I do not know **what** happened there.	**무슨 일이** 일어났는지 모르겠군.

1	난 **누가** the 열쇠를 가지고 있는지 알아.	I know who has the key.
2	난 **누가** 거짓말하고 있는지 모르겠다.	
3	저는 그녀가 **누구**인지 몰랐습니다.	
4	**누가** 그 컴퓨터를 고장 냈는지 아세요?	
5	내가 **뭘** 말해야 할지 모르겠다.	
6	넌 **어떤 것**이 더 중요한지 모르겠니?	
7	엄마가 **언제** 집을 나섰는지 모르겠어요.	
8	난 네가 **어디서** 이걸 살 수 있는지 알아.	
9	**왜** 그녀가 그렇게 화났는지 모르겠어.	
10	네가 **어떻게** the 답을 알아냈는지 모르겠군.	
11	저는 그것이 **얼마나** 중요한지 몰랐어요.	

거짓말하다　　lie(lying)　　　고장 내다　　break-broke-broken　　　나서다　　leave-left　　　알아내다　　find-found

12	그들은 그 물이 **얼마나** 깊은지 몰랐어요.	
13	**얼마나** 많은 사람들이 오늘 여기 올지 아니?	
14	내가 **얼마나** 오래 기다려야 하는지 알고 싶어.	
15	이게 **어떤**(what) 종류의 **생선**인지 모르겠어.	
16	내가 **어떤**(which) **버튼**을 눌러야 할지 모르겠어.	
17	난 그게 **누구 전화번호**인지 몰랐어.	
18	네가 **누구 목소리를** 흉내 내고 있는지 안다.	
19	난 그들이 **누구를** 지지하고 있는지 안다.	
20	난 네가 **뭘** 사고 싶어 하는지 알고 있었어.	
21	난 네가 **왜** 망설이고 있는지 모르겠다.	
22	걔들이 **어디로** 가기로 결정했는지 아니?	
23	**왜** 걔들이 계속 웃는지 몰랐어.	
24	넌 내가 널 **얼마나** 많이 사랑하는지 몰라?	
25	내가 **누군지** 모르니?	
26	내가 여기 쓰는 **것**을 큰 소리로 읽어.	
27	난 그녀가 만든 건 **뭐든** 먹어야 했다.	
28	그가 말하는 **것**(하는 말)을 믿지 마.	
29	누구도 그가 한 말(말한 것)을 믿지 않았다.	
30	네가 할 수 있는 건 **뭐든지** 해라.	
31	그게 내가 말하고 싶었던 **것**이다.	
32	네가 원하는 건 **뭐든** 가져도 좋아.	

26
~
32
　명사절 접속사 'what, whatever'은 '~지'의 의미 외에도 '~가 ~하는 것, 무엇이든'의 의미를 표현할 수 있습니다.
이때는 명사절을 목적어로 즐겨 쓰는 동사뿐만 아니라 다양한 동사의 목적어가 될 수 있지요.

　– 넌 네가 원하는 걸 **가졌었다.**/**팔았다.**/**만들었다.**/**그렸다.**/**가져왔다.**/**얻었다.** [You **had/sold/made/drew/brought/gained** what you wanted.]

흉내 내다 mimic-ked 　　지지하다 support-ed 　　큰 소리로 aloud

명사절을 주어로

| 주어 | ◄········· 명사 ···· 명사구 ···· 명사절 | 동명사 | 부정사 |

1 네가 다른(other) 사람들을 이해할 수 있다는 것은 매우 중요해.

2 여러분들의 학교 성적이 좋은지 아닌지는 중요하지가 않아요.

3 여러분들이 ₐ좋은 대학에 들어가는 것이 중요해 보일 수도 있습니다. 하지만...

4 우리가 스마트 폰을 가지는 것이 필수인가?

5 한국 학생들이 영어를 좋아하지 않는 건 당연해.

6 네가 이 나라의 the대통령이 되는 것도 가능하지. (~도 ~하다. : be also ~)

7 우리가 그 상황을 바꿀 수 있는 것은 거의 불가능해 보였다.

8 the인터넷이 ₐ아주 유용한 도구라는 것은 사실이다. 하지만...

9 그의 답이 틀렸음이 분명했지만, 그는 그것을 인정하지 않았다.

10 우리 계획이 성공할지 아닐지는 분명하지 않아.

11 **누가** 옳고 **누가** 틀렸는지는 분명하지 않아.

명사절이 주어인 경우 대부분 가주어(It)를 사용합니다. 가주어 표현은 매우 다양하지만 자주 쓸 수 있는 몇 가지를 익혀두도록 하겠습니다.

명사절의 가주어 표현	
It's + 형용사보어 + 명사절	
중요하다	It is important
필수(적)이다	It is essential
당연하다	It is natural
가능하다	It is possible
불가능하다	It is impossible
분명하다	It is clear
확실하다	It is certain
놀랍다	It is amazing
놀랍다	It is surprising
흥미, 재미있다	It is interesting
이상하다	It is strange
행운, 다행이다	It is lucky
사실이다	It is true
It is +명사보어+ 명사절	
좋은 생각이다	It is a good idea
사실이다	It is a fact
내 꿈이다	It is my dream
It doesn't matter+ 명사절	
문제가 되지 않는다	

학교 성적	school grades	대통령	President	도구	tool	계획	plan
~하는 것이 ~해 보이다	It seems/looks that ~	나라	country	답	answer	성공하다	succeed-ed
~에 들어가다	enter-ed	상황	situation	틀렸다	be wrong	옳다	be right
대학교	university	유용한	useful	인정하다	admit-ted	틀리다	be wrong

12 | 그들이 기꺼이 우리를 도와주려 할지 확실하지 않아요.

13 | 이렇게 어린아이가 the가야금를 연주할 수 있다는 게 놀랍네요. (이렇게 어린아이 :such a young child)

14 | 네 형이 저 대학교에 들어갔다니 놀랍다. (들어간 것이 놀랍다.)

15 | 식물들도 의사소통한다는 것이 흥미롭지 않아?

16 | 그 녀석이 날 마주치기를 피하는 것이 이상해 보였어.

17 | the날씨가 이렇게 화창해서 다행이에요. (화창한 것이 다행이다.)

18 | 네가 aUFO를 본 적이 있다는 게 사실이야? (be true)

19 | 우리가 여기서 그 녀석을 혼내는 것은 a좋은 생각이 아니야.

20 | 김치가 a건강에 좋은 음식이라는 것은 이제 a상식이야. (상식이다 : it's a common knowledge that~)

21 | 사람들이 날 인정해 주는지 아닌지는 상관없어.

22 | 네가 **얼마나** 똑똑한지는 문제가 되지 않지. the중요한 것은 네가 your열정을 잃지 않는 거야.

23 | 다른 사람들이 **뭐라고** 말하는지는 상관없다. 네 꿈을 포기하지 마라.

의사소통 하다	communicate-d	날씨	weather	혼내다	punish-ed	인정해 주다	acknowledge	잃다 lose-lost
마주치다	face-d	화창하다	be fine	건강에 좋은	healthy	똑똑하다	be smart	열정 passion

명사절을 보어로

보어 ◄┄┄┄┄┄ 명사 ┄┄┄┄┄ 명사구 ┄┄┄┄ 명사절   동명사   부정사

1 the문제는 우리가 너무 많은 에너지를 낭비하고 있다는 거예요.

2 the슬픈 사실은 사람들이 이 아름다운 숲들을 파괴해오고 있다는 것⁽완료진행⁾이다.

3 내 질문은 네가 the문단의 the정확한 의미를 이해했느냐 하는 거야. (이해했는지야.)

4 제 불만은 어른들은 우리의 흥미와 개성들을 존중해주지 않는다는 거예요.

5 the첫 번째 이유는 사람들이 너무 많은 육류를 먹고 있다는 것입니다.

6 또 다른 중요한 것(thing)은 네가 your친구들을 **어떻게** 대하느냐 하는 것이지. (어떻게 대하는지이다.)

7 the중요한 것은 **누가** 실수를 줄일 수 있느냐지.

8 그게 내가 말하고 싶은 **거**야. (내 말이 그 말이야.)

9 배려심이 우리가 지금 보여주어야 하는 **것**입니다.

10 당신이 기억해야 하는 **것**은 당신의 잠재력은 무한하다는 것입니다.

11 네가 물어봐야 했던 **것**은 그가 널 지지해 줄지 아닐지 였다.

낭비하다	waste-d	정확한	correct	존중하다	respect-ed	대하다	treat-ed	보여주다	show-ed
사실	fact	의미	meaning	흥미	interests	또 다른	another	잠재력	potential
파괴하다	destroy-ed	불만, 불평	complaint	개성	personality(ies)	줄이다	reduce-d	무한하다	be limitless
문단	paragraph	어른	grown-up, adult	이유	reason	배려심	consideration	지지하다	support-ed

✿ 의문부사인 'when, where, why, how' 명사절은 '~지' 외에도 '~가 ~한 때, 곳, 이유, 방법'의 의미로 사용할 수 있습니다.
특히 의문부사 명사절이 보어로 사용될 때 자주 이런 의미를 표현합니다.

그것이 우리가 처음 만난 **때**였다.	That was **when** we met first.
여기가 우리가 처음 만난 **곳**이다.	Here is **where** we met first.
이것이 내가 널 싫어하는 **이유**다.	This is **why** I hate you.
이것이 내가 널 찾아낼 수 있었던 **방법**이다.	This is **how** I could find you.

12 사랑이란 모든 것이 아름답게 보이는 **때**입니다.

....

13 여기가 우리가 다시 헤어져야 하는 **곳**이다. 건강하고 행복해라.

....

14 그것이 내가 개인적으로 그 녀석을 만나기를 꺼리는 **이유**다.

....

15 이게 그들이 살아가는 **방법**이야. 넌 화낼 필요가 없어.

....

16 그것이 내가 외롭다고 느끼기 시작한 **때**였다.

....

17 이런(these) 강변들이 인간 문명들이 시작된 **곳**이었다.

....

18 그것들이 사람들이 그런(those) 무기들을 발명하는 **이유**였다.

....

19 the과학자들이 알아내는데 실패하고 있는 **것**은 그들이 이런 것들을 예측할 수 있었던 **방법**이다.

....

헤어지다	part-ed	외로운	lonely	발명하다	invent-ed
건강하다	be healthy	강변	riverside	무기	weapon
~하기 꺼리다	mind ~ing	인간 문명	human civilization	알아내다	find out
개인적으로	personally	시작되다	begin-began	예측하다	predict-ed

명사절을 목적어로 : 동사 + 명사절

동사의 목적어 ◀ ········ 명사 ········· 명사구 ········ 명사절 ········ 동명사 ········ 부정사

1 ₘ아버지께서는¹ 그가³ 곧⁵ 돌아올거라고⁴ 말씀하셨지². ＊

2 난 네가 나를 배신하지 않을 거라고 믿어. 난 네 친구라는 걸 잊지 마.

3 아무도 그것이 ₐ사실인지 아닌지 몰라.

4 나는 내가 충분한 돈이 없다는 것을 발견했다. (알게 됐다.)

5 그래서, 넌 내가 ₐ거짓말쟁이라는 말이냐?

6 우리가 텔레파시를 쓸 수 있다고 상상해보자.

7 나는 내가 그렇게 긴장할 거라고 예상하지 않았어.

8 난 네가 ᵧₒᵤᵣ폰을 잃어버렸다고 ⁽ᵃᵃ⁾ 들었어.

9 나는 네 행동이 비겁했다고 생각하지 않아. (네 행동이 비겁했던 것 같지는 않아.)

10 때때로 난 내가 ₐ옳은 일을 했는지⁽ᵃᵃ⁾ 궁금해.

11 그는 그가 전에 **어디서** 날 봤었는지⁽ᵃᵃᵃ⁾ 기억하지 못하는 것 같았다.

명사절 앞의 동사들	
say, hear	말하다, 듣다
mean	⁽⁻ᵃᵃ⁾뜻, 의미, 말이다
answer	대답하다
explain	설명하다
show	보여주다
promise	약속하다
admit	인정, 시인하다
deny	부인하다
decide	결정하다
know	알다
understand	이해하다
see	알다, 이해하다, 보다
think	생각하다 (~같다)
believe	믿다. 생각하다
feel	느끼다 (~같다)
expect	기대, 예상하다
learn	배우다, 알게 되다
realize	깨닫다
find	알아내다, 발견하다
imagine	상상하다
wonder	궁금(해)하다
remember	기억하다, 기억나다
forget	잊다

8 ~ 11
명사절의 동사(~것, ~지)가 문장의 동사(~다)보다 더 과거의 일이라면 절의 시제는 과거나 완료를 사용해야 합니다.

· 현재 < (명사절)~과거
I know he was a teacher.
I know **how** he could come.
I wonder **if** he did homework.

· 현재 < (명사절)~현재완료
I think he has left.
I wonder **if** he has finished it.
I know **what** he has done.

· 과거 < (명사절)~과거완료
I knew you had read it.
He said he had seen me.
I admitted I had said that.

＊ '~할 거라고, ~하겠다고'는 'will, would'로 표현합니다. 명사절의 시제가 과거라면 'would'를 사용해야 하겠지요.

배신하다	betray-ed	행동	behavior
텔레파시	telepathy	비겁하다	be cowardly
긴장하다	get nervous	옳은 일	right thing
멋진 녀석	nice guy		

과거완료는 과거보다 앞선 시제를 표현하기 위해 사용하며 '**had + PP**'의 형태입니다.
I found that he **had left** already. (과거〈과거완료)
He didn't say what he **had seen**. (과거〈과거완료)

12 너 ₜₕₑ지구가 **왜** 자전하고 있는지 대답할 수 있어?

13 오늘 우리는 식물들이 **어떻게** 빛을 이용하는지 배울 예정입니다.

14 **왜** 네가 다른 이들을 경멸하거나 미워해서는 안 되는지 설명해 주지.

15 그래서, ₜₕₑ청년들은 그들의 노력들이 쓸모없다고 결정하기 쉽습니다.

16 우리 선생님이 그녀가 오늘 피자를 사겠다고 약속하셨어.

17 너희들은 영어작문이 그렇게 어렵지 않다고 느낄 거야. (be going to~)

18 이제 우리는 외계인들과 UFO들이 존재한다는 것을 부인할 수 없습니다.

19 난 내가 ₜₕₑ컴퓨터를 사용했던 것은 인정하지만, 난 어떤₍ₐₙᵧ₎ 프로그램도 설치하지 않았어.

20 결국 그는 그가 거기서 **무엇을** 했는지⁽ᵍ⁴ᵂᵘ⁾ 깨달았다.

21 먼저 여러분들은 한글이 ₐ매우 과학적인 언어라는 것을 이해할 필요가 있어요.

22 이 실험들이 조기 교육이 다양한 부작용들을 일으킬 수도 있다는 걸 보여줍니다.

자전하다	rotate-d	쓸모 없다	useless	프로그램	program	조기 교육	early education
경멸하다	despise-d	영어작문	English writing	과학적인	scientific	일으키다	cause-d
청년들	young people	존재하다	exist-ed	언어	language	다양한	diverse
노력	effort	설치하다	install-ed	실험	experiment	부작용	side effect

23 당신은 당신의 가족이 **얼마나** 소중한지 깨닫게 될 거예요.

24 넌 그들이 **누구의** 이름을 부를지 궁금하지 않아?

25 가끔 그 악마는 그가 **누군지** 그리고 그가 거기서 **뭘** 해야 하는지 잊어버리곤 했지.

26 그 나비는 그녀가 **얼마나** 멀리 날 수 있을지 궁금했단다. 그래서...

27 저 개가 the유일한 목격자야. 저 개는 그가 그걸 **어디에** 묻었는지 알 지도 모르지.

28 이건 네 마음이 모든 것을 만들어 낸다는 뜻이야.

29 **왜** 사람들이 이 단순한 진리를 깨닫지 못하는지 모르겠다(궁금하다.).

30 여러분들은 the자연이 **얼마나** 놀라운지 보게(알게) 될 거예요. (see는 '보다, 보고 알다, 몰랐던 것을 알게 되다, 이해되다'의 뜻)

31 넌 그렇게 생각하냐? 그러면 **누가** the최고인지 보자.

32 넌 더 이상 이야기할 필요 없다. 난 네가 **어떤** 종류의 인간인지 알겠다(see).

33 인정하고 싶지는 않지만, 이제 난 내가 틀렸었다는 걸 알겠어(see).

소중하다	be precious	유일한	only	단순한	simple	인정하다	admit-ted
부르다	call-ed	목격자	witness	진리	truth	틀리다	be wrong
악마	devil	묻다	bury-ied	자연	nature		
멀리	far	만들어 내다	create-d	놀랍다	be amazing		

> 'what'은 'that'처럼 '~것'을 표현할 수 있기 때문에 접속사로 'that'을 써야 할지 'what'을 써야 할지 헷갈릴 수 있어요.
> 하지만 **that**절은 '~가 ~한다는 사실'의 의미입니다. 즉, 문장에 접속사만 붙은 것이니까 부족한 부분이 없습니다.
> 반면 'what'은 의문사이기 때문에 주어, 목적어, 보어 중 하나가 빠져 있겠지요. 그 빠진 명사가 'what(것)'으로 변한 것입니다.
>
> ○ 난 네가 이 폰을 고장 냈다는 것을 안다.　　　　- I know (that) you broke this phone.　(너는 이 폰을 고장 냈다.)
> ○ 난 네가　　　　고장 낸 것을(무엇을 고장 냈는지) 안다.　- I know what you broke.　　　　　(너는 무엇을 고장 냈다.)

1 네가 하고 싶은 **것**을 해, 안 그러면 넌 후회할 거야.

2 난 내가 먹은 **것**을 토해버렸다.

3 난 내가 거기서 본 **것**(과거완료)을 말해 줬지만, 그들은 내가 말한 **것**을(내가 한 말을) 믿지 않는 것 같았다.

4 네가 하기로 되어 있는 **것**을 잊지 마. 난 주의 깊게 널 지켜보고 있겠어.

5 망설이지 마. 넌 네가 알고 싶은 **건 뭐든** 물어볼 수 있어.

6 네가 보고, 듣고, 그리고 감각하는 **것은 뭐든지** 환상이란다.

7 그게 우리가 해서는 안 되는 **거**야. 누구도 완벽하지 않다는 걸 잊지 마.

8 그가 말했다. "넌 네가 가진 **것은 뭐든** 이용해도 좋아, 하지만 넌 your시간을 초과해서는 안돼."

9 우리가 필요로 하는 **것**은 지식을 얻는 것(~ing)이 아니라, our잠자는 감성을 일깨우는 거(~ing)야.

10 순이는 드디어 그녀가 그녀가 하고 싶은 **것**을 찾았다고 느꼈지.

후회하다	regret-ted	주의 깊게	carefully	이용하다	use-d	일깨우다	awaken-ed
토하다	vomit-ed	감각하다	sense-d	초과하다	overrun-overran	잠자는	sleeping
말해주다	tell-told	환상	illusion	필요로하다	need-ed	감성	sensibility
지켜보다	watch-ed	완벽하다	be perfect	지식을 얻다	get knowledge	드디어	finally

원한은 원한에 의해서는 결코 풀리지 않는다.

원한은 오직 자애에 의해서만 풀린다.

이것은 영원한 진리다.　　(법구경)

Hatred is never appeased by hatred.

It is appeased only by loving-kindness.

This is an eternal truth.　　(dhammapada)

@ 한국어는 형용사를 동사처럼 사용할 때, 형용사형 어미(~ㄴ) 대신 동사형 어미(~다.)를 붙여주면 되지요.
　하지만 영어는 어미라는 것이 없습니다. 그래서 형용사를 동사처럼 사용하려면 'be 동사'와 함께 사용해야 합니다.

　* 바쁜 – 바쁘다 : busy – be busy　　* 행복한 – 행복하다 : happy – be happy　　* 높은 – 높다 : high – be high

이 원리는 수동태표현에도 그대로 적용됩니다.
즉 과거분사(past participle:PP)는 문법적으로 형용사에 속하며 '~된, ~진'의 의미를 표현하지요.
따라서 '~되다, ~지다'의 의미인 수동태를 표현하려면 당연히 'be 동사'가 필요한 것이지요. (작문프로젝트 2권 10p)

　* 지어진 – 지어지다 : built – be built　　* 사용된 – 사용되다 : used – be used　　* 읽히는 – 읽히다 : read – be read

[수동태는 대단한 뭔가가 아닙니다. 그저 'be+형용사'처럼 'be+PP'를 사용하면 되는 것이지요.]

- 로켓이 발사되었다.　　　　　　　　　　　- The rocket was launched.

- 이 집은 10년 전에 지어졌어요.　　　　　- This house was built 10 years ago.

- 이 식물은 약으로 사용됩니다.　　　　　- This plant is used as medicine.

- 모든 살아있는 것들은 사랑받길 원해.　- All living things want to be loved.

- 모든 것은 시간과 함께 잊혀질 거야.　　- Everything will be forgotten with time.

- 이 파일이 삭제되지가 않아. 내가 뭘 해야 하지?　- This file is not deleted. What should I do?

- 인권은 보호되어야 합니다.　　　　　　　- Human rights should be protected.

- 흡연은 이 건물 내에서는 허용되지 않습니다.　- Smoking is not allowed in this building.

- 우린 그걸 받아들일 준비가 되지 않았어.　- We were not prepared to accept that.

- 아무것도 보장되지 않아요.　　　　　　　- Nothing is guaranteed.

15 명사절을 간단하게 : 동명사와 부정사

한국어와 영어 모두 명사절의 주어를 말해줄 필요가 없는 경우 주어를 생략할 수 있습니다. 하지만 생략하는 방식이 조금 다르지요.

한국어는 절의 주어가 필요 없는 경우 절의 주어를 생략해도 아무런 문제가 없습니다.

하지만 영어는 절의 주어를 생략할 경우 **절의 동사**를 반드시 준동사(verbal)의 형태로 바꾸어 주어야 합니다.

○ **'that'절을 간단하게** | 　that 절이 문장의 **주어** 또는 **보어**인 때　▶　부정사(to ~) 또는 동명사(~ing)

'that' 절의 주어가 필요 없어 생략할 경우 절의 동사는 반드시 동명사 또는 부정사 형태로 바꾸어 주어야 합니다.

물론 이때 **동명사**와 **부정사**의 의미는 '~하는 것, ~하기'로 **'that'** 절의 의미와 똑같습니다. 즉, **의미는 변하지 않는 것이지요.**

내가 말 타는 **것은** 정말로 신난다.	It is really exciting ~~that I~~ ride a horse.	명사절 주어
말 타는 것은 정말로 신난다.	▶ It is really exciting to ride a horse.	부정사 주어
말 타는 것은 정말로 신난다.	▶ Riding a horse is really exciting.	동명사 주어
우리가 영원히 사는 **것은** 불가능하지.	It is impossible ~~that we~~ live forever.	명사절 주어
영원히 사는 것은 불가능하지.	▶ It is impossible to live forever.	부정사 주어
영원히 사는 것은 불가능하지.	▶ Living forever is impossible.	동명사 주어

☆ 부정사는 명사절처럼 가주어 표현을 좋아하는 반면 동명사는 가주어 표현을 좋아하지 않습니다. 그래서 부정사가 주어인 경우 명사절의 경우와 마찬가지로 대부분 가주어로 표현하지만, 동명사가 주어인 경우 그대로 주어 자리에 남겨 둡니다.

내 취미는 **내가** 별들을 관찰하는 거야.	My hobby is ~~that I~~ watch the stars.	명사절 보어
내 취미는 　 별들을 관찰하는 거야.	▶ My hobby is to watch the stars.	부정사 보어
내 취미는 　 별들을 관찰하는 거야.	▶ My hobby is watching the stars.	동명사 보어
그의 일은 **그가** 개를 훈련시키는 것이다.	His job is ~~that he~~ trains dogs.	명사절 보어
그의 일은 　 개를 훈련시키는 것이다.	▶ His job is to train dogs.	부정사 보어
그의 일은 　 개를 훈련시키는 것이다.	▶ His job is training dogs.	동명사 보어

○ **'if, whether'절을 간단하게** | 　의무, 가능의 의미인 whether 절이 **목적어**인 때　▶　whether to ~

의무, 가능(should, must, can, could)의 의미인 'if, whether' 명사절이 동사의 목적어인 경우 주어를 생략하면 'whether to ~'의 형태로 간단히 할 수 있습니다. 하지만 접속사 'if'는 부정사와 함께 사용할 수 없습니다. 【 **I don't know if to go or not. (✗)** 】

철수는 **그가** 웃어야 할지 울어야 할지 몰랐다.	Chulsu did not know **whether** ~~he should~~ laugh or cry.
철수는 　 웃어야 할지 울어야 할지 몰랐다.	▶ Chulsu did not know **whether to** laugh or cry.
난 **내가** 그를 믿어야 할지 모르겠다.	I do not know **whether** ~~I must~~ believe him.
난 　 그를 믿어야 할지 모르겠다.	▶ I do not know **whether to** believe him.
그녀는 **그녀가** 거기 갈 수 있을지 아닐지 모른다.	She does not know **whether** ~~she can~~ go there or not.
그녀는 　 거기 갈 수 있을지 아닐지 모른다.	▶ She does not know **whether to** go there or not.

의문사 명사절이 목적어인 경우에도 주어가 필요 없고 **동사**가 의무, 가능 (have to, should, can, could)의 의미인 경우 부정사를 사용하여 의문사 +to ~'의 형태로 표현할 수 있습니다. 단, 'why to ~'의 형태는 사용하지 않습니다.

난 ~~내가~~ **누구를 믿어야 할지** 모르겠다.	➡ I don't know **who/whom to** believe.
그는 ~~그가~~ **무엇을 해야 하는지** 몰랐다.	➡ He did not know **what to** do.
~~내가~~ **어떤 책을 읽어야 할지** 결정했다.	➡ I decided **which book to** read.
그는 ~~그가~~ **언제 멈춰야 하는지** 안다.	➡ He knows **when to** stop.
~~우리가~~ **어디로 갈지** 결정해야 해.	➡ We have to decide **where to** go.
~~내가~~ **어떻게 거기 갈 수 있는지** 모른다.	➡ I don't know **how to** get there.
~~내가~~ **얼마나 오래 기다려야 하는지** 몰라.	➡ I do not know **how long to** wait.
~~내가~~ **왜 공부를 해야 하는지** 모르겠어.	➡ I do not know **why to** study. (✗)

> ☆ 'that' 명사절은 동사의 의미와 상관없이 준동사로 표현할 수 있습니다.
> 하지만 'whether'과 '의문사' 명사절은 절의 동사가 의무, 가능의 의미가 아닐 경우 '접속사 + to ~'의 형태로 간단하게 표현하지 않습니다.
>
> I do not know whether I am right.   (O)
> I do not know whether to be right.   (X)
> He knew when he wrote that.   (O)
> He knew when to write that.   (X)

한국어는 동사형어미(~다)를 명사형어미(~것, 고, 기, ~지)로 바꾸어 절을 만들기 때문에 절의 주어가 필요 없다면 생략하면 그만입니다.
즉, 한국어는 절과 준동사가 엄격하게 구분되지 않지요. 하지만 영어는 문장 앞에 접속사(that, if, whether, 의문사)를 붙여 절을 만듭니다.
따라서 절의 주어를 생략하면 더 이상 절의 형태가 아니기 때문에 절 속의 동사는 반드시 준동사(verbal)의 형태로 바꾸어 주어야 하는 것이지요.
물론 절을 준동사 형태로 바꾸었다고 해서 의미가 달라지는 것은 절대로 아닙니다. 의미는 절과 꼭 같지요. 다만 형태만 간단해지는 것입니다.
준동사는 절의 형태를 간단히 표현한 것 이니까요.

MAP

문장성분	품사	구	절	준동사	
주어	명사	명사구	명사절	동명사	부정사
동사			that (S +V)	~ing	to ~
목적어					
보어			whether (S +V)		whether to ~
			who/whom (S +V)		who/whom to ~
			whose (S +V)		whose to ~
			what (S +V)		what to ~
			which (S +V)		which to ~
			when (S +V)		when to ~
			where (S +V)		where to ~
			how (S +V)		how to ~
			why (S +V)		

> ☆ 절(clause) 대신 준동사를 사용하면 불필요한 주어를 생략할 수 있어 보다 간략한 형태로 의미를 전달할 수 있다는 것을 기억하세요.
>
> | | |
> |---|---|
> | It's important **(that) we save water**. | 주어 |
> | It's important **to save water**. | 주어 |
> | **Saving** water is important. | 주어 |
> | Her hobby is **she grows flowers**. | 보어 |
> | Her hobby is **to grow flowers**. | 보어 |
> | Her hobby is **growing** flowers. | 보어 |
> | I do not know whether **I should go**. | 목적어 |
> | I do not know whether **to go**. | 목적어 |
> | He knows what **he should do**. | 목적어 |
> | He knows what **to do**. | 목적어 |

명사절을 간단하게 : that (s+v) ➡ 동명사, 부정사

'that' 절	➡	**부정사 : to ~**	**동명사 : ~ing**
1 내가 좋은 친구들이 있다는 것	➡	좋은 친구들이 있다는 것	
(that) I have good friends		**부정사:** to have good friends	**동명사:** having good friends
2 우리가 the자연을 보호하는 것	➡	the자연을 보호하는 것 [자연을 보호하기]	
		부정사:	**동명사:**
3 내가 여기서 산다는 것	➡	여기 산다는 것 [여기서 살기]	
		부정사:	**동명사:**
4 네가 a킹카가 되는 것	➡	a킹카가 되는 것 [a킹카 되기]	
		부정사:	**동명사:**

☞ 'not'은 항상 준동사 앞에 써 줍니다. [~하지 않는 것 ; not to ~, not ~ing]

5 내가 걔네들을 돕지 않는 것	➡	걔네들을 돕지 않는 것	
(that) I do not help them		**부정사:** not to help them	**동명사:** not helping them
6 네가 울지 않는다는 것	➡	울지 않는다는 것 [울지 않기]	
		부정사:	**동명사:**

☞ 명사절의 동사가 'be'일 때 [~하다는 것 ; to be ~, being]

7 사람들이 행복하다는 것	➡	행복하다는 것	
(that) people are happy		**부정사:** to be happy	**동명사:** being happy
8 여러분들이 바쁘다는 것	➡	바쁘다는 것	
		부정사:	**동명사:**
9 내가 a한국인 이라는 것	➡	a한국인 이라는 것	
		부정사:	**동명사:**

☞ 형식조동사를 준동사로 바꿀 때는 대체표현을 사용해야 하겠지요. [to be able to ~, being able to ~, to have to ~, having to ~]

10 우리가 그것을 할 수 있다는 것	➡	그것을 할 수 있다는 것	
(that) we can do that		**부정사:** to be able to do that	**동명사:** being able to do that
11 내가 영어를 공부해야 한다는 것	➡	영어를 공부해야 한다는 것	
		부정사:	**동명사:**

보호하다 protect-ed   자연 nature   킹카/퀸카 kingcard / queencard

명사절을 간단하게 : whether, 의문사 (s+v) ➡ **whether, 의문사 + 부정사 ~**

whether, 의문사 명사절	➡	whether to ~, 의문사 to ~

1 내가 웃어야 할지 아니면 울어야 할지 ➡ 웃어야 할지 아니면 울어야 할지

whether I should laugh or cry ➡ whether to laugh or cry

2 내가 오늘 이걸 끝낼 수 있을지 ➡ 오늘 이걸 끝낼 수 있을지

3 내가 거기 가야 할지 말아야 할지 ➡ 거기 가야 할지 말아야 할지

4 우리가 **누구를** 탓해야 할지 ➡ **누구를** 탓해야 할지

who / whom we should blame ➡ who / whom to to blame

5 내가 **누구를** 믿어야 할지 ➡ 누구를 믿어야 할지

6 내가 **누구의 책을** 읽어야 할지 ➡ 누구의 책을 읽어야 할지

7 내가 **무엇을** 말해야 할지 ➡ 무엇을 말해야 할지 (무슨 말을 해야 할지)

8 우리가 **어떤 것을** 선택해야 할지 ➡ 어떤 것을 선택해야 할지

9 네가 **언제** the 단추를 눌러야 하는지 ➡ 언제 the 단추를 눌러야 하는지

10 내가 **어디서** 그 꽃을 찾을 수 있는지 ➡ 어디서 그 꽃을 찾을 수 있는지

11 내가 **어떻게** 이 문제를 풀어야 하는지 ➡ 어떻게 이 문제를 풀어야 하는지

12 내가 여기 **얼마나 오래** 머물 수 있는지 ➡ 여기 얼마나 오래 머물 수 있는지

끝내다	finish-ed	누르다	push-ed, press-ed	찾다	find-found	머무르다	stay-stayed
선택하다	choose-chose-chosen	단추	button	풀다	solve-d		

부정사 주어 : ~하는 것은, ~하기가

| 주어 | ◄······· 명사 ····· 명사구 ····· 명사절 ····· 동명사 ··· 부정사 |

1 좋은 친구들을 사귀는 것은 정말 중요해.

It is really important to make good friends.

2 과식하지 **않는** 게 중요하지.

3 the자연을 보호하는 것은 그렇게 어렵지 않아요.

4 당신의 실수를 인정하는 것이 쉽지 않을 수도 있어요.

5 그들이 말하고 있는 **것**을 믿기 어려웠다.

6 미래를 볼 수 있다는 것이 좋을 수도 있겠지. 하지만...

7 너무 자주 **패스트푸드**를 먹는 것은 좋지 않아.

8 an왕따가 된다는 건 a끔찍한 일이(thing) 분명하지

9 the가난한 사람들을 돕고 싶어 하는 것은 당연하지.

10 대부분의 학생들은 스마트폰을 가지는 것이(to~) 필수라고 생각하지요.

11 이런 종류의 알려지지 않은 프로그램을 설치하는 건 위험할 수도 있어.

부정사가 주어일 때는 가주어로 표현하는 것이 좋습니다. 몇 가지 자주 쓰이는 표현들을 익혀 두세요. 대부분은 명사절(가주어)에서 사용했던 표현들이니까 어렵지는 않습니다.

부정사의 가주어 표현

It is +형용사보어 + to ~

중요하다	It's important **to**
필수적이다	It's essential **to**
당연하다	It's natural **to**
가능하다	It's possible **to**
불가능하다	It's impossible **to**
흥미, 재미있다	It's interesting **to**
좋다	It's good **to**
낫다, 더 좋다	It's better **to**
최선이다	It's best **to**
나쁘다	It's bad **to**
쉽다	It's easy **to**
힘들다, 어렵다	It's hard **to**
힘들다, 어렵다	It's difficult **to**
끔찍하다	It's terrible **to**
위험하다	It's dangerous **to**

말이 되다, 이치에 맞다, 이해가 되다

It makes sense to

~하는데~이 걸리다 (들다, 필요하다)

It takes + 시간, 돈, 노력, 등 + to

친구 사귀다	make friend	가난한	poor
과식하다	overeat-overate	설치하다	install-ed
인정하다	admit-ted	알려지지 않은	unknown
왕따	outcast		

6 형식조동사는 대체표현을 사용합니다.

날 수 있다는 것	공부해야 한다는 것
to be able to fly	to have to study
being able to fly	having to study

8 'being, to be'를 주의하세요.

학생이라는 것	정직 하기
to be a student	to be honest
being a student	being honest

12 그 결정을 뒤집는 것은 불가능해 보였다.

_____

13 자기 자신의 운명을 선택하는 것이 가능한가요?

_____

14 걔네들을 과소평가하지 않는 게 낫다(더 좋다.).

_____

15 ₐ창의적인 학생이 되는 것은 어려워졌다.

_____

16 당신의 감정을 억누르는 것은 ₐ좋은 생각(아이디어)이 아닙니다.

_____

17 손톱을 물어뜯는 것은 그의 오래된 버릇(습관)이었다.

_____

18 전 이제 ₐ중학생이잖아요. 그러니까 제 용돈을 올려주는 것은 말이 되요. (이치에 맞다. 이해가 된다.)

_____

19 여기에 애완견들을 데려 오는 건 말도 안 돼. (이해가 안 돼.)

_____

20 ₐ좋은 몸매를 만드는 데는 많은 시간과 노력이 들 거예요.

_____

21 아이들을 키우는 데 너무 많은 돈이 들지요. 그래서 사람들은 아기 가지기를 포기합니다.

_____

22 이 책을 읽는 데 약 한 시간 반이 걸렸군. (한 시간 반 : an hour and a half)

_____

뒤집다	overturn-ed	자기 자신의	one's own	감정	feelings	올리다	raise-d	노력	effort
결정	decision	과소평가하다	underestimate-d	버릇, 습관	habit	용돈	allowance	몸매	figure
선택하다	choose-chose	창의적인	creative	물어뜯다	bite-bit-bitten	데려 오다	bring-brought	키우다	raise-d
운명	destiny, fate	억누르다	suppress-ed	손톱	(finger)nails	애완견	pet dog		

동명사 주어 : ~하는 것은, ~하기가

주어	◀ ········ 명사 ········ 명사구 ········ 명사절 ········ 동명사	부정사

1 흡연(담배 피우는 것)은^(~ing) _a끔찍한 습관이지. 그리고 담배를 끊는 건^(to~) 쉽지 않아.

2 난 독서가^(~ing) 중요하다는 걸 알지만, 난 독서를 좋아하지 않아.

3 날 생선을 먹는 건^(~ing) 위험할 수 도 있어.

4 _a주차 공간을 찾기가^(~ing) 어려울지도 몰라요. 그러니까 난 차라리 _{the}지하철을 이용할게요.

5 다른 사람들을 탓하지 않는 것은^(~ing) _a매우 현명한 태도가 분명합니다.

6 _a자전거 타는 것이^(~ing) 시간을 절약해 줄 수 있어.

7 그녀는 많은 취미들이 있었고, 정원 가꾸기는 그것들 중 하나였지요.

8 잘생겼다는 게^(~ing) _a큰 이점이 분명하지만, 그것이 전부일 수는 없습니다.

9 바쁘다는 것은^(~ing) _{an}핑계가 될 수 없어. 요즘은 누구나 바빠.

10 다르게 보고 생각할 수 있는 것은^(~ing) 그의 장점들 중 하나가 분명하다.

11 일찍 일어나야 한다는 것이^(~ing) 고통스러웠어요.

끔찍한	terrible	낚시	fishing	핑계	excuse
날(생) ~	raw	취미	hobby	다르게	differently
주차 공간	parking space	정원 가꾸기	gardening	장점	good point
절약해 주다	save-d	이점	advantage	고통스럽다	be painful

부정사와 동명사 명사보어 : ~하는 것이다.

명사보어	명사	명사구	명사절	동명사	부정사

1 내가 지금 하고 싶은 **것**은 컴퓨터 게임하는 거라고.

2 그녀가 좋아하는 취미는 꽃을 키우는 거지. 특히, 그녀는 다육식물들을 좋아해.

3 내 야망은 ₜₕₑ세계를 정복하는 거예요. 난 언젠가는 그것이 실현될 거라고 믿어요.

4 그 소년의 꿈은 ₐ타임머신을 만드는 것이었지요.

5 그들의 임무는 그 반지를 파괴하는 것이었다. 하지만 누구도 그들이 그걸 해낼 수 있을 거라 생각하지 않았다.

6 그의 목표는 돈을 버는 것이 아니라, ₜₕₑ가난한 사람들을 돕는 것이었다. (~가 아니라~다. : not ~, but ~)

7 그 비결은 너 자신을 신뢰하고 자신감을 갖는 거야.

8 내 유일한 바람(wish)은 ₐ스마트폰을 갖는 거였고, 그래서 난 ₘy용돈을 모으기(저축하기) 시작했지.

9 ₜₕₑ유일한 그리고 ₜₕₑ가장 좋은 방법은 yₒᵤᵣ최선을 다하는 거라는 걸 잊지 마.

10 그녀는 "ₜₕₑ첫 번째 규칙은 "노"라고 말하지 않는 거야."라고 말했다.

11 ₜₕₑ중요한 것은 네가 배운 것(완료)을 체험해 보는 거야.

~가 좋아하는	one's favorite	정복하다	conquer-ed	해내다	make it	신뢰하다	trust-ed
키우다	grow-grew	실현되다	come true	목표	goal, aim	자신감	self-confidence
다육식물	fleshy plant	임무	mission	돈 벌다	make money	저축하다	save-d
야망	ambition	파괴하다	destroy-ed	비결	secret	용돈	allowance

가장 좋은	best
방법	way
규칙	rule
체험하다	experience-d

[의문사 + to ~] 동사의 목적어 : ~해야 할지, ~할 수 있을지

동사의 목적어 ◀······명사·····명사구····명사절·····동명사·····**의문사 + to~**

1 난 피자를 주문할 지_(or) 통닭을 주문할**지** 결정할 수 없었다.

2 나는 그가 말한 것을 믿어야 할지 말아야 할**지** 모르겠다.

3 널 미워해야 할지_(or) 널 불쌍해해야 할지 모르겠구나.

4 그 개는 **누구를** 따라가야 할지 아는 것 같았어. (아는 듯 보였어.)

5 넌 다음으로 **뭘** 해야 할지 고민해 보는 편이 좋아.

6 **뭘** 입을지 결정하는 데^(to~) 한 시간이나 걸렸다.

7 그는 **어떤 길로** 가야 할지 모르는 것 같았다. (모르는 듯 보였다.)

8 난 **언제** 콤마들을 사용해야 하는지 배운 적이 없어. ^(완료)

9 먼저 넌 **어디에** 네 자료를 저장할지 결정하는 편이 좋아.

10 이런 종류의 문제를 **어떻게** 풀어야 하는지 잊어버렸어요.

11 너희는 **어떻게** 너희들의 꿈을 성취해야 할지 궁금해할 필요가 없다.

주문하다	order-ed	고민해 보다	consider-ed	자료	data
미워하다	hate-d	입다	wear-wore-worn	성취하다	achieve-d
불쌍해 하다	pity-pitied	콤마	comma		
따라가다	follow-ed	저장하다	save-d		

[의문사 + to ~] 동사의 목적어 : ~해야 할지, ~할 수 있을지

12 난 the고통을 참아야 할지 아니면 그 약을 먹어야 할지 모르겠어.

13 여기에 머무를지 아니면 밖으로 나갈지 결정하자.

14 솔직히 아무도 이제 **무엇을** 기대할 수 있을지 모릅니다.

15 너 내일 거기에 **누구를** 데려 갈지 결정했니?

16 **누구한테** 전화해야 할지 모르겠어.

17 넌 **뭘** 할지 그리고 **어떻게** 할지 너 스스로 결정할 수 있어야 해.

18 **언제** 멈춰야 하는지 아는 것^(-ing)은 매우 중요합니다.

19 난 너무나 혼란스러웠고 난 **누구에게** 물어봐야 할지 혹은 **무엇을** 물어봐야 할지 몰랐다.

20 **어디에** 이 꽃들을 둘지 결정했나요?

21 여러분은 **어떻게** 여러분의 자유 시간을 현명하게 쓸 수 있는지 배울 필요가 있어요.

22 그녀는 저런 종류의 아이를 **어떻게** 다루어야 하는지 아는 것 같아.

참다	endure-d	솔직히	actually	혼란스럽다	be confused
고통	pain	기대하다	expect-ed	두다	put-put
약 먹다	take medicine	데려 가다	bring-brought	현명하게	wisely
머무르다	stay-stayed	너 스스로	yourself	다루다, 대하다	treat-ed

1. 품사와 문장성분

품사는 단어를 **기능**에 따라 분류한 것입니다.

MAP			
문장성분		**품사**	**구**
주어		명사	명사구
동사		동사	
목적어		형용사	
보어		부사	

➡ 명사, 명사구는 문장 속에서 주어, 목적어, 보어의 기능을 담당합니다.
➡ 동사는 동사의 기능만을 담당합니다.
➡ 형용사는 명사수식과 형용사보어의 두 가지 기능을 담당합니다.
➡ 부사는 명사를 제외한 품사(동사, 형용사, 부사)를 수식합니다.

한국어는 **조사**를 사용하여 명사의 기능(주어, 목적어, 보어)을 표시합니다.

하지만 영어는 **명사의 위치**(동사 앞, 동사 뒤)로 명사의 기능을 표시합니다.

이 차이 때문에 한국어와 영어는 문장성분의 나열 순서(어순)가 서로 다른 것이지요.

즉, 한국어의 동사는 항상 문장 끝에 오고 영어의 동사는 항상 주어 뒤에 와야 합니다.

그래서 영어는 동사를 자유롭게 표현할 수 있는 능력이 무엇보다 중요합니다.

동사를 자유롭게 표현하려면 네 가지 조동사와 대체표현에 익숙해지는 것이 필수지요.

2. 조동사와 조동사의 법칙

영어는 동사의 형태가 '**동사원형, 현재, 과거, 현재분사, 과거분사**'뿐입니다.

그래서 다양한 시제와 의미표현을 위해 조동사(helping verb)의 활용이 매우 중요한 언어입니다.

즉, 단순현재와 단순과거를 제외한 모든 문장은 반드시 하나 이상의 조동사를 사용해야 하는 것이지요.

영어의 조동사는 네 가지(**형식조동사, have, be, do**)로 분류합니다.

그리고 조동사의 법칙(not은 조동사 뒤에만, 조동사만이 주어 앞으로)을 알고 있으면 쉽게 부정문과 의문문을 만들 수 있습니다.

또, 형식조동사 대체표현을 활용하면 더욱 다양한 의미를 전달할 수 있지요.

3. 동사의 종류

영어는 동사가 필요로 하는 문장성분에 따라 문장의 형식을 구분합니다.

주어와 동사 만으로 문장이 완성될 수 있는 동사를 '1형식동사'라고 부릅니다. [S+V]

동사가 주어의 상태(상태의 변화, 유지, 감각)를 표현할 경우 보어(주격보어)라는 문장 성분이 필요하지요.

주격보어가 필요한 동사를 '2형식동사'라고 부릅니다. [S+V]+Cn(**명사보어**), [S+V]+Ca(**형용사보어**)

'~을, ~를'에 해당하는 목적어가 필요한 동사를 '3형식동사'라고 부릅니다. [S+V]+Ov(**동사의 목적어**)

그리고 목적어가 필요한 동사와 목적어가 필요 없는 동사를 구분하기 위해 자동사(intransitive verb) 타동사(transitive verb)로 구분하기도 합니다. '1,2형식동사'는 자동사에 속하고 '3형식동사'는 타동사에 속하게 되겠지요. (4형식, 5형식 동사는 2권에서 공부하겠습니다.)

4. 명사 시리즈

한국어는 어미가 발달된 언어입니다. 하지만 영어는 어미가 없습니다.

한국어는 동사형 어미(~다)를 **명사형 어미**(~것, ~고, ~기, ~지)로 바꾸어 쉽게 동사를 명사로 만들 수 있습니다.

즉, 문장을 명사절(noun-clause)로 만들거나 동사를 명사로 바꾸어 사용할 수 있지요.

어미가 없는 영어는 문장 앞에 **명사절 접속사**(that, if, whether, 의문사)를 붙여 명사절을 만들어야 합니다.

또 동사를 명사로 사용하기 위해서는 동사의 형태를 **동명사**(~ing) 또는 **부정사**(to ~)라는 준동사로 바꾸어 주어야 하지요.

한국어는 절의 주어가 필요 없다면 생략하면 그만입니다. 즉, 명사절과 준동사(동명사, 부정사)의 구분이 없습니다.

하지만 영어는 절의 주어를 생략하면 동사의 형태를 반드시 준동사의 형태로 바꾸어 주어야 합니다.

즉, that절은 동명사와 부정사로, whether과 의문사절은 '접속사 + 부정사(to ~)'의 형태로 간단히 표현할 수 있지요.

결국 '명사, 명사구, 명사절, 동명사, 부정사'는 형태는 달라도 모두 명사의 기능을 가지고 있고 우리는 이 다섯 가지 형태를 명사 시리즈(noun-series)라고 불렀습니다.

그리고 필요에 따라 적절한 명사 시리즈를 주어, 목적어, 보어자리에 사용하면 되는 것이지요.

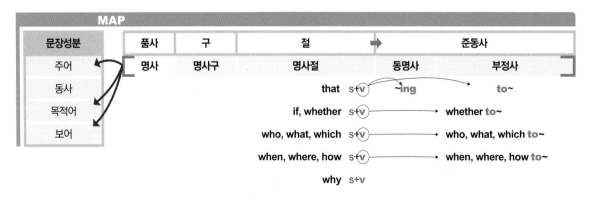

Chapter

2

부사 시리즈

부사 시리즈

부사는 동사, 형용사, 부사를 꾸며 **언제, 어디서, 왜, 어떻게, 얼마나**(when, where, why, how, how~)의 정보를 전달합니다.

지금부터는 부사와 기능은 같지만 형태가 다른 '부사구, 부사절, 부정사, 분사'를 자유롭게 활용할 수 있도록 부사 시리즈를
익혀보도록 하겠습니다.

문장성분	품사	구	절		준동사	
주어	명사	명사구	명사절(접속사+문장)	동명사	부정사	
동사	동사					
목적어	형용사					
보어	부사	부사구	부사절 (접속사+문장)		부정사	분사

부사	부사구 : 전치사 + 명사	부사절 : 접속사 + 문장	분사 : (접속사) ~ing
today	at 2 o'clock	when you watch TV	when watching TV
tomorrow	in the library	after I washed my hands	after washing my hands
yesterday	on the desk	before I fell asleep	before falling asleep
soon	to you	as she laughed widely	laughing widely
now	for our future	once you come here	being late again
later	from Korea	because he was late again	if useless
here	during the class	if it is useless	while talking with you
there	after school	although he can't walk	
slowly	before the class	while I was talking with you	**부정사** : to ~ (~하려고, ~해서, ~정도로)
happily	about what you said	whether I buy it or not	(in order) to see you again
always	with my friends	where I planted the tree	(in order) to be healthy
never	without studying hard	so that I can see you again	(in order) to help them
sometimes	because of you	so late that I can't go out	too late to go out
			old enough to see it

부사는 단어의 형태로 동사, 형용사, 부사를 수식합니다.

☆ 부사구는 전치사+명사(전치사의 목적어)의 형태입니다.
전치사는 한국어의 부사격조사(~에, ~와, 등)에 해당합니다.
(학교에 : to school, 친구들과 : with friends)

☆ 부사절은 명사절과 마찬가지로 '접속사 + 문장'의 형태로 이루어집니다.
즉, 문장에 부사절 접속사를 붙이면 부사절이 되는 것이지요.
그리고 절의 주어를 생략하고 싶을 때는 준동사로 바꿀 수 있습니다.
부사절은 부정사(to ~)와 분사(~ing)의 형태로 간단히 할 수 있지요.

부사 : 시간, 장소, 방향, 방식, 빈도

부사는 단어(word)의 형태로 동사, 형용사, 부사를 꾸며 **시간, 장소, 방향, 방식, 빈도** 등을 표현합니다.

부사를 쓸 때는 부사의 위치에 주의해야 하는 경우가 많이 있습니다. 대부분의 부사는 기본적으로 문장의 끝 또는 주어 앞에 써 줍니다.

하지만 방식, 빈도의 부사와 일부 부사들은 일반동사 앞(조동사가 있다면 조동사 뒤)에 쓸 수 있거나 꼭 그 자리에 써야 하지요.

○ 시간 **부사** : 언제	주로 문장 끝 또는 앞에 써 줍니다.
난 오늘 / 오늘 밤에 널 보고 싶어.	I'd like to see you today / tonight.
난 내일 널 보고 싶어.	I'd like to see you tomorrow.
난 지금 / 곧 널 보고 싶어.	I'd like to see you now / soon.
난 먼저 / 나중에 널 보고 싶어.	I'd like to see you first / later.
난 언젠가 / 그때 널 보고 싶어.	I'd like to see you sometime / then.
요즘 나는 그녀를 만나고 있어.	These days I am meeting her.
난 전에 / 최근에 그를 본 적 있다.	I have seen him before / recently.
난 한 번 / 두 번 / 여러 번 이걸 봤다.	I have seen it once / twice / many times.
그때 난 그를 봤다.	Then I saw him.
난 이미 그를 본 적 있다.	I have already seen him.
난 일찍 / 늦게 일어난다.	I get up early / late.
마침내 난 그를 볼 수 있었다.	Finally I could see him.

this, next, last, one, every, each + **시간명사** + ago, later	
난 **매일** 그녀를 본다.	I see her **every** day.
난 **월요일마다** 그녀를 본다.	I see her **every** Monday.
난 **이번** 주말에 그녀를 볼 거야.	I will see her **this** weekend.
난 **이번**에 그녀를 봐야 한다.	I have to see her **this** time.
난 **다음** 주에 그녀를 볼 예정이야.	I am going to see her **next** week.
난 **다음** 달에 그녀를 볼 수 있어.	I can see her **next** month.
난 **어제** 저녁에 그녀를 봤어.	I saw her **last** evening.
어느 날 난 거기서 그녀를 봤어.	**One** day I saw her there.
난 며칠 **전에** 그녀를 봤어.	I saw her some days **ago**.
난 두 시간 **전에** 그녀를 봤어.	I saw her two hours **ago**.
난 한 시간 **후에** 그녀를 볼 거야.	I am going to see her an hour **later**.

☆ '**this, last, next, every, each, one ago, later**'은 시간명사와 함께 다음과 같은 의미를 표현할 수 있습니다.

this + **시간명사** : 오늘 ~, 이번 ~, 이 ~	
오늘 아침(에)	**this morning**
오늘 오후(에)	**this afternoon**
이번 겨울(에)	**this winter**
이번 주말(에)	**this weekend**
올해	**this year**
이번에	**this time**

next / last + **시간명사** : 다음~ / 지난~	
다음날 아침(에)	**next morning**
다음 주(에)	**next week**
다음 번(에)	**next time**
작년(에)	**last year**
지난 일요일(에)	**last Sunday**
지난번에	**last time**

every / each + **시간명사** : (매) ~마다	
매일	**every / each day**
일요일마다	**every / each Sunday**
봄마다	**every / each spring**
매번	**every / each time**

one + **시간명사** : 어느 ~	
어느 날	**one day**
한 번은, 한때	**one time**

시간명사 + ago / later : ~전에 / ~뒤에(~후)	
한 시간 전(에)	**an hour** ago
몇 일 전(에)	**some days** ago
오래 전에	**a long time** ago
두 시간 후(에)	**two hours** later

○ **장소와 방향 부사** : 어디에, 어디로 | 주로 문장 끝 또는 앞에 써 줍니다.

여기서 / 거기서 / 어디서 기다려.	Wait here / there / somewhere.
난 외국(해외)으로 / 집에 갈 거야.	I will go abroad / home.
그는 위층에 / 아래층에 있다.	He is upstairs / downstairs.
들어와. / 나와. / 돌아와.	Come in / out / back.
밖에서 / 안에서 놀자.	Let's play outside / inside.
(아래로 / 위로) 걸어가.	Walk down / up.

'be 동사 + 장소 부사'는 '~가 ~에 있다'를 표현합니다.

be + 부사 : ~에 있다

I **am** here.	나 여기 있어.
Jane **was** there.	Jane이 거기 있었다.
I will be home today.	난 오늘 집에 있겠다.
Mom **is** upstairs.	엄마는 위층에 계셔.
He **is** abroad.	그는 외국에 있다.
They **are** outside.	그들은 밖에 있어.

○ **방식 부사** : 어떻게 | 문장 끝, 앞 또는 일반동사 앞에 써 줍니다.

너는 수영을 잘 할 수 있어.	You can swim well.
그는 정말 빠르게 그걸 읽었다.	He read that really fast.
그들은 행복하게 살았다.	They lived happily.
난 그걸 천천히 옮겼다.	I slowly moved that.
팔을 천천히 움직여 봐.	Move your arms slowly.
갑자기 그녀가 울기 시작했다.	Suddenly she began to cry.

한국어가 형용사에 '~게, 히'를 붙여 부사로 사용하듯이 영어는 **형용사**에 '~ly'를 붙여 부사로 사용합니다.

형용사+ly

행복한 : 행복하게	happy : happily
친절한 : 친절하게	kind : kindly
쉬운 : 쉽게	easy : easily
갑작스런 : 갑작스럽게	sudden : suddenly
조용한 : 조용히	quiet : quietly

○ **빈도 부사** : 얼마나 자주 | 문장 끝, 앞 또는 일반동사 앞에 써 줍니다.

그는 항상(늘, 언제나) 행복해 보여.	He **always** looks happy.
난 거의 그를 안 본다.	I **hardly(seldom)** see him.
절대로(결코, 전혀) 거짓말 안 해.	I **never** lie.
그녀는 자주(종종) 여기 온다.	She often comes here.
가끔(때때로) 나는 거짓말을 해.	Sometimes I lie.

☆ 'never, hardly, seldom'은 '절대, 거의~않다'의 **부정문**을 만들기 때문에 'not'과 함께 사용할 수 없습니다.

You never / hardly / seldom listen to me.
You don't never / hardly / seldom listen to me. (X)
It is hardly possible that she knows it.
It is **not** hardly possible that she knows it.　　(X)

☆ 'always, never, hardly, seldom'은 반드시 일반동사 앞 또는 조동사 뒤에 써야 합니다. [형식조동사, be, have, do]

I **can** always / never / hardly / seldom see her.
I **am** always / never / hardly / seldom happy.
I **have** always / never / hardly / seldom loved you.
I always / never / hardly / seldom **eat** fast food.

☆ 'also, still, just, only, even' 역시 주로 일반동사 앞에 써 줍니다.

It **will** only be a waste of time.	단지 시간 낭비일 뿐일 거야.
It **is** just a joke.	이건 그저 농담이야.
I **have** also read it.	나도 (또한) 읽었어.
I **did not** even read it.	난 (심지어) 그걸 읽지도 않았어.
I still **love** you.	난 여전히 널 사랑해.

1	우린 오늘 만나기로 되어 있어.
2	그러면 넌 내일 **뭐** 할 예정이야?
3	(It) 이제(지금은) 너무 늦었다. 그냥 포기해!
4	(It) 곧 어두워질 거야. 서둘러.
5	먼저 우린 **뭘** 먹을지 결정해야 해.
6	나중에 **보자.** (나중에 널 보자.)
7	너도 언젠가 그 의미를 깨닫겠지.
8	가끔(때때로) 그 선생님은 미친 것 같았다.
9	요즘은 운동화가 너무 비싸요.
10	어느 날 the외계인들이 또 the지구를 침략했다.

11	**어떻게** 아침마다 똥을 눌 수 있니?
12	그녀의 가족은 해마다˙ 외국에 가요.
13	이번 토요일에 같이(함께) 놀자.
14	이번에는 내가 졌어. my패배를 인정한다.
15	지난주에는 the모임에 참석하지 않았니?
16	지난번에 돈 빌렸던 거 기억 안나?
17	오래전에는, the지구도 먼지였지.
18	내가 며칠 전에 네게 경고했었지.
19	몇 분 후, 그 UFO는 다시˙ 거기에 나타났다.
20	10년 후에 **어떤**(what kind of) 사람이고 싶니?

그러면	then	요즘	these days, nowadays	지다	lose-lost	오래 전에	a long time ago
그냥	just	운동화	sneakers	인정하다	admit-ed	먼지	dust
깨닫다	realize-d	침략하다	invade-d	패배	defeat	경고하다	warn-ed
언젠가	sometime, someday	똥 누다	empty one's bowl	~에 참석하다	attend-ed	나타나다	appear-ed
의미	meaning	같이, 함께	together	빌리다	borrow-ed		

장소, 방향 부사

1	여기서 **뭐** 하고 있는 거야?
2	영원히˚ 거기서 사는 건^(-ing) 분명 지루할 거야.
3	우린 내일 오후˚ 거기서 만나기로 약속했어.
4	전에˚ 어디선가 저 녀석을 본 적 있어. ^(완료)
5	너 해외로 여행해 본 적 있어?
6	**왜** 집에 안 가냐?
7	누군가가 위층에서 흐느끼고 있었다.
8	나는 _{the}고통이 곧 사라질 거라 생각해.
9	들어오지 마. 나 지금 옷 갈아입고 있어.
10	안에서 기다리는 게 어때?
11	그 거대한 바위가 날아오르기 시작했다.
12	그는 거기 앉더니 _{his}고개를 떨구었다.

✍ [**be** + 장소, 방향 부사]는 '~가 ~에 있다'를 표현합니다.

13	너 지금 **어디**야? 나 집에 있어요. (집에 왔어요.)
14	**얼마나** 많은 사람들이 어제˚ 거기 있었나요?
15	아무도 여기 있고 싶어 하지 않아.
16	그는 거기 있는 걸 즐기지 않는 것 같았다.
17	너 하루 종일 **어디**^(where) 있었던 거야? ^(완료)
18	난 다시˚ 거기 가 봤지만, 그는 없었다.
19	_{the}화장실은 아래층에 있어.
20	너 **몇 번이나** 외국에 가 봤어?^(완료) *

＊ '~에 가 봤다, 가 본 적 있다'라는 표현은 주로 'have been ~'을 사용합니다. [I have been there.]

영원히	forever	거대한	huge
여행하다	travel-led	바위	rock
흐느끼다	sob-bed	고개를 떨구다	lower head
사라지다	fade away	하루 종일	all day, all day long
옷 갈아입다	change clothes	~가 없다	be away

20 횟수(몇 번이나 : how many times) 표현

한 번	once, one time
두 번	twice, two times
세 번, 네 번	three / four times
여러 번	many times
몇 번	several times

방식 부사

1	이번에는* 잘 하고 싶어(희망해).
2	"그렇게 비열하게 굴지 마." 그는 화가 나서 말했다.
3	the별들은 밝게 반짝이고 있었다.
4	주의 깊게(잘) 듣고, the옳은 답을 고르세요.
5	그녀는 정확하게 모든 것을 기억했다.
6	your눈을 감고, 천천히 그리고 깊게 숨 쉬어 봐.
7	그는 너무 쉽게 그 문제를 풀어버렸다.
8	갑자기, 그들은 격렬하게 싸우기 시작했다.
9	아이들은 자유롭게 뛰어놀 필요가 있어.
10	그 큰 개는 시끄럽게 계속 짖었다.
11	그들은 함께* 행복하게 살았습니다.
12	넌 정직하게 the질문에 대답하는 편이 좋아.
13	걱정하지 마. the상처는 저절로 아물 거야.
14	공손하게 어른들께 인사하는 건(to~) 당연해.
15	이 마우스가 제대로 작동되는 것 같지 않아.
16	난 재빨리 그걸 숨겼지만, 그는 그걸 알아챘다.
17	규칙적으로 운동하는 게(to~) 왜 중요할까요?
18	어쨌든, 우린 성공적으로 the전 과정을 끝냈지.
19	그는 따뜻하게 우리를 맞이하는 척했다.
20	우린 가볍게 악수하고는, 어색하게 웃었다.

[방식 부사]
비열하게 : meanly
화가 나서 : angrily
밝게 : brightly
주의 깊게 : carefully
정확하게 : correctly
깊게 : deeply
쉽게 : easily
갑자기 : suddenly
격렬하게 : fiercely
자유롭게 : freely
시끄럽게 : loudly
정직하게 :honestly
저절로 : naturally
공손하게 : politely
제대로 : properly
재빨리 : quickly
규칙적으로 : regularly
성공적으로 : successfully
따뜻하게 : warmly
가볍게 : lightly
어색하게 : awkwardly

~하게 굴다	behave-d	짖다	bark-ed	작동되다	work-ed	전~	whole
반짝이다	twinkle-d	상처	wound	숨기다	hide-hid	과정	process
옳은, 바른	right	아물다	heal-ed	알아채다	notice-d	대하다	treat-ed
숨 쉬다	breathe-d	인사하다	greet-ed	운동하다	exercise-d	악수하다	shake-shook hands
뛰어놀다	play about	어른들	elders	어쨌든	anyway		

'always, never, hardly, seldom'은 항상 일반 동사 앞에 써 주어야 합니다. 물론 조동사(형식조동사, have, be, do)가 있다면 조동사 뒤에 써야 하겠지요.

1	ₘy부모님께서는 항상(늘) 바빠 보이셨다.
2	넌 항상 긍정적으로 생각하는구나.
3	이 식당은 항상 붐벼.
4	넌 언제나 내 단짝 친구야.
5	넌 늘 불평만 하고 있구나.
6	그렇게 하는 것이$^{(to\sim)}$ 항상 쉬운 건 아니야.
7	넌 언제든지 이걸 취소할 수 있어.
8	내가 늘 널 도와줄 수는 없다는 걸 기억해.
9	**왜** 늘 이런 터무니없는 규칙들을 따라야 하나?
10	그들은 항상 서로를 피해왔다. (완료)

11	난 절대 널 탓한 적 없어. (완료)
12	난 결코 다시 널 보지 않겠어.
13	그는 ₕis삶이 전혀 행복하지 않다고 느꼈다.
14	(It) 여기는* 거의(seldom) 눈이 오지 않아. *
15	난 어젯밤에* 거의(hardly) 못 잤어.
16	그가 또 실패했다는 건 거의 놀랍지 않아.
17	저희 가족은 자주 외식해요.
18	솔직하기란$^{(to\sim)}$ 종종 어렵습니다.
19	**얼마나** 자주 your집을 환기시키시나요?
20	그래서, 가끔 사람들은 날 오해하곤 했지.

* '거의 ~않다.'가 빈도(얼마나 자주)의 의미일 때는 'seldom'을 사용합니다.

긍정적으로	positively	취소하다	cancel-led	놀랍다	be surprising
식당	restaurant	따르다	follow-ed	외식하다	eat out
붐비다	be crowded	터무니없는	absurd	솔직하다	be frank
단짝 친구	best friend	규칙	rule	오해하다	misunderstand
불평하다	complain-ed	탓하다	blame-d	환기하다	air-ed

6 **8**

'**not** always'는 '**항상 ~하는 건 아니다**'를 표현 합니다.

It is **not** always bad. 늘 나쁜 건 아니다.
I am **not** always right. 항상 옳은 것은 ~.
I do **not** always think so. 항상 그렇게 생각하는 건 ~.
I **can't** always win you. 늘 널 이길 수 있는 건 ~.

부사

1 곧 난 흥미를 잃어버렸고, 다음으로 **뭘** 해야 하는지 알고 싶지도 않았다. (~하지도, 하는 것조차도 : **not even** ~)

2 난 **왜** 수민이가 그렇게 차갑게 날 대했는지 이해할 수가 없었어. 내가 거기서 어떤 실수라도 했나? (의문문, 부정문의 '어떤'은 'any'를 사용합니다.)

3 (It) ₐ아주 힘든 날이었다. 그래서 난 조용히 혼자 쉬고 싶었지만, 그들은 일찍 떠날 것 같지 않았다.

4 몇 분(a few minutes) 후 the물이 끓기 시작할 거야. 그러면(그때) the온도를 낮춰.

5 난 the컴퓨터를 켜고 the게임을 막 시작하려 했다. 바로 그때 the현관문이 열리더니 my아버지께서 들어오셨다. (바로 그때 : just then)

6 나는 겨우(only) 이틀 전에 이 휴대폰을 샀는데(샀지만), 이게 지금˙ 제대로 작동이 안 되고 있어. 이게 말이 돼?

7 이 온라인 과정에 가입하는 것은(to~) 언제나 가능합니다. 둘러보고 ₐ레벨테스트를 시도해 보는 걸 망설이지 마세요.

흥미	interest	끓다	boil-ed	제대로	properly	둘러보다	look around
대하다	treat-ed	낮추다	lower-ed	말이 되다	make sense	시도해보다	try-tried
힘든	hard, rough	온도(열)	heat	가입하다	join-ed		
쉬다	rest-ed	현관문	front door	온라인 과정	online course		

8 매일 나는 몇 번씩 ₜₕₑ같은 부분을 반복했는데, 그게 꽤나 효과가 있었어. (~했는데, ~ : and ~)

9 넌 **왜** 그들이 이번에 널 용서하기로 결정했는지 기억할 필요가 있어. 다음번에는...

10 우린 일 주일에 한 두 번 축구를 하곤 했지만, 요즘은 시간을 내기가⁽ᵗᵒ~⁾ 쉽지 않아요.

11 우린 하루에 50개의 단어를 외워야 했을 뿐만 아니라, ₜₕₑ온라인 숙제도 해야 했다. (~뿐만 아니라 ~도 : not only~, but also~)

12 ₜₕₑ동쪽 하늘은 서서히 밝아오고 있었고, 거기에 그는 고요하고 평화롭게 앉아있었다.

13 넌 **왜** 그렇게 많은 사람들이 행복하게 살지 못하는지 궁금해한 적 있어? *

14 이 질문은 아주 단순해 보일 수도 있어요. 하지만(However), 정확하게 대답하기란⁽ᵗᵒ~⁾ 결코 쉽지 않아요.

＊ '~한 적 있다.'는 'have ever PP ~'을 자주 사용합니다. [I have ever seen it.]

반복하다	repeat-ed	외우다	memorize-d	고요하게	still, silently
효과 있다	be effective	단어	word	평화롭게	peacefully
용서하다	forgive	동쪽	estern	단순한	simple
시간을 내다	find time	밝아오다	brighten-ed	정확하게	correctly

10
11 'a~'로 '~마다, ~에'를 표현할 수 있습니다.

일 분에 다섯 번	5 times **a** minute
하루에 한 번	once **a** day
일년에 두 번	two times **a** year
한 시간에 100km	100km **an** hour
일 주일에 10시간	10 hours **a** week

15 그들 역시 그 전쟁이 모든 걸 파괴할 거라는 것을 알고 있었지만, 결국 그들은 그것을 피할 수 없었다.

16 the경기는 끝났지만, the흥분은 그리 쉽게 진정되지 않았고, 우리들의 얼굴은 여전히 빨갰다.

17 난 내일 오후° 언제쯤° 다시 와서 연습해보는 게 좋겠어. (~해서 ~하다. ~ and ~) 너도 내일 여기 올 거니?

18 우린 그 녀석이 그의 역할을 이렇게 멋지게 할 수 있을 거라고는 전혀 상상하지 않았어.

19 많은 것을 아는 것(~ing)이 늘 좋은 건 아니야. 때때로 지식이 우리를 눈멀게 할 수도 있거든.

20 "그만 징징거려!(징징거리는 걸 멈춰!) 넌 더 이상 ₐ애가 아니야. 넌 네가 하고 싶은 걸(what) 항상 할 수는 없어."

21 내 말은 다른 이들을 돕는 것이 항상 쉽다는 게 아니라, 그것이 항상 중요하다는 의미예요. (내 말은 ~라는 의미, 뜻이다. : I mean that ~)

파괴하다	destroy-ed	연습하다	practice-d	징징거리다	whine-d
끝나다	be over	역할을 하다	do one's part		
흥분	excitement	지식	knowledge		
진정되다	calm down	눈멀게 하다	blind-ed		

PRACTICE 연결 부사

☆ 부사들 중에는 문장과 문장을 연결할 때 쓰이는 부사들이 있는데 이런 부사들을 **연결부사**라고 부릅니다.

therefore	따라서, 그러므로, 그러니까	instead	대신, 대신에	otherwise	그렇지 않으면, 안 그러면(**or**)
besides	게다가, 뿐만 아니라	however	하지만, 그러나(**but**)	then	그때, 그러면, 그리고는, 그러더니

22 우린 한국인들 이예요. 따라서(그러므로, 그러니까), 우리가 영어가 어렵다고 느끼는 것은 자연스러워요.

23 성적은 그리 중요하지 않아. 대신, 다양한 흥미와 경험을 가지는 것(to~)이 중요하지.

24 난 순이가 그리 쉽게 그걸 인정할 거라고 기대하지 않아. 게다가, 우린 그녀가 고의로 그걸 했다고 말할 수도 없어.

25 (It) ₐ생지옥이었다. 하지만(However), 아무도 거기서 **무슨 일이**(what) 일어나고 있는지 궁금해하지 않았다.

26 넌 더 이상 문제를 일으키지 않겠다고 약속했었어.(완료) 하지만, 넌 또 모든 걸 엉망으로 만들고 있잖아.

27 그렇게 자주 감기약 먹는 걸 피하세요. 대신, 충분한 휴식을 취하세요. 안 그러면, 몸이 더 약해질 거예요.

28 "그러면, **뭐가** the문제야? **왜** 그렇게 화가 난 거야?" "네가 the분위기를 망치고 있는 거 안 보여?"

성적	grades	고의로	intentionally	감기약 먹다	take cold medicine
다양한	diverse	생지옥	living hell	휴식을 취하다	have/get rest
경험	experience	(문제를) 일으키다	cause-d	분위기 망치다	spoil the mood
인정하다	admit-ed	엉망으로 만들다	mess-ed up	더 약한	weaker

축구 했다.	I played soccer.
공원에서 축구 했다.	I played soccer **at** the park.
친구들과 공원에서 축구 했다.	I played soccer **at** the park **with** friends.
어제 **3시간 동안** 친구들과 공원에서 축구 했다.	I played soccer at the park with friends **for 3 hours** yesterday.

부사　부사구　부사구　부사구　　부사구　　부사구　　부사구　　부사

한국어는 **명사 뒤에 부사격조사**(~에, ~안에,~에게 등)를 붙이면 명사를 부사로 사용할 수 있습니다. [**공원에서, 친구들과, 3시간동안**]

영어는 **명사 앞에 전치사**(preposition)를 붙여 부사로 사용할 수 있는데, 이때 '전치사 + **명사(구)**'는 부사 역할을 하는 구(phrase)의 형태이므로 **부사구**(adverb-phrase)라고 부릅니다. [**at** + the park, **with** + friends, **for** + 3 hours]

전치사를 따라오는 명사를 **전치사의 목적어**(Object of Preposition : **Op**)라고 부르는데, 전치사는 목적어가 없으면 아무런 역할도 할 수 없습니다.

즉, 명사는 두 가지 목적어[**동사의 목적어**(Object of Verb : **Ov**)와 **전치사의 목적어**(**Op**)] 역할을 하는 것이지요.

두 가지 목적어 [Ov, Op]			
난 일요일이 좋아.	I love **Sunday**.	동사의 목적어	[동사+명사]
난 일요일에는 한가해.	I am free **on Sunday**.	**전치사의 목적어**	[전치사+명사]
난 그 녀석을 믿지 않아.	I do not believe **that guy**.	동사의 목적어	[동사+명사]
난 그 녀석과 놀지 않아.	I do not play **with that guy**.	**전치사의 목적어**	[전치사+명사]
난 그녀를 존경해.	I respect **her**.	동사의 목적어	[동사+명사]
난 그녀에게서 이걸 들었어.	I heard it **from her**.	**전치사의 목적어**	[전치사+명사]
난 큰 용을 그리고 있어.	I am drawing **a huge dragon**.	동사의 목적어	[동사+명사]
난 큰 용 위에 타고 있었어.	I was riding **on a huge dragon**.	**전치사의 목적어**	[전치사+명사]

☆ **전치사는 혼자서는 아무것도 할 수 없습니다.**
전치사는 반드시 **목적어**와 결합해야만 어떤 기능을 담당할 수 있습니다.
그리고 **명사**만이 전치사의 목적어 역할을 할 수 있습니다.
[즉, 전치사 뒤에는 반드시 명사, 명사구가 있습니다.]
전치사와 한국어의 부사격조사의 의미가 완전히 일치하는 것은 아니지만 대부분의 전치사는 한국어의 부사격조사와 비슷하기 때문에 쉽게 익힐 수 있습니다.
부사구를 사용하면 부사만으로는 표현할 수 없는 다양한 의미를 훨씬 구체적으로 표현할 수 있습니다.

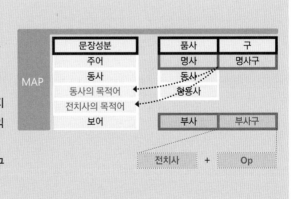

1. 시간을 표현하는 전치사

명사 + 부사격조사	전치사 + 명사
우린 어제 1시에 만났어.	We met **at** 1 o'clock yesterday.
우린 밤에 만났어.	We met **at** night.
우린 7살에 처음 만났어.	We met first **at** age 7.
우린 그때에 처음 만났어.	We met first **at** that time.
우린 1시쯤에 만났어.	We met **around** 1 o'clock.
우린 일요일에 / 토요일마다 ~	We met **on** Sunday / **on** Saturdays
우린 5월 18일에 만났어.	We met **on** May 18.
우린 12월에 / 2011년에 만났어.	We met **in** December / **in** 2011.
우린 봄에 / 아침에 만났어.	We met **in** spring / **in** the morning.
우린 중학교 때 다시 만났어.	We met again **in** middle school.
우린 5일 이내에 만나야 해.	We should meet **within** 5 days.
우린 점심 전에 / 3시 전에 만났어.	We met **before** lunch / 3 o'clock.
우린 저녁식사 후에 / 방과 후에 ~.	We met **after** dinner / **after** school.
처음부터 다시 읽어.	Read again **from** the beginning.
우린 9시부터 11시까지 공부했지.	We studied **from** 9 **to** 11.
우린 지난주부터 만나지 않았다.	We **haven't met** **since** last week.
그때 이후로, 그는 자고 있다.	**Since** then, he **has been sleeping**.
우린 3시간 동안 공부했거든.	We studied **for** three hours.
우린 몇 년 동안 이것을 연구했지.	We studied it **for** a few years.
우린 그 수업 동안(내내) 잤다.	We slept **during** the class.
밤중에(동안, 내내) 비가 왔어.	It rained **during** the night.
우린 9시까지는 여기서 공부한다.	We study here **until** 9 pm.
(늦어도) 내일까지는 끝내야 해.	We should finish it **by** tomorrow.

시간 전치사

at ~	(특정 시간, 나이)에
in ~	~(안, 내)에, ~만에, ~때
on ~	(요일, 날짜, 날)에
around ~	~쯤, 약~쯤
within ~	특정 기간 내에
before ~	~전에, ~앞서(먼저)
after ~	~후에, ~뒤에
from ~	~부터
from ~ **to** ~	~부터 ~까지
since ~	~부터, ~이후 (죽)
until ~	~까지 (계속)
by ~	(늦어도) ~까지는, ~쯤
for ~	~동안, ~간
during ~	~동안, ~내내, ~중에

'**at**'은 시간을 **점**(시점)으로 여길 때 사용하며 '**in**'은 시간을 **기간, 범위**로 여길 때 사용합니다.
- Let's meet at lunchtime.
- I read a book in lunchtime.

'**on**'은 요일, 날짜, 특정한 날에 사용합니다. 특히 '**on** 요일(**s**)'은 '~마다(every ~)'를 표현합니다.
- Let's meet on Monday/Hangul Day.
- Let's meet on Mondays.(= every Monday)

'**within**'은 '특정 기간 이내에, 내에, 안에'의 의미를 표현하며 '**in**'과 크게 다르지 않습니다.
- I will finish it within 3 days. (= in 3 days)

'**since**'는 '~부터, ~이후 죽~, ~이래로'의 의미를 표현하며 주로 **완료시제와 함께** 사용합니다.
- I have not eaten since breakfast.
- I have been living here since then.

for + 구체적인 시간	**during** + 명사
for two minutes	during the class
for ten hours	during vacation
for a few months	during the war
for some years	during the day

until : ~까지 계속 **by** : 늦어도 ~까지
I will stay here until tomorrow.
I will wait until the last minute.
I have to go there by tomorrow.
I should finish it by 10 pm.

1	1시 반에 거기서 만나자.	▮ at
2	오늘 난 새벽에 잠이 깼다.	
3	처음에는, 난 네가 말한 **것**을 믿지 않았어.	
4	난 그때(그 당시) 너무 어렸었지.	
5	한 번에 너무 많은 질문을 하지 마세요.	
6	그는 다섯 살에(때) 천자문을 마스터했다.	
7	ₘ,아버지는 새벽 2시쯤 집에 돌아오셨다.	▮ around
8	저는 겨울에 태어났어요.	▮ in
9	그 비는 ₜₕₑ이른 아침에 그쳤다.	
10	(It) ₜₕₑ오후에 다시 비가 오기 시작했다.	
11	ₘᵧ엄마는 2010년에 이 꽃집을 오픈하셨어.	
12	ₜₕₑ귀신들은 순식간에 사라졌다.	
13	ₜₕₑ같은 일이 ₜₕₑ과거에도 몇 번 일어났었지.⁽완료⁾	
14	10분 만에 이걸 끝내기는⁽ᵗᵒ~⁾ 불가능해.	
15	**어떻게** 삼일 안에 그 돈을 만들 수 있겠어?	
16	그 목욕탕은 화요일마다 문을 열지 않아.	▮ on
17	대신, 우린 금요일에 떠나기로 결정했다.	
18	너 추석날 한복 입니?	
19	결국 ₐ끔찍한 일이 내 생일날 일어났다.	
20	난 정각에(제시간에) 거기 도착한 척했다.	

잠 깨다	wake-woke-woken	마스터하다	master-ed	사라지다	disappear-ed	분	minute
새벽	dawn	태어나다	be born	순식간에	in a moment(second)	(대중)목욕탕	public bath
처음에	at first	이른	early	같은 일	same thing	도착하다	arrive-d, get-got
그때	at that time	꽃집	flower shop	과거에	in the past		
한 번에	at a time	귀신	ghost	미래에	in the future		

시간을 표현하는 부사구

1	**왜** 넌 식사 전에 _{your}이를 닦는 거야?
2	도깨비들은 _{the}동틀 녘 전에 **돌아가야 했다.**
3	수민이가 나보다 먼저 거기에 도착했다.
4	그들은 _{the}공룡들보다 먼저 여기 살고 있었다.
5	넌 그전에는 어디에도 갈 수 없어.
6	그는 _{the}경기 _{the}종료 직전에 _a골을 넣었다. *
7	우린 그 공연 한 시간 전에 만났다. *

before

   * ~직전 : just before, ~직후 : just after   * ~한 시간 전 : an hour before ~

8	저녁식사 후에 걷는 건^(to~) _a좋은 습관이야.
9	그는 몇 분 후 천천히 _{his}눈을 떴다.
10	이틀 후면, 겨울 방학이 시작돼.
11	_{my}엄마는 심지어 퇴근 후에도 너무 바빴다. *
12	학교 마치고(방과 후에) 곧장 집으로 와.
13	그 후, 내 마음이 또 변하기 시작하더라고.
14	잠시 후에, 그녀가 다시 내게 전화했다.

after

   * 심지어 ~후에도 : even after ~

15	우린 3시부터 여기 있었거든.
16	난 내일 2시부터 5시까지 거기 있을 거야.
17	모든 게 _{the}처음부터 이상했어.
18	(It) _{the}아침부터 무더웠다.
19	고등학생들은 아침부터 밤까지 공부하지.
20	우린 6월에서 9월까지 사슴벌레를 볼 수 있어.

from

이 닦다	brush teeth	그전에	before that	퇴근 후	after work
식사	meal	골을 넣다	score a goal	곧장	straight
동틀 녘	daybreak	경기 종료	the end of the match	방과 후	after school
공룡	dinosaur	공연	performance	그 후	after that
어디에도	anywhere	방학	vacation	잠시 후	after a while

처음, 시작	beginning
무덥다	be sultry
사슴벌레	stag beetle
6월, 9월	June, September

1	난 지난 일요일부터 (죽) 그녀를 못 봤어. (완료)		since
2	그때부터, 우린 여기서 살고 있어. (완료진행)		
3	그날부터, 그녀는 혼자서는* 여기 오지 않았다. (완료)		

4	넌 지금까지는 운이 좋았던 거야. (완료)		until
5	난 오늘 아침까지 그걸 몰랐었어.		
6	그때까지는 기다릴 수 있어?		
7	내일까지는 이 문을 이용하지 마세요.		

8	걱정 마. 1시까지는 돌아올 거야.		by
9	넌 내일까지는 이걸 끝내기로 약속했었다.		
10	우린 내일 이 시간쯤 거기서 놀고 있겠지.		
11	다음 월요일까지 ₐ가족 사진이 필요해요.		

12	10분 동안 your숨을 참는 건(to~) 불가능해.		for
13	10초 동안 your눈 뜨지 마.		
14	(It) 지난 주에는 사흘 동안이나 비가 왔다.		
15	이 나무는 약 3백 년 동안 여기 서있었어. (완료)		

16	너희는 시험 중에 밖으로 나갈 수 없어.		during
17	오늘 저는 the수업 중에 코피를 흘렸어요.		
18	이번 방학 동안에 어딜 가보고 싶니?		
19	난 the주말 내내 집에 머물렀어.		
20	넌 your일생 동안 얼마나 많은 선행을 할까?		

그때부터	since then	분, 초	minute, second	주말	weekend
그날부터	since that day	서있다	stand-stood	선행을 하다	do good things
그때까지	until then	코피 흘리다	have a nosebleed	일생	lifetime
숨을 참다	hold one's breath	머무르다	stay-ed		

시간을 표현하는 부사구

1 그때, 난 내가 5시에 my친구들을 만나기로 되어있다는 것이 기억났다(생각났다.).

---

2 the다음 수업이 영어였고, 그래서 난 the국어시간 내내 그 단어들을 외워야 했거든.

---

3 난 the오전에는(in) 바쁠 것 같아. 대신 점심 식사 후에 2시쯤 만나자. (~할 것 같다. : I think that ~)

---

4 예쁜 야생화들이 이른 봄부터 늦은 가을까지 이 넓은 평원을 수놓지요(장식하지요.).

---

5 물론, 난 시험 치는 게(~ing) 싫지만, the학교가 the시험기간 동안 일찍 끝나는 것은 좋아요.

---

6 젠장! 이제 이 바지도 너무 조인다(타이트하다.). 내일부터 다시 a다이어트를 시작해야겠어.

---

7 (It) 밤에 눈이 오기 시작하더니, the아침에 온 세상이 하얀색이었다.

외우다	memorize-d	장식하다	decorate-d	늦은, 늦~	late	시험기간	exam period	다이어트	diet
국어 시간	Korean class	넓은	broad	가을	autumn, fall	젠장	damn it	온 세상	all the world
오전	morning	평원	plain	시험 치다	take exam	이 바지	these pants		
야생화	wild flower	이른, 초~	early	끝나다	finish, be over	조이다	be tight		

8 난 하루 만에 모든 _{the}돈을 써버렸고, _{my}엄마는 엄청 화를 내셨다. 아마, 엄마는 당분간 용돈을 안 주실 거다.

9 내가 일 주일 내에 이 쿠폰을 사용해야 한다는 건 말도 안 돼. 이건 그냥 _a얄팍한 속임수일 뿐이야.

10 수민이 생일파티가 6시고, 이 영화는 7시 30분에 끝나. 우린 다음번에 이걸 보는 게 좋겠어.

11 사실, 난 그때 **무슨** 말을 해야 할지 모르겠더라고. 내가 너무 당황했었던 것 같아. (~한 것 같다. : I think that ~)

12 난 이번 금요일까지 _{my}독후감 쓰는 걸 끝내야 해. 안 그러면, 난 거기 가지 못할 수도 있어.

13 그때부터_(since), 난 항상 나만의 판타지소설을 쓰고 싶었고, ^(완료)몇 번 시도를 했었지. 하지만, 그게 결코 쉽지 않더라고.

14 학생들 중 **몇몇**은 _{the}미술 시간 내내 잠을 잤지만, _{the}선생님은 그들을 나무라지 않으셨다.

용돈	allowance	당황하다	be puzzled
당분간	for a while	나만의	my own
쿠폰	coupon	판타지소설	fantasy novel
얄팍한, 얇은	shallow	나무라다	scold-ed
속임수	trick		

10 'be 동사 + 시간부사구'는 '~가 언제다'를 표현합니다.

수업은 **10시다.** (10시에 있다.)	That class **is at** 10 o'clock.
그 모임은 **오후 2시쯤이다.**	The meeting **is around** 2 pm.
그 파티는 **토요일이야.**	The party **is on** Saturday.
그의 생일은 **12월이다.**	His birthday **is in** December.
미술수업은 **점심시간 후였다.**	Art class **was after** lunch time.

시간을 표현하는 부사구

15 2002년에, the한국 축구 팀은 the준결승에 진출했고 많은 한국인들이 여전히 생생하게 그 경기들을 기억합니다.

16 처음에는, 난 **왜** 그가 날 모르는 척하는지 깨닫지 못했어. 난 한참 후에야 그 이유를 알았지.

17 며칠 전에 난 철수가 다음 달부터 모든 학원을 그만둘 예정이라는 걸 들었어. 넌 그거 알고 있었니?

18 작년까지, 그녀의 꿈은 a훌륭한 체조선수가 되는 것이었지요. 하지만, 그녀는 그 사고 후 그 꿈을 포기해야 했습니다.

19 난 the피자가 (늦어도) 그때까지는 도착할 거라고 예상했고, 그래서 난 아무것도 먹지 않았거든.

20 그 녀석은 내가 월요일마다 an용돈을 탄다는 걸 알고 있었어. (월요일마다 : on Mondays / every Monday)

21 the시험 전에는 몇 번 the처음부터 the끝까지 the교과서들을 읽어보는 게(to~) 가장 좋지. (~하는 게 가장 좋다. : it's best to ~)

진출(도달)하다	reach-ed	이유	reason	체조선수	gymnast	용돈 타다	get an allowance
준결승	semifinals	그만두다	quit-quit	사고	accident	교과서	text book
생생하게	vividly	학원	institute	예상하다	expect-ed		
깨닫다	realize-d	훌륭한	great	도착하다	arrive-d		

2. 장소, 방향을 표현하는 전치사

장소, 방향의 부사구

우린 도서관에서 / 안에서 만났다.	We met **at** / **in** the library.
우린 그 길 위에서 만났다.	We met **on** the street.
그것은 2km 내에 있는 게 분명하다.	It must be **within** 2 km.
난 철수 앞에서(앞서) / 뒤에서 걸었다.	I walked **after** / **before** Chulsu.
난 그녀 앞에 / 뒤에 섰다.	I stood **in front of** / **behind** her.
난 그녀 옆에 섰다.	I stood **beside (by, next to)** her.
난 그 두 남자들 사이에 섰다.	I stood **between** the two men.
난 그들 중에 있었다.	I was **among** them.
난 도서관 주위로 / 근처에서 걸었다.	I walked **around** / **near** the library.
우린 도서관으로 걸어갔다.	We walked **to** the library.
난 네 친구들에게서 이걸 들었어.	I heard it **from** your friends.
난 도서관에서 집까지 걸어갔다.	I walked **from** the library **to** home
우린 길을 가로질러 / 따라서 달렸다.	We ran **across** / **along** the street.
우린 터널을 통해(통과해서) 달렸다.	We ran **through** the tunnel.
우린 터널 속으로(안으로) 달렸다.	We ran **into** the tunnel.
우린 터널 밖으로 달려 나왔다.	We ran **out of** the tunnel.
난 다리 위로(너머로) / 아래로 달렸다.	I ran **over** / **under** the bridge.
그 동전은 네 발 밑에 있다.	The coin is **beneath** your foot.
우린 언덕 위로 / 아래로 걸어갔다.	We walked **up** / **down** the hill.

장소, 방향 전치사

at ~	~에(서), ~에게
in ~	~안에, ~속에
on ~	~위에, ~중에
within ~	~내에
after ~	~뒤에
before ~	~앞에, 앞서
in front of ~	~앞에
behind ~	~뒤에
beside, by ~	~옆에, ~곁에
between ~	(둘) 사이에
among ~	(셋 이상) 사이, 중에
around ~	~주위에, 돌아서
near ~	~가까이, 근처에
to ~	~로, ~에(게), 쪽으로, 까지
from ~	~에서, ~로부터
from ~ to ~	~에서~까지
across ~	~을 가로질러, 건너
along ~	~을 따라서
through ~	~통해, 거쳐, 사이로
into ~	~속(안)으로
out of ~	~밖으로
over ~	~위로, 넘어, 건너
under ~	~아래, 밑에, ~이하
beneath ~	~아래, 밑에
up ~	~위로
down ~	~아래로

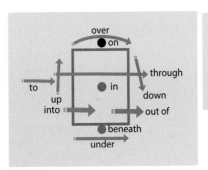

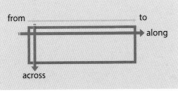

be + 장소의 부사구 : ~가 ~에 있다.

be 동사 + 장소의 부사구

나도 그 콘서트에 있었어.	I **was** also at the concert.
많은 동물들이 동물원에 있다.	A lot of animals **are** in the zoo.
이 동물들은 위험에 처해있다. ＊	These animals **are** in danger.
그 귀신이 네 어깨 위에 있어.	The ghost **is** on your shoulder.
우린 휴가 중이야. ＊	We **are** on vacation.
난 학교로 가는 중이었다. ＊	I **was** on my way to school.
그는 내 뒤 / 앞에 있었다.	He **was** in front of / behind me.
네 자전거는 담 옆에 있어.	Your bicycle **is** beside / by the wall.
건물 옆에 뭐가 있었지?	What **was** next to the building?
그녀가 늘 우리 사이에 있었다.	She **was** always between us.
B는 A와 C 사이에 있다.	B **is** between A and C.
그도 학생들 사이에(중에) 있었다.	He **was** also among the students.
다섯 개의 의자가 식탁 주위에 있다.	Five chairs **are** around the table.
그 가게는 모퉁이를 돌아서 있다.	The store **is** around the corner.
난 이 주위에(근처에) 있을게.	I will **be** around here.
그 집은 호수 가까이(근처에) 있었다.	The house **was** near the lake.
난 울릉도에서 왔어. (~ 출신이다.) ＊	I **am** from Ulleung island.
약국은 길 건너에 있어.	Pharmacy **is** across the street.
키 큰 나무들이 강을 따라 있었다.	Tall trees **were** along the river.
그 녀석은 통제 불능이야. ＊	That guy **is** out of control.
난 담장 너머에 있었다.	I **was** over the fence.
이 건물은 300년 이상 되었다. ＊	This building **is** over 300 years.
공중화장실이 저쪽에(저 너머에) 있다.	The public toilet **is** over there.
그 보물들은 바다 밑에 있다.	The treasures **are** under the sea.
그들은 17세 이하(미만)이다. ＊	They **are** under 17.
그는 스트레스를 받았다. ＊	He **was** under stress.
도서관은 리모델링 중이야. ＊	This library **is** under remodeling.

☆ 2형식문장의 'be 동사'는 특별한 뜻 없이 주어와 보어를 연결해 주는 동사일 뿐이었지요. 하지만 'be + 부사, 부사구'는 '~가 ~에 있다'의 의미를 표현합니다. 즉, 'be 동사'가 '있다, 존재한다'라는 의미를 가지게 되는 것이지요.

'be + 전치사'로 주어의 상태를 표현할 수 있습니다. 이 표현들을 알고 있으면 굳이 다른 동사를 사용할 필요가 없어 편리하지요.

be in danger / trouble : 위험 / 곤경에 처하다
be in love : 사랑에 빠져있다
be in school uniform : 교복을 입고 있다

be on a trip : 여행 중이다
be on holiday, vacation : 휴가 중이다
be on the phone : 통화 중이다
be on the way to ~ : ~로 가는 중이다
be on a bicycle : 자전거를 타고 있다

be out of control : 통제를 벗어나다
be out of danger : 위험을 벗어나다
be out of order : 고장 나다
be out of one's mind : 정신이 나가다

be from ~ : ~에서 왔다, ~출신이다

be over 20 : 20살이 넘었다, 이상이다

be under 20 : 20살이 안 된다, 이하이다
be under control : 통제하에 있다
be under attack : 공격 받고 있다
be under treatment : 치료 중이다
be under construction : 건설 중이다
be under investigation : 조사 중이다
be under consideration : 고려 중이다

	장소, 방향을 표현하는 부사구

1	2시쯤 the극장에서 만나자.	at
2	난 the출구에서 기다리고 있었어.	
3	학교에서, 철수는 a꽤 좋은 학생이었다.	
4	**왜** 나한테 그렇게 화가 난 거야?	
5	우린 그 소리에 잠이 깼다.	
6	물이 항상 100℃에서 끓는 건 아니야.	
7	내 이름은 the리스트의 the맨 아래 있었어.	
8	우린 그의 이상한 행동에 놀랐다.	
9	그녀가 소리쳤다. "날 쳐다보지 마!"	
10	그 남자는 몇 번 우리를 힐끗 쳐다봤다. *	

＊ ~을 쳐다보다, 바라보다 : look at ~, ~을 힐끗 보다 : glance at ~. ~을 노려보다 : stare at ~

11	난 an아파트에 사는 게(~ing) 싫어.	in
12	별들은 항상 the하늘에서 반짝이고 있지.	
13	the집 안에서 뛰어다니지 마.	
14	난 이 폴더에 그 파일들을 저장했어.	
15	그는 his주머니 속에 그 돈을 넣었다.	
16	the차에 타라.	
17	그녀는 her교복을 입고 있었어요. (be in~)	
18	네 목숨은 내 손안에 있다는 걸 잊지 마.	
19	the경기는 심지어 the비속에서도 계속됐다.	
20	the어둠 속에서, a날카로운 비명이 울렸다.	

극장	theater, cinema	리스트	list	저장하다	save-d	계속되다	continue-d
출구	exit	행동	behavior	파일, 폴더	file, folder	어둠	dark
잠 깨다	wake-woke up	아파트	apartment	~을 ~에 넣다	put ~ in ~	날카로운	sharp
끓다	boil-ed	반짝이다	twinkle-d	~에 타다	get in ~	비명	scream
~의 맨 아래	bottom of ~	뛰어다니다	run around	목숨	life	울리다	echo-ed

1	파리 한 마리가 내 왼손에 앉았다.	📖 on
2	the선생님께서 the칠판에 내 이름을 쓰셨다.	
3	이 벽에 네 그림을 걸지 않을래?	
4	**왜** 이게 내 책상 위에 있는 거야?	
5	엄마는 통화 중이세요.	
6	난 학교 오는 길에 이 지갑을 주웠어.	
7	TV에서 이 영화를 본적 있어.	
8	the인터넷으로 그걸 사는 게(to~) 더 낫다.	
9	걸어서 거기 가려면(to~) 한 시간 이상 걸려.	
10	난 차라리 a버스 타고 가겠다. ＊	

＊ 걸어서 : on foot, 자전거로 : on a bicycle, 버스로 : on a bus, 택시타고 : on a taxi

11	다른 이들 앞에서 네 친구를 비난하지 마.	📖 in front of
12	그는 내 눈앞에서 사라져 버렸다.	
13	the극장 앞에 있을게.	

14	the해는 the구름들 뒤로 숨어버렸다.	📖 behind
15	우린 the병원 뒤에 our차를 주차해야 했어.	
16	**누가** 이 계획 뒤에 있는지 모르겠니?	

17	내 옆에 앉지 마.	📖 by, beside, next to
18	그는 내 옆에서 계속 방귀를 뀌어댔다.	
19	**왜** the할머니 옆에 a고양이를 그린 거니?	
20	**누가** 철수 옆에 있었는지 기억나?	

파리	fly	줍다	find-found, pick up	비난하다	blame-d	주차하다	park-ed
칠판	board	지갑	wallet	다른 이들	others	방귀 뀌다	fart-ed
걸다	hang-hung	~하는 길에	on one's way to ~	사라지다	disappear-ed	그리다	draw-drew
통화 중이다	be on the phone	인터넷으로	on the internet	숨다	hide-hid		

1	the두 그림 사이에 다른 부분들을 찾아봐.	between
2	그들 사이에 **무슨 일**이 일어났던 걸까?	
3	라이거는 a사자와 a호랑이 사이에서 태어났다.	
4	그 빵집은 the슈퍼와 the꽃집 사이에 있어요.	

5	이 게임이 아이들 사이에서 인기가 있지.	among
6	사이버 왕따가 학생들 사이에 a심각한 문제다.	
7	넌 그것들 중에서 한 개만 고를 수 있어.	
8	난 그가 그들 중에 있지 않았다고 믿어.	

9	the돼지들은 the테이블 주위에 둘러앉아 있다.	around
10	사람들이 그 소년 주위에 모여들었다.	

11	the도로 가까이서(근처에서) 놀지마.	near
12	the공은 the자고 있는 개 가까이 떨어졌다.	
13	그 펜션은 the해변 근처에 있었다.	

14	우린 이번 금요일에 학교에 안가.	to
15	the빵집에서 the왼쪽으로 도세요.	
16	그들 대부분은 나에게 낯선 사람들이었다.	
17	모든 것이 그 소년에게는 새롭고 놀라웠지.	
18	**어떻게 무슨 일이** 우리에게 일어날지 알지?	
19	학교까지 걸어가는데(to~) 5분 밖에 안 걸려.	
20	the나무꾼은 the선녀에게 그걸 주고 말았어.	

다른	different	심각한	serious	펜션	pension	낯선 사람	stranger
부분	part	모여들다	gather-ed	해변	beach	놀랍다	be surprising, amazing
인기 있다	be popular	도로	road	돌다	turn-ed	주다	give-gave-given
사이버왕따	cyber bullying	떨어지다	fall-fell-fallen	왼쪽, 오른쪽	left, right	선녀	fairy

장소, 방향을 표현하는 부사구

1	ₐ상쾌하고 시원한 바람이 ₜₕₑ산에서 불어왔다.	▨ from
2	우린 다른 나라들로부터 석유를 수입해야 해.	
3	넌 그에게서 **무엇을** 배웠지?	
4	ₜₕₑ소년은 ₕᵢₛ주머니에서 ₐ개구리를 꺼냈다.	
5	그게 여기서(부터) **얼마나** 먼가요?	
6	이게 악령들로부터 널 보호해 줄 거야.	
7	넌 ₐ양반 집안 출신이구나.	
8	(It) ₜₕₑ지구에서 ₜₕₑ달까지 약 30만km다.	▨ from~to
9	여기서 저 바위까지 헤엄칠 수 있겠어?	
10	영어로₍ᵢₙ₎ 1부터 10까지 다시 세어봐.	
11	ₐ별똥별이 ₜₕₑ밤하늘을 가로질러 지나갔다.	▨ across
12	ₐ환한 미소가 그녀 얼굴에 천천히 번졌다.	
13	그 PC방은 ₜₕₑ길 건너에 있어.	
14	ₜₕₑ끝까지 ₜₕₑ오솔길을 따라 계속 걸어가라.	▨ along
15	ₜₕₑ물은 ₐ연못까지 ₜₕₑ계곡을 따라 흐른다.	
16	키 큰 소나무들이 ₜₕₑ해변을 따라 있었다.	
17	우린 ₜₕₑ지붕 창으로 ₜₕₑ밤하늘을 올려봤어.	▨ through
18	우린 ₜₕₑ숲을 지나 ₜₕₑ캠핑장에 도달했다.	
19	사람들은 ₜₕₑ인터넷을 통해 뭐든 할 수 있어.	
20	ₜₕₑ해는 ₜₕₑ나뭇잎들 사이로 비치고 있었다.	

상쾌한	fresh	꺼내다	take out	별똥별	shooting star	흐르다	flow-flew	지붕 창	roof window
불다	blow-blew	보호하다	protect-ed	환한	broad, bright	계곡	valley	도달하다	reach-ed
수입하다	import-ed	양반 집안	Yangban family	번지다	spread-spread	연못	pond	캠핑장	camping ground
멀다	be far	세다	count-ed	오솔길	path	올려보다	look up	비치다	shine-d

장소, 방향을 표현하는 부사구

1	세균은 상처를 통해 _{our}몸 속으로 들어온다(get).		into
2	_{the}돼지 저금통에 이 동전들을 넣어(put).		
3	난 _{the}물 속을 들여다보고 있었다.		
4	참새 한 마리가 _{the}교실 안으로 날아들었다.		
5	난 그 바위에서 _{the}바닷속으로 점프했지.		

6	물고기는 물 밖에서 살 수 없어.		out of
7	_a작은 생쥐가 그 구멍 밖으로 기어 나왔다.		
8	그는 _{the}차창 밖으로 _{the}담배꽁초를 던졌다.		
9	그는 정신이 나간 게 분명해. *		
10	_{the}상황은 통제를 벗어나 있었다. *		

※ 정신 나가다. : be out of mind, ~를 벗어나다. : be out of ~

11	곧 _{the}달이 저 산 위로 떠오를 거야.		over
12	난 _{the}떨고있는 강아지에게 _{the}수건을 덮어줬어.		
13	그는 막 그 담장을 뛰어넘으려 했다.		
14	누가 이 책상 밑에 _{the}껌을 붙였어?		under
15	그들은 하루 종일 _{the}뙤약볕 아래서 일해.		
16	신비한 생물들이 _{the}바다 밑에 살고 있지.		

17	뭔가가 내 발 밑에서 꿈틀거렸다.		beneath
18	그 다람쥐는 날쌔게 _{the}나무 위로 올라갔다.		up, down
19	그 공은 _{the}길 아래로 굴러가기 시작했다.		
20	그 찜질방은 이 길 아래쪽에 있어.		

세균	germs	날다	fly-flew-flawn	상황	situation	담장	wall, fence	꿈틀거리다	wriggle-d
상처	wounds	기다	crawl-ed	떠오르다	rise-rose	붙이다	attach-ed	다람쥐	squirrel
돼지 저금통	piggybank	구멍	hole	덮다	put-put	뙤약볕	burning sun	오르다	climb-ed
들여다보다	look into ~	던지다	throw-threw	수건	towel	신비한	mysterious	날쌔게	swiftly
참새	sparrow	담배꽁초	cigarette butt	떨고 있는	trembling	생물	creature	구르다	roll-ed

장소, 방향을 표현하는 부사구

1 제 친구들(of) 대부분은 방과 후에' 두세 개의 학원에 다니고 있어요. (~에 다니고 있다. : be going to~)

2 the지구가 우리 태양계 내에서 the세 번째 행성이라는 건 a상식이지. 너 그거 모르니?

3 그 꿈에서, a커다란 호랑이가 내게로 걸어오기 시작했지만, 이상하게도 나는 전혀 움직일 수 없었다. (전혀 : at all)

4 our선생님들이 the엘리베이터 앞에 계신 거야. 그래서 우린 대신 the계단 위로 걸어 올라갔다.

5 엄마가 my방에 들어오셔서, my머리 뒤에 a베개를 놓아주셨지. 그녀가 my머리를 쓰다듬으셨지만 난 그저 잠든 척했다.

6 시원한 바람이 그 아름다운 가을 계곡을 따라 불고 있었고 낙엽들이 the물 위에 떠 있었지요.

7 the밝은 해가 the먼 수평선 너머' 구름들 사이로 떠오르고 있었고 우린 일제히 the떠오르는 해를 향해(to) 환호성을 질렀지.

학원	institute	태양계	solar system	베개	pillow	낙엽	fallen leaves	먼	distant
상식	common knowledge	엘리베이터	elevator	쓰다듬다	stroke-d	뜨다	float-ed	수평선	horizon
세 번째	third	계단	stairs	잠들다	be asleep	밝은	bright	환호성 지르다	cheer-ed
행성	planet	놓아주다	put-put	가을 계곡	autumn valley	떠오르다	rise-rose	일제히	altogether

8   그녀는 한 이상한 남자가 어젯밤 10시 쯤˙ the놀이터 근처에서 어슬렁거리고 있었다고 말했다.

9   한 무리의 얼룩말이 the들판을 가로질러 달리고 있고 사자 한 마리가 그들 뒤를 **쫓고** 있어요. (뒤를 쫓다. : run after ~)

10   그 순간, 검은 고양이 한 마리가 the쓰레기통 밖으로 뛰쳐나온 거야. 난 거의 기절할 뻔했지. (거의 ~할 뻔하다. : almost ~)

11   the영어 시간 중에, 하얀 비둘기 한 마리가 the열린 창문을 통해 our교실 안으로 날아들어왔다.

12   저는 이번 겨울 방학 동안˙ the인터넷으로(인터넷을 통해) 영어를 공부하기로 결정했거든요.

13   the화장실은 the복도 the끝에 있었다. 난 my엉덩이 위에 한 손을 얹고는 종종걸음으로 the화장실로 걸어가기 시작했다. 그런데...

14   our영어선생님은 경상도 출신이신데, his사투리가 정말 재미있어. 물론, 가끔 우린 그가 하는 **말이** 이해가 안 되지.

어슬렁거리다	loiter-ed	쓰레기통	trash can	엎다	put-put
한 무리의 ~	a herd of ~	기절하다	faint-ed	엉덩이	hips
얼룩말	zebra	비둘기	dove, pigeon	종종걸음으로	in short, quick steps
들판	field	복도 끝	the end of the corridor	경상도 사투리	Gyeongsang-do dialect

장소, 방향을 표현하는 부사구

15 그 할아버지는 his주머니에서(from) 만 원짜리 지폐 하나를 꺼내서 내게 그걸 주셨다.

16 a작은 분식점이 a문방구와 a미장원 사이에 있었거든. 우린 학교 마치고 거기 들르는 걸 좋아했었지(즐겼지).

17 철수는 그가 지난밤˙ 그들 중에 있었다는 걸 부인하고 있지만, 그가 거기 있었는지 아닌지는 문제가 되지 않아.

18 우린 한 15분 전에 자장면을 시켰거든. 근데(But) the엘리베이터는 지금 점검 중이고 우리 집은 10층이야(10층에 있어).

19 20분 안에 25문제를 푸는 건(to~) 말이 안 돼요. 1번부터 5번까지 푸는데(to~) 거의 10분이나 걸렸어요.

20 the가까운 미래에(in), 학생들은 더 이상 학교에서 종이 책들을 사용하고 있지 않을 수도 있어요.

21 **어떻게** 내가 **뭐가** 네 마음속에 있는지 알겠니? 넌 항상 the사람들에게 네 생각들을 표현할 필요가 있어.

꺼내다	take-took	미장원	beauty shop	점검 중이다	be under maintenance	더 이상	anymore
만 원 지폐	10,000 won bill	들르다	stop by	10층	tenth floor	표현하다	express-ed
분식점	snack bar	부인하다	deny-denied	가까운	near	생각	thought
문방구	stantionery store	시키다 (주문)	order-ed	종이 책	paper book		

There be + 주어

'be 동사'의 의미가 '~있다, 없다'인 경우 'There + be + 주어 (+부사구)'의 형태로 표현하는 경우가 많습니다.

특히 '[분명하지 않은 주어]가 있다, 없다'를 표현하는 경우는 대부분 'There~'로 문장을 시작합니다.

이 때 'There~'은 부사구를 대신하면서 문장을 이끌어 주며 유도부사라고 부릅니다.

한국어는 유도부사라는 것이 없습니다. 하지만 '~가 있다, 없다'의 표현은 매우 흔하지요. 그래서 매우 자주 쓰이는 표현입니다.

	A small table	**was**	in the corner.	ₐ작은 테이블이 구석에 **있었다**.
There	**was**	a small table	in the corner.	구석에 ₐ작은 테이블이 **있었다**.

There~은 '거기'라는 의미라기 보다는 **대신한 부사구**(구석에)를 표현합니다.

There be + [a, several, some, a few, a lot of, lots of, many, one, two, 등] + 셀 수 있는 명사

There be + [some, a little, a lot of, lots of, much] + 셀 수 없는 명사

There be + [no, few] + 셀 수 있는 명사, [no, little] + 셀 수 없는 명사 : ~이 (거의) 없다

There be + [명사, something, someone, 등] : 무언가, 누군가 있다 [nothing, no one, 등] : 아무것도, 아무도 없다

~가 있다. 없다.	주어 + be	There + be + 주어
인생에는 항상 문제들이 있지.	**Problems are** always in our life.	There **are** always problems in our life.
거기 큰 쇼핑몰이 **하나** 있어.	**A** big shopping mall **is** there.	There **is** a big shopping mall.
몇 가지 차이점들이 있다.	**Some(a few)** differences **are** there.	There **are** some differences.
시장에 사람들이 **많이** 있을 거야.	**A lot of** people will **be** at the market.	There will **be** a lot of people at the market.
태양계에는 **여덟 개** 행성이 있다.	**Eight** planets **are** in the solar system.	There **are** eight planets in the solar system.
담요 밑에 **무엇인가**가 있었다.	**Something was** under the blanket.	There **was** something under the blanket.
지붕 위에 눈이 **조금** 있다.	**Some(a little)** snow **is** on the roof.	There **is** some snow on the roof.
국에 소금이 **너무** 많았어.	Too **much** salt **was** in the soup.	There **was** too much salt in the soup.
그 숲 속에는 동물이 **없었다**.	**No** animals **were** in the forest.	There **were** no animals in the forest.
도시에는 나무가 **(거의)** 없다.	**No (Few)** trees **are** in the city.	There **are** few trees in the city.
이번 봄에는 비가 **(거의)** 없었다.	**No (Little)** rain **was** during this spring.	There **was** little rain during this spring.

☆ 하지만 인칭 대명사나 이름(I, you, we, they, he, she, it, this, that, Chulsu) 또는 특정한 명사를 지칭하는 한정사(my~, his~, their~, the~, this~, that~)가 있는 주어일 때는 유도부사를 사용하지 않습니다. 즉, 주어가 분명할 때는 유도부사를 사용하지 않습니다.

There **was** he / she / I / that / it / Chulsu.　(X)　➧ He / She / I / That / It / Chulsu **was** there.　(O)

There **is** my / your / our / Chulsu's / the / that house. (X)　➧ My / Your / Our / Chulsu's / The / That house **is** there. (O)

1	the건물 옆에 a작은 공원이 있어.	There is a small park beside the building.
2	지금 당장은 오직 한 가지 방법뿐이다.	
3	한국에는 몇 가지(several) 사투리들이 있다.	
4	the시스템에(in) 약간의 변화들이 있었지.	
5	어제 이 교차로에서 a교통사고가 있었다.	
6	우리 주위에는 다양한 가전제품들이 있지.	
7	두 가지 선택이 있을 수 있어.	
8	일 년 안에는 365일이 있지요.	
9	그녀의 목소리에는 두려움이 있었다.	
10	그 마을 앞에는 오래된 소나무들이 있었지.	
11	the세상에는 많은 종류의 사람들이 있습니다.	
12	the축제 동안에 a특별 콘서트가 있을 거야.	
13	뭔가 이상한 것이 있었다.	
14	우리들 사이에 a긴 침묵이 있었다. (흘렀다.)	
15	the밤하늘에는(in) 수백 개의 별들이 있었지.	
16	이 트레이닝 후에 자유시간이 있을 거다.	
17	2시쯤 a깜짝 이벤트가 있을 예정입니다.	
18	더 많은 노력들이 있어야 합니다.	
19	my집 근처에 a작은 서점이 있었어. * (이제 없다.)	
20	한국에 많은 야생 호랑이들이 있었었다. *	

* '예전에 있었지만 지금, 이제 없다(있었었다)'는 표현은 'There used to be ~'가 되겠지요. [There used to be a lake here.]

방법	way, method	다양한	diverse	축제	festival	더 많은	more
사투리	dialects	가전제품	home appliance	침묵	silence	노력	effort
시스템	system	선택	choice	수백 개의	hundreds of ~	서점	bookstore
교통사고	traffic accident	두려움	fear	트레이닝	training	야생의	wild
교차로	crossroad	특별 ~	special ~	깜짝 이벤트	surprise event		

~가 없다. ~가 있나요?

☆ '~이 없다'의 표현은 명사 앞에 'no, little, few'를 붙이거나 'not'를 사용합니다.

There is **no** mistake.	no +명사	실수가 없다	There is **not** a mistake.	be +**not**	실수가 없다
There was **no(little)** water.	no, little +명사	물이 (거의) 없었다	There was **not** enough water.	be +**not**	충분한 물이 없었다
There are **no(few)** books.	no, few +명사	책이 (거의) 없다	There are **not** many books.	be +**not**	책이 많이 없다

1 네 아이디어에는 새로운 것이 아무것도 없어.

2 ₜₕₑ창문 밖에는 아무도 없었지.

3 아무런 증거나 목격자가 없었어.

4 그것들 사이에는 아무런 차이가 없다.

5 ₜₕₑ버스 위에는 (no)빈자리들이 없었다.

6 내일 점심시간 후에는 (no)수업이 없을 거야.

7 더 이상의(no more) 폭력은 없어야 한다.

8 ₜₕₑ길 위에는 사람들이 거의 없다.

9 철수의 방에는 책이 거의 없었다.

10 ₜₕₑ연못에는 물이 거의 없어.

11 ₜₕₑ지난 두 달 동안 비가 거의 없었지.

12 충분한 시간이 없었어요. (not)

13 ₐ큰 차이는 없다. (not)

14 다행히, 많은 피해는 없었다. (not)

15 이 도시에는 충분한 숲들이 없어. (not)

'~가 있니?'라고 물을 때는 당연히 'Is there + 명사?'형태가 되겠지요.

16 순이에게서 any메시지가 있었니?

17 여기서 거기까지 ₐ셔틀버스가 있나요?

18 이 주위에 ₐ편의점이 있을까?

19 ₐ더 좋은 방법은 없었나요?

20 (no)방이 없나요?

증거	evidence	빈	vacant	폭력	violence	차이	difference	다행히	fortunately
목격자	witness	자리	seat	지난	past	피해	damage	메시지	message

셔틀버스	shuttle bus
편의점	convenience store

1 그녀의 유일한 취미는 정원 가꾸기야. 그래서, 봄마다 그녀의 작은 정원에는 아름다운 꽃들이 있어. (꽃들이 피어나지.)

2 어제저녁 the저녁 식탁에서˚ my부모님 사이에 a작은 말다툼이 있었거든. 그래서 지금은 the분위기가 안 좋아.

3 your답지에 실수들이 없는지를 다시 확인해 보는 편이 좋아요.

4 the시험기간 동안은, 심지어 토요일과 일요일에도˚ the도서관에 학생들이 너무 많아요. a빈자리 찾기가(to~) 쉽지 않지요.

5 the선생님께서 내 손을 잡고는 말씀하셨다. "걱정하지 마. 또 다른 좋은 기회가 있을 거야." 난 그저 태연한 척했다.

6 그 선생님의 수업 전에 충분한 시간이 없었고, **그래서** 난 그 숙제를 끝내는 걸 포기해 버렸어.

7 넌 the인터넷에서(on) UFO나 외계인 사진들을 본 적 있겠지. 그렇다면, 넌 the우주에 외계 생명체가 있다고 믿니?

정원 가꾸기	gardening	확인하다	check-ed	또 다른	another	~해 본 적 있겠지	may have pp
정원	garden	답지	answer sheet	태연하다	be indifferent	외계 생명체	alien life
말다툼	quarrel	시험기간	exam period	외계인	alien	그렇다면	then
분위기	mood	잡다	hold-held	사진	pictures		

8 우린 우리들 주위에 여전히 많은 굶주리고 있는 아이들이 있다는 것을 기억해야 합니다.

9 한 남자가 the전화로(on) 시끄럽게 이야기하고 있었다. 그는 그 버스 위에 다른 사람들이 있다는 것을 잊은 것 같았다.

10 지난번에, 우리는 우리 몸속에는 3가지 종류의 혈액 세포들이 있다는 것을 배웠지요. 그렇지요?

11 the인터넷 상에는 많은 틀렸거나 또는 부정확한 정보가 있다는 것을 이해하는 게(to~) 중요하지.

12 새벽 3시 쯤 약 30분 동안 the북쪽 하늘에 a유성우가 있을 거라는 걸 들었어. 난 그걸 보고 싶어.

13 the길 건너에 a편의점이 있어. 네가 거기서 물이랑 음료수 조금(some) 사 올래? (~할래? : Would you ~?)

14 목요일 밤부터 금요일 오후까지 영남 지방에 약간의 비가 있겠지만, (it) the주말 동안은 화창하겠습니다.

굶주리고 있는	starving	부정확한	incorrect	사 오다	buy-bought
이야기 하다	talk-ed	정보	information	음료수	soft drinks
혈액 세포	blood cell	유성우	meteor shower	영남 지방	Yeongnam area
틀린, 허위의	false	북쪽 하늘	northern sky	주말	weekend

3. 기타 전치사 : 이유, 방식, 등

기타 부사구

그는 자연에 대해 이야기했다.	He talked **about** the nature.
그는 널 위해서 무엇이든 할걸.	He will do anything **for** you.
이 이유로(때문에), 그는 죽었다.	**For** this reason, he died.
그는 부모님과 (함께) 산다.	He lives **with** his parents.
그는 블럭을 가지고 놀았다.	He played **with** plastic blocks.
그는 찬물로 샤워했다.	He took a shower **with** cold water.
그는 꿈도 없이 살아가고 있다.	He is living **without** a dream.
그는 자전거로 여기 왔다.	He came here **by** bike.
그는 손으로 이걸 만들었어.	He made it **by** hands.
그는 아버지처럼 이야기한다.	He talks **like** my father.
그는 바람같이 달렸다.	He ran **like** the wind.
그는 책을 베개로(처럼) 쓴다.	He uses the book **as** a pillow.
그는 널 친구로 생각 안 해.	He does not think you **as** a friend.
노력에도 불구하고, 실패했다.	**Despite** the effort, he failed.
그는 나 대신 거기 갔다.	He went there **instead of** me.
그는 나 때문에 늦었다.	He was late **because of** me.
너를 제외하고 모두 왔다.	Everyone came **except** (for) you.

기타 전치사

about ~	~에 대해, 관해서
for ~	~을 위해, ~로(향해)
	~때문에, ~(이유)로
with	~와,랑,하고 (함께,같이)
	~을 가지고(도구)
without ~	~ 없이(는)
by ~	~로(수단), ~에 의해
like ~	~처럼, 같이
as ~	~로서, ~로, ~처럼
despite ~	~에도 불구하고
instead of ~	~대신
because of ~	~때문에
except (for)~	~를 제외하고
	~외에는, ~말고는

be + 기타 전치사

이 책은 곤충에 대한 것이다.	This book **is about** insects.
이 책은 아이들을 위한 거야.	This book **is for** young children.
그 기차는 광주행이다.	The train **is for** Gwangju.
난 어제 철수와 함께 있었어.	I **was with** Chulsu yesterday.
일 분이 한 시간 같았다.	A minute **was like** an hour.
그녀는 아빠를 닮았어.	She **is like** her father.
그건 너 때문이야.	It **is because of** you.

'**be** + 기타 전치사'는 이런 의미를 표현합니다.

be about ~	~에 대한(관한) 것이다
be for ~	~를 위한 것이다 / ~행이다
be with ~	~와 함께 있다
be like ~	~같다, ~를 닮았다
be because of	~때문이다

기타 부사구

1	우리의 꿈들에 대해 **이야기해보자.**		**about**
2	넌 내 기분에는 신경 쓰지 않는구나.		
3	이 영화는 우리 이웃들에 대한 것입니다.		

4	넌 날 위해서 **뭘 할 수 있지?**		**for**
5	가끔, 우린 정의를 위해 싸워야 하지요.		
6	많은 이유로 숲을 보호하는 건(to~) 중요해.		
7	흡연은 your건강에 좋지 않아요.		
8	이 산은 봄에 진달래로 유명하지.		
9	이건 널 위한 거야.		
10	마침내, the기차는 the달을 향해 출발했다.		

11	**왜** 그 녀석들하고 어울려 다니고 있는 거야?		**with**
12	너하고 같이 a사진 찍을 수 있을까?		
13	비누로 your손을 씻으세요.		
14	my가슴은 기대감으로 울렁거렸다.		
15	음식 가지고 장난치지 마!		
16	더 이상 너랑 있고 싶지 않아.		

17	우리는 사랑 없이 살 수가 없네.		**without**
18	가끔, 난 아무(any) 이유 없이 짜증이 나.		
19	모든 것은 예외 없이 변하기 마련이지.		
20	내가 **어떻게** 김치 없이 밥 먹을 수 있겠어?		

이야기하다	talk-ed	정의	justice	산	mountain	사진 찍다	take a picture	장난치다	play-ed
신경 쓰다	care-ed	보호하다	protect-ed	유명하다	be famous	비누	soap	짜증 나다	feel irritated
기분	feelings	이유	reason	진달래	azaleas	울렁거리다	pound-ed	예외	exception
이웃	neighbor	건강	health	어울려 다니다	go around with~	기대(감)	expectation	밥 먹다	eat rice

1	그러면 우린 기차로 백두산에 갈 수 있지.	by
2	우린 리모컨으로 the로봇들을 조종합니다.	
3	난 실수로 그 파일을 삭제해 버렸다.	
4	난 우연히 the길에서 다시 그를 만났다.	
5	his or her외모로 a사람을 판단하지 마.	
6	3으로 21을 나눠봐. 그건 7이 분명해.	
7	213으로 그걸 곱해봐.	

8	너 a돼지 같아. (돼지처럼 보여.)	like
9	난 연아처럼 스케이트를 탈 수 있지.	
10	그녀도 다른 사람들처럼 행복하고 싶었다.	
11	아무도 너처럼 되길 바라지 않아.	
12	쟤들은 늘 저런 식으로 싸우냐?	
13	his아버지처럼, 그 역시 매우 영민했다.	

14	a범죄자로(처럼) 날 취급하지 마세요.	as
15	the외계인들은 a실험용 쥐로 널 사용하지.	
16	결과적으로, 그렇게 하는 건(to~) 불가능해.	
17	그는 날 a친구로 여기지 않는 것 같아.	
18	네 선생님으로서, 나 또한 책임감을 느껴.	
19	그녀는 a가난한 농부의 a딸로 태어났다.	
20	그들은 당연한 일로 그걸 받아들였다.	

리모컨	remote control	외모	appearance, looks	영민하다	be bright
삭제하다	delete-d	나누다	divide-d	취급하다	treat-ed
실수로	by mistake	곱하다	multiply-ied	실험용 쥐	lab rat
우연히	by chance	스케이트 타다	skate-d	범죄자	criminal
판단하다	judge-d	저런 식으로	like that	결과적으로	as a result

여기다	consider-ed
책임감	responsibility
태어나다	be born
받아들이다	accept-ed
당연한 일	a matter of course

| 1 | _{our}열정과 노력에도 , 우린 지고 말았다^(완료). | despite |

1 _{our}열정과 노력에도 , 우린 지고 말았다^(완료).　　　despite

2 _{my}할배는 _{his}연세에도 여전히 정정하셔.

3 _{its}부드러운 외모에도 불구하고, 빅은...

4 내 경고에도, 그는 계속 날 약 올렸다.

5 넌 이런 증거에도 그걸 인정하지 않니?

6 음료수 대신 물을 마셔.　　　instead of

7 너 나 대신 거기 들를 수 있겠어?

8 전자사전 대신 종이사전을 쓰는 게^(to~) 더 낫다.

9 초록 대신 파랑을 고른 건^(to~) 네 결정이었어.

10 그거 대신 이걸 시도해보는 게 어때?

11 내가 너 때문에 모든 걸 망칠 수는 없잖아!　　　because of

12 넌 _{your}외모 때문에 기죽을 필요 없어.

13 두통 때문에 오늘 학교 못 가겠어요.

14 넌 네가 나 때문에 실패했다는 뜻이야?

15 난 이게 분명 _{the}나쁜 날씨 때문이라고 생각해.

16 모두 나를 제외하고 행복해 보였다.　　　except for

17 난 _{his}얼굴 말고는 그에 대해 아무것도 몰라.

18 넌 이것 빼고는 뭐든_(anything) 가져도 좋아.

19 내 성적은 영어 말고는 그리 좋지 않았다.

20 철수 외에 _{the}교실에는 아무도 없었다.

지다	lose-lost	인정하다	admit-ted	결정	decision
정정하다	be strong	음료수	soft drinks	망치다	spoil-ed
경고	warning	들르다	stop by	기죽다	feel small
약 올리다	tease-d	더 낫다	be better	두통	headache
증거	evidence	전자사전	electronic dictionary	~뜻이야?	Do you mean~

기타 부사구

1 우린 the교실문 앞에서* 그 선생님의 이상한 헤어스타일에 대해 이야기하고 있었지. 그때, 갑자기, the문이 열리는 거야.

2 대부분의 사람들은 그들이 나중에 the가난한 사람들을 위해서 좋은 일들을 하고 싶다고 말하지요. **"지금이 아니라."**

3 결국 그 소년은 그 돈으로* his여동생을 위해 a작은 초콜릿 케이크를 사기로 결정하고는 a빵집으로 갔다.

4 다음날 아침 the가을 하늘은 구름 한 점 없이 맑고 푸르렀고, 참새들은 the감나무 위에서 즐겁게 지저귀고 있었다.

5 자전거로* 학교 가는 데는(to~) 단(only) 5분 밖에 걸리지 않아요. 게다가, 이건 my건강을 위해서도 좋지요.

6 the뒤에서(보면), 그는 his긴 머리 때문에* a여자처럼 보인다. 하지만, 사람들은 그의 험상궂은 얼굴에 놀라곤 하지. (종종 놀란다.)

7 저는 이미 14살 이지만, my부모님과 친척들은 여전히 a어린아이로 저를 보는 것 같아요. 난 그게 싫어요.

교실문	classroom door	지저귀다	twitter-ed	뒤에서	from the back
좋은 일	good thing	즐겁게	cheerfully	~에 놀라다	be surprised at~
구름 한 점	a speck of cloud	감나무	persimmon tree	험상궂은	tough-looking
참새	sparrow	게다가	moreover	친척	relative

8 the추운 날씨에도 불구하고, 많은 사람들이 시청광장 주위에 모였다. 그것은 촛불의 a바다 같았다.

_____

9 my아버지를 제외하고, 가족 모두는 그 야구 경기 대신 개그콘서트를 보고 싶었거든.

_____

10 난 his등 뒤에서˚ 누군가에 대해 나쁘게 말하는 것이(to~) 수치스럽다고 느꼈다. 그래서 난 조용히 my자리를 떴다.

_____

11 the선생님의 반복된 경고에도 불구하고, 그 두 녀석은 the수업 내내 계속 잡담하고 히히덕거렸다.

_____

12 이번 학기에, 난 방과 후 수업으로˚ 컴퓨터 수업 대신 the오카리나 수업을 선택하려고 해.

_____

13 이제 여러분은 your연필과 지우개를 제외하고 your책상에서(책상으로부터) 모든 것을 치워야만 합니다.

_____

14 날 위해˚ the도서관에서(from) 책 한 권 빌려줄 수 있겠어? 이번 금요일까지 a독후감을 제출해야 하거든.

_____

날씨	weather	가족 모두	all of my family	경고	warning
수많은	numerous	나쁘게 말하다	talk badly	잡담하다	chat-ted
모이다	gather-ed	등 뒤에서	behind one's back	히히덕거리다	giggle-d
시청광장	City Hall square	수치스럽다	be shameful	이번 학기	this semester
촛불	candlelight	반복된	repeated	오카리나	ocarina

방과 후 수업	after-school class
치우다	clear-ed
빌리다	borrow-ed
제출하다	submit-ted, hand-ed in

15 이 게임이 아이들을 위한 거라고요? (어린이 용이라고?) 이건 너무 폭력적이잖아요.

16 초등학교 때부터(since), 난 칠 년 동안˚ 순이랑 함께였어. (완료) 그래서, 난 (there) 우리 사이에는 비밀이 없다고 생각해.

17 모기들과 함께˚ 그 더럽고 냄새나는 방에서 자는 것(~ing)은 ₐ끔찍한 악몽 같았어요.

18 너도 이게˙ 나 때문이라고 생각해? 넌 내가 **얼마나 열심히** 노력해 왔는지(완료) 모르는 거야?

19 너무 자주 거친 타올로(가지고) your피부를 문지르는 건(to~) 좋지 않아. 넌 대신 ₐ가벼운 샤워를 하는 편이 좋아.

20 행복한 가정들 없이 ₐ행복한 사회를 만든다는 건(to~) 불가능하지요. ₐ행복한 가족은 우리 사회에(for) ₐ건강한 세포와 같아요.

21 그가˙ 손으로 이걸 그렸다는 걸 믿을 수가 없어. **어떻게** ₐ인간이 ₐ연필과 지우개만 가지고˚ 이렇게 그릴 수 있지?

~용이다	be for ~	모기	mosquito	샤워하다	take a shower
폭력적이다	be violent	악몽	nightmare	가벼운	light
~와 함께다	be with ~	문지르다	rub-bed	사회	society
비밀	secret	거친	rough	세포	cell
냄새나는	smelly	타올	towel	이렇게	like this

4. 비교급, 최상급에 필요한 전치사

한국어는 '~더, ~덜, ~가장'을 형용사나 부사 앞에 붙여 **비교급**과 **최상급**을 표현하지요.
영어는 '~er, ~est' 또는 'more, less, most'를 사용하여 비교급(더, 덜)과 최상급(가장)을 표현합니다.
또, 한국어는 '~만큼, ~처럼, ~같이, ~보다, ~중에, ~안에서'같은 **부사격조사**로 비교 대상을 나타내지요.
영어는 'as ~ as, than ~, of ~, among ~, in ~'같은 **전치사**로 비교 대상을 나타냅니다.

○ ~만큼, ~처럼, ~같이 | **as ~ as ~**

as + 형용사, 부사 + as ~

그는 아버지만큼(처럼) 크다.	He is **as tall as** his father.
너만큼(처럼) 빨리 달린다.	I run **as fast as** you.
이것도 저것만큼 맛있어 보여.	It also looks **as delicious as** that.

비교급과 최상급에 사용되는 전치사

as ~ as ~	~만큼, ~처럼, ~같이	비교
than ~	~보다	
of ~, among ~	~중에서	최상
in ~	~안에서, ~내에서	

○ ~보다 더, ~중에(서) 가장 | **than ~, of ~, among ~ , in ~**

형용사, 부사 ~er, ~est

그는 아버지보다 (더) 크다.	He is **taller than** his father.
그는 그들 중에서 가장 크다.	He is **the tallest of / among** them.
그는 그의 반에서 가장 크다.	He is **the tallest in** his class.
그는 나보다 (더) 무거워.	He is **heavier than** me.
그는 우리들 중에서 제일 ~	He is **the heaviest of / among** us.
그는 세상에서 제일 무거워.	He is **the heaviest in** the world.
넌 더 / 가장 빠르게 뛸 수 있어.	You can run **faster / fastest**.

more / less, most + 형용사, 부사

이게 돈보다 (더) 중요하다.	It is **more important than** money.
이게 건강보다 덜 중요하다.	It is **less important than** health.
이게 인생에서 가장 중요해.	It is **the most important in** life.
더 주의해서 읽어.	Read it **more carefully**.

[형용사와 부사의 비교급과 최상급]

접미어가 없는 형용사와 부사는 '~er, ~est'를 붙여 비교와 최상을 표현합니다. 즉, '~er, ~est'가 한국어의 '~더, ~가장'에 해당하는 것이지요.

원급	비교급(더)	최상급(가장)
old	old**er**	old**est**
large	larg**er**	larg**est**
easy	easi**er**	easi**est**
big	big**ger**	big**gest**

하지만 형용사형 접미어(~ive, ~ant, ~ent, ~ful, ~less, ~ic, ~al, ~ous, ~ble, ~ed, ~ing, 등)와 부사형 접미어(~ly)로 끝나는 형용사와 부사는 '~er, ~est'을 붙이지 않고 반드시 'more, less, most'를 사용해야 합니다.

beautiful	more beautiful	most beautiful
expensive	more expensive	most expensive
tired	more tired	most tired
boring	more boring	most boring
slowly	more slowly	most slowly

지금보다 **더 많은** 책을 읽어.	Read **more** books than now.
평소보다 물을 **더 많이** 마셔.	Drink **more** water than usual.
넌 **더 / 덜** 자야 해.	You have to sleep **more / less**.
누가 **가장 많이** 먹었어?	Who ate **the most**?
무엇을 가장 원하느냐?	What do you want **the most**?

또 비교급과 최상급이 따로 있는 경우도 있습니다.

many, much	more	most
little	less	least
few	fewer	fewest
good, well	better	best
bad, ill	worse	worst

PRACTICE		~만큼, ~처럼, ~같이 : as ~ as ~

1	난 이제 ₒᵤᵣ선생님만큼 키가 크다.	I am as tall as our teacher now.
2	모두 너만큼 피곤해. 그만 징징거려.	
3	부모님의 사랑은 ₜₕₑ바다만큼 깊고...	
4	난 너처럼 멍청하지는 않아.	
5	이번 시험은 지난 시험만큼 어려울 거야.	
6	ₜₕₑ보름달은 대낮같이 밝았다.	
7	그녀도 너만큼이나 심각해 보였어.	
8	내 몸이 구름처럼 가볍게 느껴졌다.	
9	ₜₕₑ날씨가 한겨울처럼 추워졌다.	
10	ₜₕₑ교실은 ₐ절간처럼 조용해졌다.	
11	ₘᵧ언니는 ₘᵧ아빠만큼이나 고집불통이야.	
12	이건 저것만큼 간단하지 않아.	
13	오늘은 어제처럼 덥지는 않을 거야.	
14	전 ₘᵧ형처럼 축구를 잘 하지는 못해요.	
15	난 국수만큼이나 김밥을 좋아해.	

16	저는 가능한 일찍 그걸 받아보고 싶어요.	I like to receive that as soon as possible.
17	되도록 신중하게 이 상자를 옮겨 주세요.	
18	난 가능한 많은 친구들을 만들고 싶었어.	
19	가능한 자주 웃어.	
20	가능한 힘껏 이걸 밀어.	

징징거리다	whine-d	절(간)	temple	밀다	push-ed
보름달	full moon	고집 세다	be stubborn	힘껏	hard
대낮	day	국수	noodles		
한겨울	midwinter	받아보다	receive-d		
조용한	silent	옮기다	move-d		

16 ~ 20	가능한, 되도록 ~ [as ~ as possible]	
	as soon as possible	가능한 빨리
	as fast as possible	가능한 빠르게
	as early as possible	가능한 일찍
	as many as possible	가능한 많이
	as much as possible	가능한 많이

더 ~, 가장 ~ : ~er, ~est

* '~보다'라는 비교 표현이 있으면 '더'라는 표현이 없어도 당연히 비교급을 사용해야 합니다.

1	수학이 나한테는(for) 더 쉬워.
2	더 무거운 돌이 물속에 더 빨리 가라앉아.
3	my엄마는 her나이보다 젊어 보여. *
4	누가 나보다 빠르게 달릴 수 있겠어? *
5	걱정 마. 내가 너보다는 훨씬 오래 살 거야. *
6	the물은 전보다 훨씬 더러워졌다. *
7	동물들은 the숲 속에서 더 행복할 거야.
8	그들은 더 높이 올라가는 것을 포기했다.
9	a더 좋은 방법이 있을 거야.
10	your아이들과 더 많은 시간을 보내세요.
11	무엇도(nothing) 빛 보다 빠르진 않아. *
12	아무도 나보다 똑똑하진 않아. *

최상급(가장) 형용사 앞에는 유일하다는 뜻으로 'the~'를 붙여줍니다. [the oldest, the deepest, the tallest, the coldest]

13	너희들 중에서 **누가** the가장 똑똑하냐?	Who is the smartest of/among you?
14	내가 우리들 중에서 the가장 힘이 세다.	
15	**어디가** 지구 상에서 the가장 추운 곳일까?	
16	문제 4번이 the시험에서 the가장 힘들었어.	
17	the가장 큰 벌이 the여왕이야.	
18	저것이 the하늘에서 the가장 밝은 별이지.	
19	지금이 내 인생에서 the가장 행복한 시간이야.	
20	**누가** 너희 반에서 the가장 키가 크냐?	

돌	stone	곳, 장소	place
가라앉다	sink-sank-sunk	힘들다	be hard
올라가다	climb-ed		
방법	way, method		
힘이 세다	be strong		

5 6 비교급을 강조하는 '훨씬'은 'much~, far~, a lot~'을 사용합니다.

She looks much younger than you.	훨씬 더 젊어 보여.
He has much more problems.	훨씬 많은 문제들
It is far more important.	훨씬 더 중요해.
These shoes are a lot more comfortable.	훨씬 더 편안해.

더 ~, 덜 ~, 가장 ~ : more ~, less ~, most ~

1	상상력이 지식보다* 훨씬 더 중요합니다.
2	내가 너보다는* 훨씬 더 잘 생겼지.
3	**왜** 사람들은 더 비싼 자동차들을 원할까?
4	그는 평소 보다* 훨씬 더 활기차 보였다.
5	안경을 쓰지 않는 게(not to~) 더 자연스러워.
6	난 점점 더 피곤하게 느꼈다.
7	the이야기가 점점 더 흥미로워지고 있군.
8	우린 옛날보다 a덜 위험한 세상에 살고 있나?
9	난 하루에 다섯 시간 보다 덜(적게) 잔다.
10	난 훨씬 더 쉽게 이 퍼즐을 풀 수 있어.
11	넌 나보다* 더 많이(more) 먹었잖아!
12	약간 더 천천히 말해. 못 알아듣겠어. *
13	어떤 것도 이것보다 중요하진 않아.

*못 알아 듣다 : I can't follow you.

14	거울아, **누가** the세상에서 the가장 아름답지?
15	**뭐가** 너한테 the제일 시급한 일일까?
16	네가 여기서 the제일 짜증 나는 사람이야.
17	요즘 the가장 인기 있는 영화가 **뭐야**?
18	부모 노릇이 the제일 어려운 직업이야.
19	난 the가장 기본적인 개념조차 몰랐다.
20	그건 the가장 끔찍한 경험이 될 거야.

상상력	imagination	흥미로워지다	get interesting	부모 노릇	parenting
지식	knowledge	옛날, 과거	the past	기본적인	basic
활기찬	energetic	시급한 일	urgent thing	개념	concept
평소	usual	짜증 나는	irritating		
점점 더	more and more	인기 있는	popular		

비교급과 최상급의 전치사 : as ~ as, than ~, in ~, of ~, among ~

1 가정 교육은 학교 교육만큼이나 중요합니다. 우린 좋은 가정교육 없이는 ₐ훌륭한 인물을 기대할 수 없습니다.

2 the가장 늙은 참나무가 속삭였다. "어떤(no) 살아있는 것들도 인간들만큼 이기적이지 않아." 난 부끄러웠다.

3 the선생님은 "진정해"라고 말씀하셨지만, 그녀 역시 우리들만큼이나 흥분된 것 같았다(보였다.).

4 넌 네가 그 녀석만큼 용감하다는 걸 증명하고 싶은 거야? 그 녀석은 용감한 게 아니라 어리석은 거야.

5 그 맛집은 항상 사람들로 붐볐지만, 이상하게 그곳은(it) 오늘은 평소처럼 붐비지 않았다.

6 the일기예보는 이번 주말은 오늘만큼 더울 거라고 말했어요. 철수네 가족은 벌써(이미) ₐ계곡으로 떠났다고요(완료).

7 넌 ₐ원어민만큼* 유창하게 영어를 말할 필요는 없어. the더 중요한 것은 네가 **무엇을** 말하고 있느냐 하는 것이지.

가정교육	home education	이기적이다	be selfish	증명하다	prove-d	평소처럼	as usual
인물	person	인간들	humans	어리석다	be foolish	일기예보	weather forecast
속삭이다	whisper-ed	부끄럽다	be ashamed	맛집	famous restaurant	유창하게	fluently
살아있는	living	흥분된	excited	붐비다	be crowded	원어민	native speaker

비교급과 최상급의 전치사 : as ~ as, than ~, in ~, of ~, among ~

8 다른 친구들이 밖에서 기다리고 있었다. 그래서 난 가능한 빨리 모든 걸 끝내야 했다.

9 그 녀석은 나보다 훨씬 키가 컸고, 그래서 난 그가 ₐ중학생이라고 생각했거든.

10 제주도는 한국에서 the가장 큰 섬이고 그것은 또한 the가장 유명한 관광지랍니다.

11 그가 우리 학교에서 the가장 엄한 선생님이라는 것은 사실이야. 하지만, 대부분의 학생들은 그를 좋아해.

12 대부분의 부모님들은 그들이 퇴근 후 또는 the주말 동안* their아이들과 더 많은 시간을 보내야 한다는 것을 알고 있어. 하지만...

13 your학창시절 동안 좋은 친구들을 사귀는 것(to~)은 the가장 중요하답니다.

14 한 조사에서(in), the학생들의(of) 약 30%는 그들이 the시험기간 동안* 하루에 5시간 보다* 적게 잔다고 대답했습니다.

섬	island	엄한	strict-er-est
유명한	famous	학창시절 동안	during school days
관광지	tourist attraction	조사	survey
사실이다	be true, be a truth	시험기간	the exam period

비교급과 최상급의 전치사 : as ~ as, than ~, in ~, of ~, among ~

---

15 ₍your₎자동차 대신 ₍the₎기차를 이용하는 것이⁽ᵗᵒ~⁾ 더 빠르고 안전해요. 게다가, 이것은 ₍the₎환경을 위해서도˙ 훨씬 더 좋고요.

---

16 ₍the₎세상에서 ₍the₎가장 큰 동물이 **뭔**지 아세요? 그건 ₍the₎흰긴수염고래랍니다. ₍its₎길이는 약 30m고 무게는 약 170톤이래요.

---

17 넌 다른 사람들이 너보다 운이 좋다고 느낄 수도 있어. 하지만, 너 자신을 다른 이들과 비교하는 건⁽ᵗᵒ~⁾ 현명하지 않아.

---

18 온 마음으로 네 가족을 사랑해봐. 그러면, 네 집이 ₍the₎가장 안락하고 편안한 곳이 될 거야.

---

19 지금 당장 ₍a₎결정을 내려야 하나요? 제가 더 진지하게 ₍my₎가족들과˙ 이것에 대해 이야기해 보는 편이 좋다고 생각해요.

---

20 그가 물었다. "넌 네 생일 선물로₍for₎ **무엇을** ₍the₎가장 갖고 싶니?" 난 막 대답하려고 했지만, 그 순간, 난 잠이 깨버렸다.

---

21 점점 더 많은 사람들이 더 편리한 삶을 살고 싶어 할 거고, 그러면 우리는 훨씬 더 빠르게 ₍our₎환경을 오염시켜야 할 거예요.

환경	environment	~와 ~를 비교하다	compare ~ with ~	편안한	comfortable	잠 깨다	awake-awoke
흰긴수염고래	blue whale	현명하다	be wise	결정 내리다	make a decision	편리한	convenient
길이 / 무게	length / weight	온 마음으로	with all your heart	심각하게	seriously	삶	lives
더 운 좋다	be luckier	안락한	restful	그 순간	at that moment	오염시키다	pollute-ed

5. 전치사가 필요한 동사와 형용사

영어의 일부 동사들은 한국어로 해석하면 목적어(~을,를)를 가질 수 있는 듯이 보이지만 목적어를 가질 수 없는 자동사인 경우가 있습니다.
이런 동사들은 전치사와 결합하여 목적어를 가질 수 있습니다.
즉, **전치사의 목적어를 동사 자신의 목적어처럼 사용**하는 것이지요.

널 기다리고 있었어.	I was **wait**ing **for** you.	(O)
	I was **wait**ing you.	(X)
난 늘 널 생각해.	I always **think of** you.	(O)
	I always **think** you.	(X)
나를 쳐다보지 마라.	Don't **look at** me.	(O)
	Don't **look** me.	(X)
난 그녀의 말을 듣지 않았다.	I didn't **listen to** her.	(O)
	I didn't **listen** her.	(X)
나에게 신경 쓰지 마라.	Don't **care about** me.	(O)
	Don't **care** me.	(X)

형용사는 동사가 아닙니다. 따라서 형용사는 목적어를 가질 수 없지요.
하지만 'be + 형용사'의 의미가 목적어를 필요로 하는 경우가 있습니다.
이런 경우 **형용사**가 목적어를 가질 수 있게 해 주는 품사 역시 전치사입니다.

뱀을 무서워하는 것 같구나.	You look **afraid of** snakes.	(O)
	You look **afraid** snakes.	(X)
그는 부모님을 자랑스러워해.	He is **proud of** his parents.	(O)
	He is **proud** his parents.	(X)
그는 축구를 잘한다.	He is very **good at** soccer.	(O)
	He is very **good** soccer.	(X)
나는 음악에 관심 있었어.	I was **interested in** music.	(O)
	I was **interested** music.	(X)
이건 긴 꼬리로(때문에) 유명해.	It is **famous for** its long tail.	(O)
	It is **famous** its long tail.	(X)

자동사 + 전치사

care about ~	~를 신경 쓰다, ~에 관심 있다
care for ~	~을 좋아하다 / ~을 돌보다
think of ~	~을 생각하다 / 생각 나다
dream of ~	~를 꿈꾸다, 상상하다
deal with ~	~을 다루다. 처리, 대하다
depend on ~	~을 의지하다, ~에 달려있다
insist on ~	~을 주장, 고집하다
listen to ~	~를 듣다. 귀 기울이다
look for ~	~을 (어디 있는지) 찾다
look at ~	~을 (바라,쳐다)보다
laugh at ~	~을 비웃다, ~을 보고 웃다
succeed in ~	~에 성공하다
worry about ~	~을 걱정, 염려하다
wait for ~	~을 기다리다

형용사 + 전치사

be afraid of ~	~을 무서워, 두려워하다
be ashamed of ~	~이 부끄럽다, 창피하다
be proud of ~	~이 자랑스럽다
be tired of ~	~에 지치다, 질리다, 지겹다
be sure of ~	~을 확신하다, 확실히 알다
be made of ~	~로 만들어지다
be full of ~	~로 가득하다
be good at ~	~에 능숙하다, 잘하다
be poor at ~	~에 서툴다, 잘 못하다
be interested in ~	~에 관심 있다
be famous for ~	~로 유명하다
be different from ~	~와 다르다
be absent from ~	~에 결석하다
be satisfied with ~	~에 만족하다
be disappointed with	~에 실망하다

☆ 전치사는 항상 목적어를 가집니다. 이런 특징 때문에 목적어가 필요한 자동사 또는 형용사는 전치사의 힘을 빌리는 경우가 많습니다.
전치사가 자동사 또는 형용사와 함께 쓰일 때 우리가 알고 있는 전치사의 의미가 그대로 사용되는 경우라면 따로 공부해 둘 필요는 없습니다.
하지만 우리가 알고 있는 전치사의 의미와 다른 전치사를 사용하는 경우는 자주 사용하여 익숙하게 해 둘 필요가 있는 것이지요.

1	저는 신경 쓰지 마세요.
2	난 저런 종류의 스타일은 좋아하지 않아.
3	누가 이 강아지를 돌보아야 하나요?
4	어젯밤에 ₐ용 꿈이라도 꾼 거야?
5	넌 한국 사람들을 **어떻게** 생각하냐? *
6	갑자기 난 네가 생각났어.
7	그런 식으로* 그를 대하는 건^(to~) 안 좋아.
8	이 문제를 **어떻게** 다뤄야 할지 모르겠어.
9	그들의 도움에 의지하지 마라.
10	네 미래가 ₍your₎성적에 달려있는 건 아니야.

* '어떻게 생각해?'는 'How do you think of~?'가 아닌 'What do you think of~?'를 사용합니다.

11	넌 더 이상 그것을 고집해서는 안돼.
12	우린 그저 그의 말₍him₎을 듣는 척했어. *
13	네 불평들을 듣고 싶지 않거든. *
14	**뭘** 찾고 있니? ₍my₎휴대폰을 찾고 있어요. *
15	**왜** 그런 식으로* 날 쳐다보는 거야? *
16	넌 다른 친구들 앞에서* 날 비웃었어.
17	제 걱정은 마세요. 전 괜찮아요.
18	그는 **어떻게** 이 사업에 성공했을까요?
19	**왜** 날 기다리지 않은 거야?
20	우리가 그때까지* 널 기다리는 건 말이 안 돼.

* 'see, hear'는 주목하지 않아도 '보이다, 들리다'의 의미입니다.
하지만 'look at~, listen to~'를 사용하면 '주목해서 보거나 듣는다'는 의미가 됩니다.
'find'는 '발견하다'라는 의미이지만 'look for~'는 '어디 있는지 몰라서 **찾다**'라는 의미입니다.

용	dragon	미래	future	불평	complaint	사업	business
그런 식으로	like that	성적	grades	괜찮다	be fine, be ok	그때까지	until then

1	그는 네 무관심이 **두려웠을지도 몰라**. (might)
2	난 더 이상 저 녀석이 **무섭지 않아**.
3	가끔 그는 그 자신이 **부끄럽게 느껴졌다**.
4	난 내 지난 행동들이 너무 **부끄러웠다**.
5	전 늘 제 부모님들이 **자랑스러워요**.
6	당신의 나라가 **자랑스럽습니까**?
7	전 _{my}엄마의 끝없는 잔소리에 **질렸어요**.
8	_{your}승리를 **확신하시나요**?
9	네 의도를 **확실히 모르겠구나**. (be sure of)
10	한옥은 나무와 흙으로 **만들어집니다**.

11	모든 것은 순금으로 **만들어져 있었다**.
12	그의 얼굴은 근심으로 **가득했다**.
13	전 제가 수학을 **꽤 잘 한다고** 생각해요.
14	난 다른 스포츠는 **잘 못해**. (서툴러.)
15	저 녀석에게 **관심 없거든**.
16	제주도는 한라산으로 **더 유명합니다**.
17	독감 때문에 저번 월요일에 학교에 **결석했어**.
18	_{the}결과에 **만족하시나요**?
19	사실, 저는 _{the}결과에 매우 **실망했습니다**.
20	철수는 그의 형과는 아주 **달라요**.

무관심	indifference	승리	victory	근심	anxiety
지난 행동	past behavior	의도	intention	스포츠	sports
나라	country, nation	나무(목재)	wood	독감	flu
끝없는	endless	흙	earth	결과	result
잔소리	nagging	순금	pure gold		

전치사가 필요한 동사와 형용사

1 **어디** 있었던 거야? (완료) 넌 네가 3시까지 그 서점 앞에서 날 기다릴 거라고 말했잖아.

_____

_____

2 그 다큐멘터리는 지구 온난화와 그것의 영향들을 다루고 있었다. 난 곧 지겨워지기 시작했다.

_____

_____

3 엄마는 화나서 우릴 쳐다보고는 ₐ날카로운 목소리로(in) 말했다. "the TV 꺼." ─ 그녀는 ₐ마귀할멈처럼 보였다.

_____

_____

4 my엄마와 난 아침 마다 이 프로그램 듣는 걸 좋아해요(enjoy). 그래서, the라디오는 항상 이 채널에(on) 고정되어 있어요.

_____

_____

5 내가 지난밤 ₐ황금돼지 꿈을 꿨다. 그래서 아빠는 그가 오늘 퇴근길에 ₐ복권을 살 거라고 말씀하셨다.

_____

_____

6 그 순간, 원효는 모든 것이 마음에 달려 있음을 깨달았다. 그는 중국으로 가지 않기로 결정하고 신라로 돌아왔다.

_____

_____

7 넌 전혀 다른 사람들의 기분을 신경 쓰지 않고 그저 네 권리만을 주장하는구나.

_____

_____

다큐멘터리	documentary	화나서	angrily	고정되다	be fixed	퇴근길에	on one's way home from work
지구 온난화	global warming	날카로운	sharp	채널	channel	~로 돌아오다	come back to~
영향	effect	끄다	turn off	황금돼지	golden pig	전혀	at all
지겹다	be bored	마귀할멈	witch	복권	lottery ticket	권리	rights

8 그 젊은이는 his용기를 내어 the사람들에게 그의 구상을 설명했다. 하지만, 한 남자를 제외하고, 모두들 그를 비웃었다.

9 요즘 점점 더 많은 부모님들이 their아이들의 학교생활에 대해 걱정하십니다. 특히, 학교폭력은 the가장 심각한 문제고요.

10 저의 부모님들은 늘 늦게* 집에 오셨고, 그래서 my할머니께서 방과 후에* 저를 돌보아 주시곤 하셨어요.

11 난 my조카한테 'the호랑이와 곶감'을 읽어주고 있었거든. 그런데(and) a호랑이가 곶감을 무서워한다는 게 아주 웃긴 거야.

12 그는 his가난한 부모님들이 부끄러웠지만, 나중에 그는 그들의 정직하고 진실된 삶을 자랑스러워하게 되었지.

13 my엄마는 할머니한테 가셨고 my아버지와 난 일주일 동안 곰국을 먹고 있어. (완료진행) 난 이제 곰국에 질렸어.

14 그녀의 소설은 상상력으로 가득했고, 곧 나 역시 다른 친구들처럼* 그녀의 작품들에 관심을 가지게 되었습니다.

용기를 내다	gather one's courage	학교폭력	school violence	진실된	sincere
구상	idea	곶감	dried persimmon	~에 질리다	be sick of~
학교생활	school lives	조카	nephew, niece	상상력	imagination
특히	especially	웃기다	be funny	관심 갖게 되다	become/get interested

15 그들은 그 로션이 천연 재료들로 만들어져 있고, 그래서 이것이 the피부에 해롭지 않다고 설명했다.

16 난 이번 방학 동안에 my언니하고 같이 수영을 배우기로 결정했어. 우리 둘 다 수영을 잘 못하거든.

17 대부분의 사람들은 오직 한 사람을 제외하고 a좋은 결과를 확신하는 듯 보였다.

18 거미들은 곤충들과 달라. 곤충들은 여섯 개의 다리가 있지만, 거미들은 여덟 개의 다리가 있지.

19 엄마는 "난 네가 a미열이 있다는 건 알겠지만, 학교를 결석하는 건(to~) a좋은 생각이 아니야."라고 말했다.

20 the결과에 실망할 수도 있어요. 그러니까(so) 저한테서 너무 많은 기대는 하지 마세요. (너무 많이 기대하지 마세요.)

21 난 내 그림에 만족할 수 없었어. 그래서 난 처음부터 다시 그리기 시작했지. 난 the시간이 충분하다고 생각했거든.

로션	lotion	우리 둘 다	both of us	기대하다	expect-ed
천연의	natural	거미	spider		
재료	material	곤충	insect		
해롭다	be harmful	미열	mild fever		

전치사(preposition)가 어떤 기능을 하기 위해서는 반드시 **목적어**(Object of preposition: Op)가 필요하고 **명사 시리즈**가 Op로 사용되겠지요. 하지만 명사 시리즈 중 부정사 만은 Op로 사용되지 않습니다. (부정사의 'to'는 전치사에서 빌려온 것이기 때문에 전치사 뒤에 쓰면 어색합니다.)

즉, 명사, 명사구, 명사절, 동명사가 Op로 사용됩니다. 여기서는 특히 동명사와 명사절을 Op로 사용해 보도록 하겠습니다.

~하는 것, ~기, ~함 + 부사격조사	전치사 + 동명사, 명사절	전치사의 목적어(Op)
수영함으로써(수영해서) 살을 뺄 수 있어.	You can lose weight **by swimming**.	전치사+동명사
오늘 **외출하는 것은**(에 대해) 생각도 하지 마.	Don't even think **of / about going** out today.	전치사+동명사구
그는 **아무것도 말하지 않고** 떠났다.	He left **without saying** anything.	전치사+동명사구
난 **감정 표현을** 잘 못해.	I am not good **at expressing** my feelings.	전치사+동명사구
늦어서 미안했다.	I was sorry **for being** late.	전치사+동명사구
친구를 고를 때 주의해라.	Be careful **in choosing** your friends.	전치사+동명사구
그는 **읽을 수 없는 것이** 부끄러웠다.	He was ashamed of **not being** able to read.	전치사+동명사구
나는 **네가 내 친구라는 것이** 자랑스럽다.	I am proud of **that** you are my friend. (X) 'that'절 앞의 전치사는 생략	~~전치사~~+명사절(that)
나는 **네가 내 친구라는 것이** 자랑스럽다.	I am proud **that** you are my friend. (O)	~~전치사~~+명사절(that)
우리가 가야 할지에 대해서 이야기해보자.	Let's talk about **whether** we should go.	전치사+명사절(whether)
무엇을 해야 할지에 대해 생각해보자.	Let's think about **what** to do.	전치사+명사절(의문사+to~)

☆ 동사는 반드시 **동명사(~ing)**의 형태로 바꾸어 Op로 사용합니다. 다음의 표현들은 꼭 익혀두세요. 아주 유용합니다.

by	~ing	~함으로써, ~해서, ~에 의해
without	~ing	~하지 않고, ~하는 것 없이
instead of	~ing	~하는 대신, ~하지 말고
for	~ing	~하기에(위해), ~한 것 때문에(대해)
in	~ing	~하는데 (있어서), ~할 때

☆ **명사절**을 Op로 사용할 때는 두 가지를 주의해야 합니다.

1. **'that'절 앞의 전치사는 생략**한다.
2. **'if' 대신 'whether'**을 사용한다.

I think of (**that**) he is a good person. 　(전치사 생략)

I was sure of (**that**) she would come. 　(전치사 생략)

Don't worry about (# / **whether**) they will come.

That depends on (# / **whether**) you can do it or not.

☆ **명사 시리즈 중 부정사를 제외한 명사, 명사구, 명사절, 동명사**가 전치사의 목적어(Op)로 사용될 수 있습니다.

	문장성분		품사	구	절	준동사		
MAP	**주어**		**명사**	**명사구**	**명사절**	**동명사**		~~부정사~~
	동사		동사					
	전치사의 목적어		형용사					
	보어		부사					

전치사 + 동명사

준동사는 문장을 쓰듯이 순서에 주의해야 합니다.	다른 친구들과³ 네 생각에 대해² **이야기 해 봄**¹으로써 **by** ¹talking ²about your thoughts ³with other friends
	이번 토요일에³ 그 벽에² **꽃을 그리는 것**¹에 대해서 **about** ¹painting flowers ²on the wall ³this Saturday

1 요즘, 사람들은 컴퓨터를 이용해서^(함으로써) 많은 것들을 할 수 있지요.

2 먹지 않음으로써^(먹지 않고) 살을 빼는 것은^(to~) 어리석을 뿐만 아니라 위험합니다.

3 우린 유심히 그 또는 그녀의 말을 들어주는 것만으로도 **누군가를 도와줄 수 있습니다.** (~하는 것 만으로, 단지 ~함으로써 : just by ~ing)

4 저희 어머니는 항상 뚱뚱해지는 것을^(것에 대해) 걱정하세요.

5 네 형이랑 같이 태권도를 배워보는 게^(것은) 어때? (~하는 게 어떠냐? : **How** about ~ing? **What** about ~ing?)

6 엄마가 나에게_(at) 소리쳤다. "_{the} 컴퓨터는 켤^(켜는 것에 대해) 생각도 하지 마!" (~도, ~조차도 않다. : not even~)

7 난 _a영화 보러 가는 것에 대해서˚ _{the}˚전화로˚ 수민이와 **이야기하고 있었어.**

8 그 녀석은 나한테 사과도 하지 않고^(사과도 없이) 거기에 앉았다. 그래서 난 그 녀석을 노려봤다.

9 이 개념을 이해하지 않고^(이해 없이) 이 문제를 푸는 것은^(to~) 불가능해.

10 넌 아무것도_(anything) 하지 않고 _{the}문제에 대해서 그저 불평만 하고 있잖아.

위험하다	be dangerous	영화 보러	to a movie	개념	concept
유심히, 잘	closely	사과하다	apologize-d	불평하다	complain-ed
뚱뚱해지는 것	being fat	노려보다	stare-d at	문제	matter

11 넌 그것을 피하지 말고^(피하는 것 대신) the현실에 맞서야 해.

12 우리가 여기서 그들을 기다리는 대신 먼저 가는 편이 좋을 것 같아^(I think that ~).

13 나중에 핑계대지 말고 네가 지금 해야 하는 **것**을 끝내라.

14 난 "늦어서^(for) 죄송합니다."라고 말했지만, 아무도 날 쳐다보지 않았다.

15 걱정 마. 그들은 실수 하나 했다고^{(한 것 때문에)(for)} 널 야단치진 않을 거야.

16 그녀는 쌀쌀맞게 나를 대한 것을^(for) 사과했다.

17 난 이번에는 살 빼는 데^(빼는 것에) 성공하고 싶어^(hope).

18 넌 혼자 네 시간을 쓰는데^(쓸 때) 현명할 필요가 있어.

19 **왜** 사람들은 the달에 가는 것을^(of) 꿈꾸기 시작했을까요?

20 그 신발의 the색은 the모니터로_(on) 그것을 보는 것과는 너무 달랐다.

맞서다	face-d	대하다	treat-ed
현실	reality	쌀쌀맞게	coldly
핑계 대다	make excuses	현명하다	be wise
야단치다	scold-ed		
~을 사과하다	apologize for~		

17
19
20
[동사/형용사+전치사]표현이 동명사와 어울리는 경우가 많지요. 특히 '~하는 것, ~하기'같이 동사가 목적어로 사용될 경우 당연히 동명사와 결합하게 됩니다.

I **dream of flying** in the sky.	하늘을 나는 것을
I **succeeded in finding** it.	그것을 찾는데(것에)
I am afraid **of seeing** him again.	그를 다시 보는 것이
I am tired **of being** with you.	너랑 있는 (것에)

21 넌 **왜** 날 따라오겠다고^(on) 고집하는 거야? 그냥 집에 있어(머물러.).

22 약 한 시간 후, 그들은 그 막대기들을 문질러* 불을 만드는데⁽ⁱⁿ⁾ 성공했다.

23 네 일하는데나^(about) 신경 써. (~하는 것에나 : just ~) 난 혼자서 이걸 처리할 수 있어.

24 대부분의 연예인들은 항상 _{their}인기를 잃는 것에 대해서 걱정해야 한단다.

25 넌 한국인인 것이^(of) 자랑스럽니? 가끔, 난 그게 부끄럽게 느껴져.

26 난 또다시 그렇게 좋은 기회를 놓치는 것이^(of) 두려웠어. 그래서 난 그들에게 거짓말을 하고 말았지.^(완료)

27 너희는 _{your}친구를 돕지 않는 것이^(of) 부끄럽지도 않아?

28 이제 난 _{my}엄마의 잔소리를 듣는 것에^(of) 지쳤다.

29 그는 다른 사람들의 _{the}기분을 배려하는 것에^(at) 서툴렀다.

30 사실, 난 걔네들과 노는데⁽ⁱⁿ⁾ 관심 없었어.

31 우리 선생님은 매우 엄하게 _{his}학생들을 다루는 것으로^(for) 유명하시지.

머무르다	stay-ed	네 일	your job	인기	popularity	기회	chance	기분	feelings
문지르다	rub-bed	연예인	entertainer	놓치다	miss-ed	잔소리	nagging	다루다	treat-ed
막대기	stick	잃다	lose-lost	그렇게 ~한	such ~	배려하다	consider-ed	엄하게	strictly

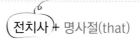

전치사 + 명사절(that)

that 절 앞의 전치사는 대부분 생략합니다. 또, 전치사의 목적어로 사용된 that 절은 '~하는 것, ~고' 외에도 '~해서, ~라서, ~할까 봐' 등의 의미로도 사용될 수 있습니다.

I am afraid (that) you won't come.	오지 않는 것이(오지 않을까봐)
I was surprised (that) she didn't come.	오지 않은 것에(오지 않아서)
I am ashamed (that) I couldn't help him.	그를 돕지 못한 것이(돕지 못해)
I worry (that) there is no water.	물이 없을까

1 그들이 날 믿어주지 않을까 두려웠어요. (믿어주지 않을 것이 두려웠다.)

2 내가 the아침에 my어머니께 심한 말을 했던 것이 미안했다. (~에게 심한 말을 하다. : say harsh things to~)

3 난 그녀가 나를 무시하고 있는 것이 정말로 화가 났어.

4 우리 가족은 우리가 the큼직한 감자들을 수확할 수 있어(있는 것이) 기뻤습니다. (기쁘다. : be happy, be pleased)

5 사실 난 그가 그렇게 소심한 것에 약간 놀랐어. (놀라다. : be surprised)

6 난 네가 날 위해 이렇게(such) 멋진 선물을 준비할 거라고는 전혀 꿈꾸지 않았어.

7 난 the물이 너무 깊을까 걱정되기 시작했다.

8 그는 그가 그것에 대해 거짓말을 하지 않았다고(완료) 주장하고 있어요. 하지만...

9 철수는 그가 두 골을 넣은 것이 자랑스러웠지.

10 그녀는 사후세계가 있다고 확신하는 것 같아. (확신하다. : be sure)

무시하다	ignore-d	잘 익은	ripe	준비하다	prepare-d	사후세계	afterlife
수확하다	harvest-ed	소심하다	be timid	골을 넣다	score goal		

11 　우린 이것이 옳은지 아닌지에 대해서 말다툼할 필요가 없어.

12 　넌 네가 **누구**인지에 대해서 생각해본 적 있니?

13 　_{my}누나는 그녀가 먹는 **것**에 대해 무척 까다롭거든.

14 　_{the}세계평화를 위해 **무엇을** 할지에 대해 이야기해보자고.

15 　난 그 파티에 갈지 아닐지^(of) 확실하지 않아.

16 　사람들은 **왜** 그녀가 거기서 울고 있는지⁽ⁱⁿ⁾ 관심 없어 보였습니다.

17 　모든 것은 네가 **어떻게** 생각하고 처신하느냐에 달려있지.

18 　당신은 당신이 있는 곳^(where)에 만족하시나요?

19 　걔네들은 내가 **얼마나** 무식한지를^(at) 비웃고 있을지도 몰라.

20 　이리 와서 내가 널 위해 **무엇을** 만들었는지^(at) 봐라.

말다툼하다	argue-d
옳다	be right
까다롭다	be choosy
세계평화	world peace
처신하다	behave-d
무식하다	be ignorant

14
15 whether, 의문사 명사절에 주어가 없다면 'whether **to**~, 의문사 **to**~'의 형태로 표현해야 하겠지요.

내가 가야 하는지 아닌지	I am thinking about **whether I** should go or not.
가야 하는지 아닌지	I am thinking about **whether to** go or not.
그가 그들을 위해 무얼 해야 할지	He was not sure of **what he** had to do for them.
그들을 위해 무얼 해야 할지	He was not sure of **what to** do for them.

울지마라. 다들 그렇게 살아가고 있어

날마다 어둠 아래 누워 뒤척이다, 아침이 오면

개똥 같은 희망 하나 가슴에 품고 다시 문을 나서지   (소주 한잔했다고 하는 얘기가 아닐세... 中/ 백창우)

Don't cry. Everyone is living like that

Every day, lying under the dark, I toss and turn, and when the morning comes,

with a hope like shit in my heart, again I step out the door

[영어의 전치사는 부사구, 형용사구의 두 가지 기능으로만 사용됩니다.] -- [작문프로젝트 2권 92p]

@ '그렇게, 저렇게, 그런 식으로'는 'like that'으로 표현했습니다. '이렇게, 이런 식으로'는 'like this'라고 하면 되겠지요.
   이때 'like that'은 동사(living)을 수식하니까 기능상 부사구라고 부르게 됩니다.

   – **Don't say** like that. (그렇게 말하지 마.)
   – **Move your hands** like this. (이렇게 네 손을 움직여 봐.)
   – **You talk** like my father. (넌 아부지처럼 말하는구나.)

@ '개똥 같은 희망 하나'는 'like shit'이 명사 hope 를 꾸며주지요. 따라서 기능상 형용사구라고 부르게 됩니다.

   – **a house** like that (저런 집) – **a person** like you (너 같은 사람) – **a song** like this (이런 노래)

– 난 그렇게 말하지 않았어.	- I didn't say like that.
– 누가 저런 집에서 살고 있을까?	- Who is living in a house like that?
– 와! 너 학생 같아. (학생처럼 보여)	- You look like a student.
– 당신은 별 같은 눈을 가졌구려.	- You have eyes like stars.
– 당신의 죽음에 대해서 생각해 봐요.	- Think about your death.
– 이건 죽음에 대한 책이야.	- This is a book about death.
– 널 위해서 모든 것을 포기할 수 있어.	- I can give up everything for you.
– 이게 평화를 위한 전쟁이라고? 헛소리!	- Is it a war for peace? Bullshit!
– 난 너랑 같이 거기 갈 거야.	- I will go there with you.
– 우린 돈으로 사랑을 살 수는 없어요	- We can't buy love with money.
– 그녀는 따뜻한 마음을 가진 소녀였어.	- She was a girl with a warm heart.

영어는 문장에 접속사를 붙여 절(clause)를 만듭니다. 이미 명사절에서 공부했었지요.

이제 부사절 접속사를 사용해 **문장**(sentence)을 **부사절**(adverb-clause)로 바꾸는 방법을 익혀 보도록 하겠습니다.

부사절(adverb-clause)이란 기능은 부사와 같고 형태는 절(clause)이라는 뜻이지요.

한국어는 **종결어미**(~다)를 부사형 어미(~때, ~하기 때문에, 등)로 바꾸어 부사절로 만들고, 영어는 부사절 접속사를 사용합니다.

따라서 우리는 **한국어의 부사형 어미에 알맞은 부사절 접속사**만 잘 익혀 두면 쉽게 부사절을 활용할 수 있게 되는 것이지요.

한국어(종결어미 변화)	영어(접속사 변화)	
나는 그 영화를 **봤다**.	**I saw the movie.**	문장
어미 변화	[접속사+문장]	부사절
내가 그 영화를 봤을 때(볼 때)	**when** I saw the movie	
내가 그 영화를 보면서(볼 때)	**as** I saw the movie	
내가 그 영화를 보는 동안(볼 때)	**while** I saw the movie	
내가 그 영화를 볼 때 마다	**whenever** I saw the ~	
내가 그 영화를 보자마자	**as soon as** I saw the ~	
내가 그 영화를 본 후(에)	**after** I saw the movie	시간
내가 그 영화를 보기 전(에)	**before** I saw the movie	
내가 그 영화를 볼 때까지	**until** I saw the movie	
내가 그 영화를 본 이래로	**since** I saw the movie	
(일단) 내가 그 영화를 보면	**once** I saw the movie	
내가 그 영화를 봤기 때문에(으니까)	**because / as, since** I ~	이유
내가 그 영화를 본 것처럼(대로)	**as** I saw the movie	방식
(비록) 내가 그 영화를 봤지만	**although / though** I ~	양보
내가 그 영화를 본 반면(에)	**while** I saw the movie	대조
내가 그 영화를 본 곳에(서)	**where** I saw the movie	장소
네가 그 영화를 본다면(보면)	**if** you see the movie	조건
내가 그 영화를 보려고(보기 위해)	**so that** I can see the ~	목적
내가 그 영화를 볼 수 있을 정도로	**so free** (**that**) I can see ~	정도
너무 한가해서 그 영화를 봤다.	**so free** (**that**) I saw the ~	결과

부사절 접속사	
when	~할 때, ~하면
as	~하면서, 한 채로, 할 수록
while	~하는 동안, 사이, 하다가
whenever	~할 때 마다, 언제든
as soon as	~하자 (마자)
after	~한 후(뒤)에, ~하고 나서
before	~하기 전에
until	~할 때까지
since	~한 때(후)부터, 이래로
once	일단 ~하면
because, as, since	~니까, 해서, ~기 때문에
as	~한 대로, 처럼, 듯이, 시피
although though	(비록) ~지만, ~에도 불구하고
while	~하는 반면
where	~하는 곳에
wherever	~하는 곳 마다, 어디든
if	~하면, 한다면
so that	~하게, 하도록, 하려고
so ~ that	~할 정도로(만큼)
so ~ that	아주(너무) ~해서 ~하다.

'when, as, while' 은 모두 '~할 때'의 의미로 두 가지 일이 동시에 일어남을 표현할 수 있습니다.
다만 의미가 조금씩 다르기 때문에 흔히 '~할 때(when), ~하면서, 한 채로(as), ~하는 동안(while)'으로 구분해 사용하는 것이 좋습니다.

When/As/While I was there, I was happy.	내가 거기 있을 때, 난 행복했어.
When I was five, we lived there.	내가 다섯 살 일 때, 우린 거기 살았어.
While I was studying, you were watching TV.	내가 공부하고 있는 동안, 넌 TV를 보고 있었어.
My mom was sleeping, **as** she wore glasses.	엄마는 안경을 끼고(낀 채로) 자고 있었다.

'becasue, as, since' 모두 이유를 표현합니다. 하지만 'as, since'는 이미 알고 있거나 상식적인 이유를 표현할 때 주로 사용하고, 'because'는 새롭거나 중요한 이유를 표현할 때 사용합니다.

Because I have lost the money, I can't go.	내가 돈을 잃어버려서, 난 갈 수 없어.	(상대가 **몰랐던 이유**)
I will stay home **as** I have no money.	난 내가 돈이 없으니까 집에 있을게요.	(상대가 **알고 있는 이유**)

'**if**'절은 '내가 너라면, 토끼 머리에 뿔이 나면'처럼 '**사실이 아닌** 또는 **불가능한 일**'을 표현해야 할 경우가 있습니다.
이때 '**if**'절의 동사는 불가능한 일임을 표시하기 위해 현재 대신 과거시제를 사용합니다. 물론 동사의 의미는 현재입니다.

그러면 '**if**'절의 동사가 가능한 과거의 일을 표현하는 경우와 같아 과거의 일인지 헷갈릴 수 있겠지요.
그래서 '**if**'절이 '**사실이 아닌 현재임**'을 표시하려고 문장의 동사(~다) 앞에 '**would, could**'로 표시해 줍니다.
즉, '**would, could**'는 '**if**'절이 사실이 아니거나 사실일 수 없는 어떤 상황을 가정하고 있다는 것을 표시해 주는 장치인 셈이지요.

If he **comes**, I will be happy.	그가 온다면, 난 기쁠 거야.	(가능성 있는 **현재**)
If he **came**, I will not go there.	그가 왔다면, 난 거기 가지 않겠어.	(가능성 있는 **과거**)
If he **came**, I **would** be happy.	그가 **오면**(올 가능성이 없다.), 난 기쁠 거야.	(가능성 없는 **현재** : would)
If I **had** wings, I **would / could** fly away.	내가 날개가 있다면, 난 날아가 버릴 거야.	(가능성 없는 **현재** : would, could)
If I **was / were** a bird, I **could** fly away.	내가 새라면, 난 날아가 버릴 수 있을 텐데.	(가능성 없는 **현재** : could)

└→ '**if**'절이 사실이 아닌 이야기인 경우 'be 동사'는 주어와 상관 없이 '**were**'을 사용할 수 있습니다.

☆ 전치사는 명사 시리즈와 결합하여 부사구(adverb-phrase)를 만들지요.
　　부사절 접속사는 문장과 결합하여 부사절(adverb-clause)을 만듭니다.

	문장성분		품사	구	절	준동사	
MAP	주어		명사	명사구	명사절	동명사	부정사
	동사		동사		[전치사 + 명사 시리즈]		
	목적어		형용사				
	보어		부사	부사구	부사절	[접속사 + 문장]	

1 네가 어렸을 때, 넌 ₐ심한 말썽꾸러기였어.

2 우리 몸은 우리가 ₒᵤᵣ마음을 쉬게 하면(할 때) 훨씬 더 좋게 느낍니다.

3 내 여동생은 그녀가 잘 때도 ₜₕₑ불을 끄지 않아. (~할 때도 : even when~)

4 그 소년은 그가 그 떡볶이 냄새를 맡으면서 군침을 흘리고 있었다.

5 넌 네가 성장할수록 네 아버지를 닮아 가고 있구나. (네 아버지처럼 되어가고 있구나.)

6 엄마가 물으셨다. "너 내가 없는 동안(사이에) 뭘 한 거야?"

7 난 내가 ₜₕₑ사진들을 보고 있다가(보는 동안) 뭔가 이상한 것을 발견했어.

8 그는 ₜₕₑ선생님께서 그를 야단치고 있는 동안에도 그의 폰을 만지작거리고 있었다. (~하는 동안에도 : even while~)

9 제가 그 가게 앞을 지날 때마다, 그 할아버지께서는 늘 그 낡은 의자에 앉아 계셨어요.

10 넌 내가 울적할 때는 언제든' 항상 내 곁에 있어줬어. 고마워, ₘᵧ친구야!

심한	terrible	냄새 맡다	smell-ed	~을 만지작거리다	fiddle with ~
말썽꾸러기	troblemaker	닮아 가다	become like~	지나가다	pass-ed
쉬게 하다	rest-ed	성장하다	grow-grew up	울적하다	be/feel down
불을 끄다	turn off the light	~가 없다	be away		
군침 흘리다	salivating	야단치다	scold-ed		

11 난 엄마가 나가자마자 the컴퓨터를 켰다.

12 그 귀여운 강아지는 그것이 나를 보자마자 its꼬리를 흔들어대기 시작했다.

13 the비가 그친 후, the맑고 푸른 하늘이 다시 나타났다.

14 my아버지는 그가 저녁을 드신 직후에(먹고 바로) the소파 위에 누워버리셨다. (~한 직후에 : just after~)

15 그 두 녀석은 the선생님께서 the책을 펴신 후에도 계속 낄낄거렸다. (~한 후에도 : even after~)

16 우린 날이(it) 너무 어두워지기 전에 the텐트 치는 걸 끝내야 해.

17 철수는 네가 거기 도착하기 직전에 떠났어. (~하기 직전에 : just before~)

18 the버스가 멈추기도 전에, the문이 열렸다. (~하기도 전에 : even before~)

19 내가 돌아올 때까지 여기서 기다려. 아무 데도(anywhere) 가지 마. (It) 10분도 안 걸릴 거야. (10분보다 적게 걸릴 거야.)

20 넌 그의 화가 풀릴 때까지는 그를 건드리지 않는 편이 좋겠어.

꼬리를 흔들다	wag tail	텐트 치다	set up the tent
맑은	clear	건드리다	touch-ed
나타나다	appear-ed	화	anger
눕다	lie-lay down	~보다 적게	less than ~
낄낄거리다	giggle-d	(화가) 풀리다	melt away

부사절

동사 ◀······ 부사······부사구····· 부사절

21 우리가 그것에 대해서 말다툼한 후부터, 우린 만나지 않았어. ^(완료)

22 넌 네가 학교에서 돌아온 때부터 TV를 보고 있잖아. ^(완료진행: have been ~ing)

23 일단 그녀가 울기 시작하면, 아무도 그녀를 못 말려요.

24 일단 네가 스마트폰에 중독되면, 헤어나기가^(to~) 무척 힘들어.

25 난 내가 적어도 _{my}신념은 지켰으니까 내가 한 것^(what)을 후회하지 않아.

26 수민이는 그녀가 꽃가루에 _{an}알레르기가 있어서 봄을 싫어해.

27 내 친구들도 걔네들을 아니까^(as), 넌 걔네들을 그 모임에 데려와도 좋아.

28 난 철수가 그가 내 친구니까^(as) 기꺼이 날 도와줄 거라고 믿었다.

29 난 그들 모두가 실망한 듯 보여서^(since) 더 이상 계속 말할 수 없었다.

30 네가 나보다 더 일찍 집에 가니까^(since), 네가 _{the}세탁기 좀 돌려줄래?

말다툼하다	argue-d	적어도	at least	실망한듯	disappointed
~을 말리다	stop~	신념	faith	(기계) 돌리다	run-ran-run
~에 중독되다	be/get addicted to ~	~에 알레르기가 있다	have an allergy to ~	세탁기	washing machine
헤어나다	get out	꽃가루	pollen		
후회하다	regret-ted	데려오다	bring-brought		

31 여러분이 아는 것처럼, 어떤(no) 살아있는 것들도 물 없이는 살 수가 없어요. (아는 것처럼 = 알다시피, 알듯이)

32 난 내가 전에 말했듯이˚ 어떤 경우에도 그 약속은 지키겠다. (어떤 경우에도 : in any case)

33 비록 우리가 많이(a lot) 달라 보이지만, 우리의 본성은 the같습니다.

34 비록 우리 경제는 많이 성장했지만(완료), 우리의 행복지수는 매우 낮아요. (행복지수 : level of happiness)

35 철수는 외향적인 반면, 그의 형은 항상 수줍음을 타고 말이 없어요.

36 동물들은 그들이 필요한 것만을 가지는 반면, 우리의 욕구들은 결코 the한계를 모릅니다.

37 an이름 없는 꽃이 그 할머니께서 돌아가신 곳에서 피어나기 시작했습니다.

38 난 my엄마가 쉽게 그것을 발견할 수 있는 곳에 그 생일카드를 놓아두었다.

39 그 녀석은 [그가 가는 곳마다] 항상˚ 말썽을 피웠기 때문에, 난 그를 잊어버릴 수가 없어.

40 그 의자가 말했다. "난 네가 가고 싶은 어디든 널 데려다 줄 수 있어."

본성	nature	외향적이다	be outgoing	이름 없는	unknown
같다	be the same	수줍음 타다	be shy	피어나다	bloom-ed
경제	economy	말이 없다	be quiet	놓아두다	put-put
성장하다	grow-grew-grown	욕구, 욕망	desire	말썽 피우다	make troubles
낮다	be low	한계	limit	데려다주다	take-took-taken

41 내가 네 기분을 상하게 했다면 **미안하다.**

42 네가 할 수 있다면, 이 문제를 풀어봐. -- 넌 내가 이거 풀면 날 위해 **뭘** 해줄 거야?

43 네가 공부하는데^(on) 집중할 수 없다면, 그건 그저 시간 낭비일 뿐이야.

44 난 그 녀석이 또 거짓말했다면 이번에는 그를 용서하지 않겠어.

45 네가 아직 아침 안 먹었다면^(완료), 김밥 어때? (~어때 : How about~?)

46 내가 너라면, 난 저런_(those) 녀석들과 **어울려 다니지** 않을 거야. [사실이 아닌 'if 절'의 'be'는 주어와 상관없이 'were'를 사용할 수 있습니다.]

47 네가 그녀의 입장에 있다면, 너 또한 저렇게 말할 수 있을 거야.

48 네가 매일 500원씩 저축한다면, 그것은 일 년 후에 18만 원이 되겠지.

49 _{my}엄마가 지금 이걸 본다면, 그녀는 날 죽일 거야.

50 만약 우리가 탐욕과 이기심을 버릴 수만 있다면, 이 세상은 훨씬 더 아름다워질 수 있겠지요.

기분 상하게 하다	hurt feelings	~의 입장에 있다	be in ~ place
~에 집중하다	concentrate on~	저렇게	like that
시간 낭비	a waste of time	버리다	throw away
아직	yet	탐욕	greed
어울려 다니다	hang around	이기심	selfishness

46
~
50
'IF 절'이 **사실이 아니거나 불가능한 일**'을 표현할 때는 반드시 과거시제를 사용하며, 문장의 동사 앞에는 반드시 'would, could'로 표시해 줍니다.

If he **was/were** here, what would he say?   **여기 없다.**
If I **had** enough time, I could play with you.   **시간 없다.**
If I **could** swim, I would dive into the water.   **수영 못함**

부사절 : so that ~ [목적 : ~하려고, ~하도록, ~하게] so ~ that ~ [정도, 결과 : ~할 정도로, 너무 ~해서]

51 ₒᵤᵣ선생님은 우리가 그것들을 볼 수 있게 ₜₕₑ게시판에 그 사진들을 올렸다. (게시판에 ~을 올리다. : post ~ on the board)

52 난 똘똘이가 말썽 피우지 못하도록 ₐ나무에다가₍ₜₒ₎ 똘똘이를 묶어둬야 했다.

53 다른 사람들이 ᵧₒᵤᵣ메일들을 읽지 못하게 로그아웃 하는 거⁽ᵗᵒ~⁾ 잊지 마.

54 넌 이 문장이 말이 되도록 동사 대신 동명사를 사용해야 해.

55 엄마는 엄마가 ₜₕₑ화분들을 거기 두려고 ₜₕₑ베란다를 치우고 계셨다.

56 ₜₕₑ도서관은 아주 따뜻해서 나는 너무 졸렸다. [ₜₕₑ도서관은 내가 너무 졸릴 정도로 아주 따뜻했다.]

57 그 식당은 우리가 편하게 느낄 수 없을 정로로 아주 붐볐다. [그 식당은 너무 붐벼서 우린 편하게 느낄 수 없었다.]

58 넌 너무 빠르게 걷고 있어서 내가 널 따라갈 수 없잖아. [넌 내가 널 따라갈 수 없을 만큼 너무 빠르게 걷고 있어.]

59 너무 미안해서 나는 그의 얼굴을 쳐다볼 수가 없었다. [내가 그의 얼굴을 쳐다보기에는 너무 미안했다.]

60 네 마음은 아주 넓고 자유로워서 그것은 ₜₕₑ온 우주를 덮을 수 있단다. [덮을 수 있을 만큼 아주 넓고 자유롭단다.]

묶다	tie-d	베란다	veranda
동명사	gerund	화분들	plants
동사	verb	붐비다	be crowded
문장	sentence	편한	comfortable
치우다	clear-ed	덮다	cover-ed
말이 되다	make sense	온 우주	whole universe

46 ~ 50 'so ~ that 절'이 표현하는 '정도와 결과'는 비슷한 의미로 이해할 수 있습니다. 그리고 'that'은 생략할 수도 있습니다.

I am **so** tired (that) I can't go out.	너무 피곤해서 [갈 수 없을 정도로]
It was **so** dark I couldn't see.	너무 어두워서 [볼 수 없을 만큼]
It is **so** cute I want to have it.	너무 귀여워서 [갖고 싶을 만큼]
I ate **so** much I couldn't breathe.	너무 많이 먹어서 [숨을 못 쉴 만큼]

4 분사구 : 부사절을 간단하게

한국어는 **부사절의 주어가 문장의 주어와** 같을 때 생략해 주는 것이 자연스럽습니다.　　[**그는** 그렇게 말한 후, **그는** 웃었다.]

하지만 영어는 절의 주어를 생략하려면 **절의 동사를 준동사의 형태로** 바꾸어주어야 합니다.　　[After **he** said so, **he** laughed.]

이 때 대부분의 부사절은 절의 동사를 현재분사(~ing)로 바꾸어 줍니다.　　[After **saying** so, **he** laughed.]

그리고 **대부분의 부사절 접속사는 그대로 남겨두어 의미를 분명히** 해 주는 것이 좋습니다.　　[After **saying** so, **he** laughed.]

☆　하지만 **동시**(~하면서, ~한 채로)와 **이유**(~해서, ~니까)의 접속사인 '**as, because, since**'는 반드시 생략합니다.

그리고 부사절의 동사가 '**be 동사**'인 경우 현재분사로 바뀐 '**being**'은 생략할 수 있습니다.

[**난** 너무 피곤해서, **난** 가지 않았다.] [**As I** was too tired, **I** didn't go. = **Being** too tired, I didn't go. = **Too tired**, I didn't go.]

○ 동시 [접속사 생략 ~ing]　　~하면서, ~한 채로, ~한 상태로

우린 우리가 TV를 보면서 라면을 먹었다.	**As we watched TV**, we ate ramen.	부사절
우린　　　　TV를 보면서 라면을 먹었다.	**Watching TV**, we ate ramen.	분사구
형은 그가 안경을 쓴 채 잠이 들었다.	My brother fell asleep **as he wore his glasses.**	부사절
형은　　　안경을 쓴 채 잠이 들었다.	My brother fell asleep, **Wearing his glasses.**	분사구
☆ 'be 동사'가 변한 'Being'은 생략할 수 있습니다.		
순이는 그녀가 밝게 웃으며 들어왔다.	Sooni came in **as she was smiling brightly.**	부사절
순이는　　　밝게 웃으며 들어왔다.	Sooni came in (Being) **smiling brightly.**	분사구
내가 만족한 채 난 집으로 돌아왔다.	**As I was satisfied**, I came back home.	부사절
만족한 채 난 집으로 돌아왔다.	(Being) **satisfied**, I came back home.	분사구

○ 이유 [접속사 생략 ~ing]　　~해서, ~니까, ~하기 때문에

내가 돈이 없어서, 가지 않았지.	**Because I had no money**, I didn't go.	부사절
돈이 없어서, 가지 않았지.	**Having no money**, I didn't go.	분사구
철수가 거기 살았으니까, 철수는 그를 알 거야.	**As he has lived there**, Chulsu may know him.	부사절
거기 살았으니까, 철수는 그를 알 거야.	**Having lived there**, Chulsu may know him.	분사구
☆ 'NOT'은 분사 앞에 남겨 둡니다.		
난 네 번호를 몰라서, 이걸 못 보냈어.	**As I didn't know your number**, I couldn't send it.	부사절
네 번호를 몰라서, 이걸 못 보냈어.	**Not knowing your number**, I couldn't send it.	분사구

'동시, 이유'를 제외한 다른 부사절을 분사구로 간단히 할 때 **접속사는 남겨두는 것이 좋습니다.**

물론 접속사가 없어도 분사구의 의미가 분명한 경우에는 생략할 수도 있습니다.

기타 [접속사 + ~ing]	~할 때, ~하다가, ~한 후, ~하기 전에, ~라면

네가 사용하지 않을 때는, 컴퓨터를 꺼.	Turn off the computer when **you don't use it**.	부사절
사용하지 않을 때는, 컴퓨터를 꺼.	Turn off the computer when **not us**ing it.	접속사 + **분사구**
그는 그가 농구하다가 발목을 삐었다.	He twisted ankle while **he played basketball**.	부사절
그는 농구하다가 발목을 삐었다.	He twisted ankle while **play**ing **basketball**.	접속사 + **분사구**
난 내가 그걸 본 후에/전에 결정하겠어.	I will decide **after/before I watch it**.	부사절
난 그걸 본 후에/전에 결정하겠어.	I will decide **after/before watch**ing **it**.	접속사 + **분사구**
그가 피곤했지만, 그는 다시 일어섰다.	**Although he was tired**, he stood up again.	부사절
피곤했지만, 그는 다시 일어섰다.	**Although (being) tired**, he stood up again.	접속사 + **분사구**
그것이 가능하다면, 더 일찍 오세요.	**If it is possible**, come earlier.	부사절
가능하다면, 더 일찍 오세요.	**If (being) possible**, come earlier.	접속사 + **분사구**

☆ '~하자 (마자)'를 표현하는 'As soon as ~'는 'On, Upon ~ing'형태로 간단히 합니다.

내가 이름을 듣자마자, 난 손을 들었다.	**As soon as I heard my name**, I raised my hand.	~하자 마자
이름을 듣자마자, 난 손을 들었다.	**On/Upon hear**ing **my name**, I raised my hand.	On/Upon ~ing

☆ 시간, 이유, 조건, 양보의 부사절은 주어를 생략할 수 있다면 부사절의 동사를 분사구(~ing)로 바꾸어 간단히 할 수 있습니다. (명사절은 동명사와 부정사로 바꾸었지요.) 단, 부사절을 분사구로 간단히 할 때 '동시, 이유'의 접속사는 반드시 생략합니다.

이렇게 해서 부사, 부사구, 부사절에 더해서 분사구가 **부사 시리즈**(adverb-series)에 포함되었습니다.

문장성분		품사	구	절	준동사		
MAP	주어	명사	명사구	명사절	동명사	부정사	
	동사	동사					
	목적어	형용사					
	보어	부사	부사구	부사절			▶ 분사구

물론 **절의 주어가 문장의 주어와 달라서 생략할 수 없다면** 부사절로 표현 해야 하겠지요.

- **The dog sat beside her while she was reading a book.** (절의 주어는 그녀, 문장 주어는 개)
- **The dog sat beside her while reading a book.** (X) (절의 주어를 생략하면, 개가 책을 읽게 됩니다.)

분사구(동시) : ~하면서, ~한 채로, ~하고

동사 ◀⋯⋯⋯⋯부사⋯⋯⋯부사구⋯⋯⋯부사절⋯⋯⋯⋯ 분사구

1 난 _{my}코를 파면서 _{the}뒷좌석에 앉아 있었어.

2 껌을 씹으면서, 철수는 _{the}선생님께 대답했다.

3 으르렁거리면서, 그 커다란 검은 개가 우리를 노려보고 있었다.

4 그녀의 긴 머리를 스치면서, 한 줄기 시원한 바람이 _{the}방 안으로 불어 들어왔다. (한 줄기 시원한 바람 : a cool wind)

5 바지도 입지 않은 채로, 한 남자가 그 목욕탕 밖으로 달려 나왔다.

6 _{her}손에 꽃다발을 들고(든 채로), _{my}엄마가 날 기다리고 있었다.

7 그 소리에 놀라(놀란 채로), 우리_(of) 모두는 그 자리에 멈춰 섰다.

8 _{his}거친 손으로 내 머리를 쓰다듬으시면서, _{my}아버지는 따뜻하고 다정하게 내게 미소 지으셨어요.

9 그는 TV를 보거나 컴퓨터 게임을 하면서 혼자 시간을 보내야 했다.

10 어떤 것_(nothing)도 영원하지 않다는 것을 모른 채로, 우린 우리가 소유한 **것**을 소중히 여깁니다.

뒷좌석	back seat	스치다	brush-ed	쓰다듬다	stroke-d	영원하다.	be eternal
코를 파다	pick one's nose	바지	pants	거친	rough	소중히 여기다	cherish-ed
껌 씹다	chew gum	들다	hold-held	따뜻하게	warmly	소유하다	possess-ed
노려보다	stare-d	꽃 다발	a bunch of flowers	다정하게	gently		
으르렁거리다	growl-ed	그 자리에	on the spot	시간을 보내다	spend time		

분사구(이유) : ~해서, ~기 때문에, ~니까

11 _{the}따뜻한 창문 옆에 앉아 있어서, 난 _{the}수업 내내 너무 졸렸어.

12 그와 이야기하고 싶지 않아서, 난 그를 못 본 척했다.

13 _{the}아침을 걸렀기 때문에^(완료), 난 너무 **배가 고팠다**. (완료가 분사구로 변하면 "**having PP**"가 됩니다.)

14 내 아이디와 비밀번호를 잊어버려서^(완료), 난 로그인도 **못했어**.

15 그의 까칠한 성깔을 알고 있었기 때문에, 난 그를 자극하는 것을 피했다.

16 내가 한 짓^(what)이 부끄러워서, 난 _{my}얼굴을 들 수 없었다.

17 나한테_(for) 너무 헐렁해서, 그 바지가 계속 흘러내리는 거야.

18 12월 31일^(on) 9시 30분쯤 태어났기 때문에, 난 하룻밤에_(in) 두 살이 되어버렸지.

19 그를 믿을 수 없어서, 난 다시 철수에게 전화를 걸었다.

20 _a진짜 남자니까, 난 그들의 외침을 외면할 수 없어. (명사 앞의 "Being"은 남겨두는 것이 좋습니다.)

잊어버렸다	have forgotten	헐렁하다	be loose
비밀번호	PIN number	흘러내리다	fall down
까칠한 성깔	short temper	태어나다	be born
자극하다	irritate-d	외면하다	ignore-d
얼굴을 들다	raise face	외침	cry

16 ~ 20 분사구의 '**being**'을 생략하면 다양한 형태의 분사구가 되겠지요.

(Being) **too busy**, I can't go.	너무 바빠서,
(Being) **able to walk**, I wanted to go.	걸을 수 있었기 때문에,
I wished to die, (being) **tired of studying**.	공부하는데 질려서,
(Being) **sleeping**, I couldn't hear that.	자고 있었기 때문에
Being my friend, you should come.	내 친구니까,

분사구 : 접속사+~ing

| 동사 ◀┄┄┄┄┄┄ 부사┄┄┄ 부사구┄┄┄ 부사절┄┄┄┄ · 분사구 |

21 우리는 스마트 폰을 사용할 때 아주 조심해야만 합니다.
▪ when ~ing

22 넌 포도 먹을 때 the씨를 먹니?

23 your마음을 여는 것은^(-ing) 자연의 the소리를 들을 때 필수랍니다.

24 그 녀석은 the전화로 이야기하는 동안 계속 욕을 썼다.
▪ while ~ing

25 너희들이 이 비디오를 보는 동안 **무엇을** 생각했는지에 대해 이야기해 보자.

26 어머니는 집으로 돌아오는 동안* 내게 **아무 말도 없으셨다.** (아무것도 말하지 않으셨다.)

27 내 태도를 바꾸고 나서(바꾼 후), 난 전보다 더 편하게 느낄 수 있었어요.
▪ after ~ing

28 a슈퍼스타가 되고 나서(된 후에) 날 피하지는 마라.

29 the상처 위에 이 약을 바르고 나서(바른 후에) a반창고(밴드)를 붙이세요.

30 넌 a게임이나 프로그램을 깔기 전에 쓸모없는 파일들은 제거해야 해.
▪ before ~ing

조심하다	be careful	편한	comfortable	쓸모없는	useless
씨	seeds	반창고를 붙이다	put a band-aid	프로그램을 깔다	install a program
포도	grapes	약을 바르다	apply medicine		
욕을 쓰다	use bad words	상처	wound		
태도	attitude	제거하다	remove-d		

31 그는 the교실을 나서기(떠나기) 전에˚ 잠시 망설이는 것 같았다.

32 그녀가 나에게 속삭였다. "이거 사기 전에 다시 생각해봐."

33 비록 가난했지만, 그녀의 가슴은 사랑과 자비심으로 가득했다.   although ~ing

34 그 녀석이 무섭지는 않았지만, 난 그와 싸우고 싶지 않았어.

35 the같은 아파트에 살지만, 우린 서로를 거의 못 봐. (거의 ~않다. : hardly, seldom)

36 UCC에 관심 있다면, 망설이지 말고 내게 전화해라. (망설이지 말고 : without hesitation)   if ~ing

37 지금 이 컴퓨터를 주문하시면, 공짜로 the최신형 프린터를 얻을 수 있습니다.

38 the보름달을 보자마자, 그는 a능대로(into) 변하기 시작했다.   on, upon ~ing

39 내 목소리를 듣자마자, 똘똘이는 the바람처럼 달려 나왔다.

40 the다음 수업이 수학이라는 걸 깨닫자, 수민이는 얼굴을 찌푸렸다.

잠시	for a moment	최신형	the latest
속삭이다	whisper-ed	공짜로	for free
자비심	mercy	얼굴 찌푸리다	frown-ed
주문하다	order-ed		
얻다	get-got-gotten		

38 ~ 40 '~하자 (마자)'를 표현하는 'upon/on ~ing'는 분사구라기 보다는 '전치사+동명사'인 부사구에 해당합니다.

Upon/On finishing my homework,	숙제를 끝내자마자
Upon/On opening the door,	문을 열자마자
Upon/On coming into the room,	방에 들어오자마자

부정사 : ~하려고, ~할 정도로, ~해서

영어의 부사절 접속사에 'that'이 사용되는 부사절은 **목적**(so that)과 **정도**, **결과**(so ~ that)가 있었지요.

이 두 가지 부사절들은 주어를 생략하고 간단하게 표현할 경우 절의 동사를 **부정사구**(**to** ~)의 형태로 바꾸어 줍니다.

즉, 부정사가 부사로 사용될 경우 목적과 정도(결과)를 표현합니다.

○ **목적 [to~, in order to ~]**   　　　~하려고, ~하러, ~하기 위해, ~하려면

나는 내가 물을 마시려고 냉장고를 열었다.	I opened the refrigerator **so that I would drink water**.	부사절
나는　　물을 마시려고 냉장고를 열었다.	I opened the refrigerator 　　　　**to drink water**.	부정사구
포뇨는 그녀가 나를 만나기 위해 돌아왔다.	Ponyo came back **so that she could meet me**.	부사절
포뇨는　　나를 만나기 위해 돌아왔다.	Ponyo came back 　　**in order to meet me**.	부정사구
우리는 우리가 행복하려면 욕심을 버려야 해.	We should give up greed **so that we can be happy**.	부사절
우리는　　행복하려면 욕심을 버려야 해.	We should give up greed 　**in order to be happy**.	부정사구

　　　　■ '~하지 않으려고'는 '**in order not to~**'로 표현하는 것이 좋습니다.

난 내가 거기 가지 **않**으려고 아픈 척했지.	I pretended to be sick **so that I would not go there**.	부사절
난　거기 가지 **않**으려고 아픈 척했지.	I pretended to be sick 　**in order not to go there**.	부정사구

○ **정도, 결과 [too ~ to ~]**   　　　~하기에는 너무, ~너무 ~해서 ~못하다.

난 내가 너와 놀아줄 수 없을 만큼 **너무 바빴어**.	I was **so busy that I could not** play with you.	부사절
난　너와 놀아주기에는 **너무 바빴어**.	I was **too busy to** play with you.	부정사구
넌 네가 **너무** 어려서 이 영화를 볼 수 없다.	You are **so young that you** can't see this movie.	부사절
넌　**너무** 어려서 이 영화를 볼 수 없다.	You are **too young to** see this movie.	부정사구

○ **정도, 결과 [enough to ~]**   　　　~할 정도로(만큼) 충분히, 충분히 ~해서 ~할 수 있다.

난 내가 이 영화를 볼 만큼 나이가 들었어.	I am **so old that** I can see this movie.	부사절
난　이 영화를 볼 만큼 (충분히) 나이가 들었어.	I am old **enough to** see this movie.	부정사구
그는 그가 일출을 볼 수 있을 정도로 일찍 일어났다.	He got up **so early that** he could see the sunrise.	부사절
그는　일출을 볼 수 있을 정도로 **충분히** 일찍 ~.	He got up early **enough to** see the sunrise.	부정사구

부정사는 감정을 표현하는 형용사 뒤에서 감정의 원인을 표현하는 데 사용될 수 있습니다.

○ 감정의 원인 [감정 형용사 + to ~]	~해서, ~하고, ~하면 (좋다, 기쁘다, 슬프다, 놀라다, 유감이다, 등)

널 다시 봐서(볼 수 있어서) 행복해 / 반갑다 / 기쁘다.	I am **happy / glad / pleased to** see you again.
그 소식을 듣고(들어서) 슬프다 / 속상하다 / 유감이다.	I am **sad / upset / sorry to** hear that.
그 소식을 듣고(들어서) 놀랐다 / 충격받았다.	I was **surprised / shocked to** hear that.
그 소식을 듣고(들어서) 신났다.(흥분했다)	I was **excited to** hear that.
그 소식을 듣고(들어서) 감동받았다.	I was **impressed / touched to** hear that.
그 소식을 듣고(들어서) 안심이 되었다.	I was **relieved to** hear that.
살아있어서 다행이다.(행운이다)	I am **lucky to** be alive.
이런 일을 해서 부끄럽다 / 자랑스럽다.	I was **ashamed / proud to** do such a thing.
그 소식을 듣고(들어서) 실망했다.	I was **disappointed to** hear that.

☆ 시간, 이유, 조건, 양보를 표현하는 부사절은 분사구(~ing)의 형태로 간단히 표현할 수 있었습니다.
그리고 'so that, so~that' 즉, 목적과 정도, 결과의 부사절은 부정사(to ~)의 형태로 간단히 표현할 수 있습니다.
그래서 부사, 부사구, 부사절, 분사와 함께 부정사도 부사 시리즈(adverb-series)에 포함됩니다.
즉, [부사, 부사구, 부사절, 부정사, 분사]는 서로 형태는 다르지만 부사의 기능을 담당하는 부사 시리즈인 것이지요.

	문장성분		품사	구	절	준동사		
MAP	주어		명사	명사구	명사절	동명사	부정사	
	동사		동사					
	목적어		형용사					
	보어		부사	부사구	부사절		부정사	분사

as, because, since [S+V] ⋯⋯⋯⋯⋯⋯⋯⋯➤ ~ing

when, after, before, while, if, although [S+V] ⋯⋯⋯⋯➤ 접속사 + ~ing

so that [S+V] ⋯⋯➤ **to ~, in order to ~**

so ~ that [S+V] ⋯⋯➤ **too ~ to ~, enough to ~**

부정사 (목적) : ~하려고, ~하기 위해, ~하러, ~하려면

| 동사 | ◀ ········· 부사 ········· 부사구 ········· 부사절 ········· 부정사 | 분사구 |

1   난 이걸 사려고* 일 년 동안 돈을 저축했어. ^(완료)

2   그 팬더는 _{the}쿵푸시합을 보려고 그 긴 계단을 걸어 올라갔지.

3   나는 뭘 좀 마시려고 _{the}자판기로 걸어가고 있었거든. (뭘 좀 : something)

4   사람들은 _{their}생각들을 공유하기 위해 SNS를 사용합니다.

5   _{your}엄마는 **어디** 계셔? 엄마는 고등어 사러 _{the}시장에 가셨어요.

6   가끔 난 _{the}학원에 가지 않으려고 아픈 척했거든. ("~하지 않으려고"는 "in order not to~"로 표현하는 것이 좋습니다.)

7   난 늦지 않으려고* 평소 보다 조금 더 일찍 집을 나섰다.

8   나는 침착하려고 했지만, _{my}흥분을 감추기가^(to~) 쉽지 않았다. [~하려하다. 노력하다. 애쓰다. : try to~]

9   난 그것에 대해 생각하지 않으려고 노력하고 있지만, 그게 여전히 날 괴롭히고 있어.

10   그녀는 _{her}방귀를 참으려고 애를 썼지만, 그것은 곧 폭발해 버렸다.

계단	stairs	고등어	mackerel	방귀 참다	hold fart
쿵푸시합	kung fu competition	침착하다	stay cool	폭발하다	explode-d
자판기	vending machine	감추다	hide-hid		
생각	thought, idea	흥분	excitement		
공유하다	share-d	괴롭히다	bother-ed		

8 ~ 10 '~하려고 하다, 노력하다, 애쓰다'는 '**try to ~**'를
'~하지 않으려고~'는 '**try not to ~**'를 사용합니다.

She **tries to** be happy.	행복하려고
We are **trying to** finish it.	그걸 끝내려고
He **tried** not **to** fall asleep.	잠들지 않으려고

부정사 (목적) : ~하려고, ~하기 위해, ~하러, ~하려면

11 우리는 ₐ사진을 찍으려고* 그 벽화 앞에 **멈춰 섰다.**

12 난 그를 설득하려고 my최선을 다했지만, 그는 내 말을 듣지 않았어.

13 너 오늘 한가하면* 나랑 ₐ영화 보러 **가지 않을래?**

14 우린 the강한 햇빛으로부터 our피부를 보호하기 위해서 **썬크림을 바르지요.**

15 해마다 너무 많은 한국인들이 영어를 배우러 외국으로 갑니다.

16 ₐ창의적인 사람이 되려면 your**핸드폰을 포기해라.**

17 우리는 진정으로 누군가 또는 무엇인가를 사랑하기 위해서는 **우리 자신을 희생할 수 있어야 하지요.**

18 가끔, 참새나 제비들은 ₐ매를 쫓아내기 위해 **무리를 짓습니다.**

19 행복하려면, 당신은 우선 your**욕심을 버려야 해요.**

20 난 너랑 말다툼하려고 여기 온 게 아니야. 진정하고 내 말을 들어봐.

벽화	wall painting	창의적인	creative	무리 짓다	flock together
설득하다	persuade-d	희생하다	sacrifice-d	쫓아내다	drive away
바르다	apply-applied	진정으로	truly	매	hawk
썬크림	sun block	참새	sparrow	욕심, 탐욕	greed
보호하다	protect-ed	제비	swallow	진정하다	calm down

부정사 (정도) : ~하기에는 너무 [too ~ to ~], ~할 정도로 충분히 [enough to ~]

---

21 사람들은 이런 종류의 문제에 대해 생각해보기에는* 너무 **바빠 보입니다.** [너무 바빠서 생각할 수 없다.]

---

22 (It) 그 약속을 취소하기에는* 너무 **늦었어.** [너무 늦어서 취소할 수 없어.]

---

23 난 그의 제안을 거절하기에는* 너무 **겁을 먹었었다.** [너무 겁을 먹어서 거절할 수 없었다.]

---

24 my부모님은 내가 a스마트폰을 갖기에는* 너무 **어리다고** 생각하시는 것 같아.

---

25 이 요리는 김치나 깍두기 없이 먹기에는* 너무 **느끼해요.**

---

26 난 그녀의 전화를 기다리면서* 거기에 앉아있기에는* 너무 **걱정되고 초조했다.**

---

27 하지만, 우리들 중 몇몇은 (it) 포기하기에는* 너무 **이르다고** 생각했다.

---

28 난 너랑 걸어가고 싶은데. (it) 걸어가기에는* 너무 **먼가?**

---

29 이 문제는 이런 식으로 무시해 버리기에는* 너무 **중요합니다.**

---

30 난 내가 쓴 **것을** 보여주기에는* 너무 **부끄러웠어.**

취소하다	cancel-led	느끼하다	be greasy, oily
(만날) 약속	apppointment	걱정되다	be worried
겁먹다	be scared	초조하다	be nervous
거절하다	reject-ed	부끄럽다	be embarrased
제안	offer		

부정사 (정도) : ~하기에는 너무 [too ~ to ~] , ~할 정도로 충분히 [enough to ~]

31 the문제는 (it) 오늘은 돌아다니기에는* 너무 덥다는 거야.

32 수민이가 이 비밀을 지키기에는* 너무 수다스럽다는 건 사실이잖아. 안 그래?

33 그 매서운 바람은 모든 것을 얼려버릴 정도로 (충분히) 차가웠지.

34 당신은 이런 경우에 "아니요"라고 말할 만큼 용감합니까?

35 그녀는 내가 말하는 것은 **무엇이든** 믿을 정도로 순진하고 단순해.

36 넌 이게 **무엇을** 의미하는지 이해할 만큼 **나이가 들었어.** [이해할 만한 나이야.]

37 그것은 사람들의 관심을 끌기에 **충분했다.** (~하기 충분하다. : be enough to~)

38 my할머니께서는 "내가 the통일된 한국을 볼 수 있을 만큼 오래 살 수 있을까?"라고 말씀하시곤 하셨어. *

39 그녀가 학교에서 배운 **것은** 그녀의 호기심을 충족시키기에는 **충분하지 않았다.**

40 그건 어른들이 the동심을 이해할 수 있을 정도로 순수하지 않다는 걸 의미하지. *

＊ 'enough to ~'의 '충분히'는 한국어에서는 생략되는 경우가 많지만 영어에서는 'enough'를 써 주어야 하지요.

돌아다니다	go around	순진하다	be naive	어른들	grown-ups
수다스럽다	be talkative	관심 끌다	draw attention	순수하다	be pure
매서운	bitter	통일된 한국	United Korea	동심	children's hearts
얼리다	freeze-froze-frozen	충족시키다	satisfy-ied		
이런 경우에	in this case	호기심	curiosity		

감정형용사 + 부정사 (감정의 이유) : ~해서, ~하고, ~하면

41 난 널 도울 수 있어서 **정말로 기뻤어.**

42 나는 the숙제 때문에 집에 머물러야 해서 **속상했다.**

43 난 **그녀가** 그 메시지를 읽고 **놀랄 거라고 예상했어.**

44 우린 다시 만나서 **정말 신났다.**

45 사람들은 그녀의 피아노 연주를 듣고 **감동을 받았지.**

46 처음에는, 난 네가 우리를 떠나야 해서 **슬픈 거라고 생각했다.**

47 늦어서 **죄송합니다.** 하지만, 이건 제 잘못이 아니에요.

48 난 네가 우리 팀이 아닌 것을 발견하고는 약간 **실망했어.**

49 넌 네가 한국에 태어나서 **다행이라는** 것을 알아야 해.

50 난 그 익숙한 목소리를 듣고는 **안심이 되었다.**

감정형용사 + to ~ : ~해서 ~하다			
be happy, glad, pleased to ~	행복하다, 반갑다, 기쁘다	be impressed, touched to ~	감동받다
be excited to ~	신나다, 흥분되다	be lucky to ~	다행이다
be upset, sad to ~	속상하다, 슬프다	be relieved to ~	안심이다
be sorry to ~	미안, 유감이다	be disappointed to ~	실망하다
be surprised, shocked to ~	놀라다, 충격받다	be ashamed, proud to ~	부끄럽다, 자랑스럽다

피아노 연주　piano playing
익숙한　　　familiar

부사는 명사를 제외한 동사, 형용사, 부사를 수식하여 '**언제, 어디서, 왜, 어떻게, 얼마나, 등**'의 의미를 표현합니다.
그리고 이런 부사의 기능은 **부사 시리즈(부사, 부사구, 부사절, 부정사, 분사)**가 함께 담당하지요.
우리는 필요에 따라 적절한 부사 시리즈를 선택해 사용하면 되는 것입니다.

부사(adverb)는 단어의 형태입니다. 하지만 '**this, last, next, every, each, one ago, later**' 등이 시간명사와 함께 사용될 수 있었지요.
부사구(adverb-phrase)는 한국어의 부사격조사에 해당하는 **전치사**가 **전치사의 목적어**와 결합한 형태입니다.
　부사구를 사용하면 부사 만으로는 표현하기 힘든 구체적인 부분까지 묘사할 수 있습니다.
　부사구 표현에서 중요한 점은 **전치사의 목적어**로 **명사, 명사구**뿐만 아니라 **명사절, 동명사**도 사용될 수 있다는 점이었습니다.
부사절(adverb-clause)은 한국어의 부사형 어미(~할 때, 하기 전에, 등)에 맞는 **부사절 접속사**만 알고 있으면 어렵지 않게 활용할 수 있지요.
부정사(infinitive phrase)는 **목적과 정도(결과)를 표현하는 부사절**(so that~, so ~ that~)을 간단히 표현한 형태입니다.
분사구(participial phrase)는 **시간, 이유, 조건, 양보의 부사절**을 간단히 표현한 형태입니다.
　이때 '**동시, 이유'의 접속사는 반드시 생략**한다는 점이 중요하지요.

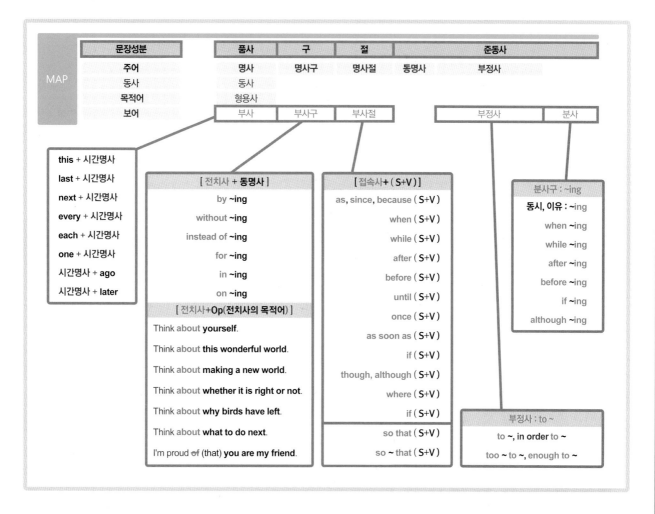

ANSWER

P. 14
1. I study.
2. I study English.
3. You laugh.
4. You watch TV.
5. We clean this classroom.
6. They hate me.
7. Sooni and Chulsu come.
8. Birds sing.
9. My sister and I help mother.
10. Most people know this story.

11. He knows me.
12. She smiles.
13. It/This moves.
14. Travel teaches a lot of/many things.
15. My mother works.
16. Your cellphone rings.
17. Someone cries.
18. Time passes.
19. Wind blows.
20. The rain washes my heart.

P. 15
1. The dog barked.
2. The teacher called your name.
3. Someone baked bread.
4. I deleted the file.
5. You saved my life.
6. I cried.
7. We hurried.
8. I studied math and science.
9. You dropped it.
10. Sooni skipped breakfast.

11. People came.
12. I cut the bread.
13. My grandfather drank the sungyung
14. Chulsu felt his mother's love.
15. My sister bought mandoo.
16. I said "yes".
17. My mom hurt her hand.
18. Clouds ate the moon.
19. The man found a wild ginseng.
20. He sold his soul.

P. 16
1. A woman called you.
2. He has a son.
3. We planted an apple tree.
4. I saw a snake.
5. You need a friend.
6. I know the answer.
7. I love this song.
8. I hate these songs.
9. We know that story.
10. She solved those questions.

1. I made a lot of/lots of/many mistakes.
2. A lot of/Lots of/Many people left the city.
3. She remembers a lot of/lots of/many things.

4. Too many people want that.
5. He has too many friends.
6. You received a lot of/lots of/much love.
7. We spent a lot of/lots of/much time.
8. My father drinks too much alcohol
9. You use too much water.

P. 17
1. I need more time.
2. We need more chairs.
3. Most people believed that.
4. Some people hate TV.
5. I know a few people.
6. I drank some water.
7. She saved a little money.
8. I know every teacher.
9. I know all techers.
10. Everyone/Everybody knows the answer.

11. I have no friends.
12. I have no idea.
13. We have no choice.
14. I ate nothing.
15. I said nothing.
16. They did nothing.
17. Nothing happened.
18. No one/Nobody knows it/this.
19. No one/Nobody wants you.
20. I met no one/nobody.

P. 19
1. I am a traveler.
2. I was a coward.
3. You are a genius.
4. He was a liar.
5. My grandmother is a fashion leader.
6. Sooni's brother was a kingka(king card).
7. The hairdresser is Chulsu's mother.
8. She was a housewife.
9. The answer is love.
10. It/That was my mistake.

1. It/This is mine.
2. Tomorrow is Hangul Day.
3. Yesterday was my sister's birthday.
4. You are the problem.
5. You are my everything.
6. We are the owners of our souls.
7. Eyes are the window of the mind.
8. Children are our future.
9. You were troublemakers.
10. They were my father's love letters.

P. 20
1. Music becomes his everything.
2. Your dream becomes a reality.
3. This world becomes a heaven.
4. Her book becomes a bestseller.
5. They become friends.
6. The ice becomes water.
7. The panda becomes the dragon warrior.

8. The bear becomes a woman.
9. The classroom becomes a mess.
10. Nolbu becomes a symbol of greed.

11. I became the leader of our team.
12. It/That became my nickname.
13. It/That became a habit.
14. My uncle became a father.
15. The story became a movie.
16. The movie became a success.
17. Yi Sun-Sin became a hero of Joseon.
18. Reading became a part of my life.
19. The earth became a dump.
20. I became one of them.

P. 22
1. We are happy.
2. The movie was scary.
3. It/This is interesting.
4. The wind was cold.
5. English is difficult.
6. One day is enough.
7. I am free.
8. The musical was great.
9. You are ugly.
10. I am bored.

11. You are lazy.
12. Your body temperature is normal.
13. This song is popular.
14. Everything was perfect.
15. We are ready.
16. You are safe.
17. The patterns were simple.
18. The cold was terrible.
19. The view was wonderful.
20. All of us were hungry.

P. 23
1. The Kitchen was messy.
2. Sooni's room was neat.
3. His eyes were deep and warm.
4. Your opinion is important.
5. Some of the questions were difficult.
6. Most of them were late.
7. It/This is broken.
8. The bottom of the monkey was red.
9. Fruits were fresh and cheap.
10. You are tall, handsome and smart.

11. I am tired.
12. The moon was bright
13. The soup is salty.
14. Brand coffee is expensive.
15. My legs are short.
16. Parents' love is endless.
17. You are lucky.
18. The air was clean and sweet.
19. Everything was lovely.
20. The night sky was mysterious.

P. 24~25

2 brave guys
The guys are brave.
3 correct answer
Your answer was correct.
4 fierce and dangerous animals
The animals are fierce and dangerous.
5 some easy questions
Some questions were easy.
6 the foolish and greedy man
The man was foolish and greedy.
7 your good idea
Your idea is good.
8 happy and healthy children
The children are happy and healthy.
9 the important appointment
The appointment is important.
10 this impossible mission
This mission is impossible.
11 lovely flowers
Flowers were lovely.
12 the mild weather
The weather was mild.
13 her natural smile
Her smile is natural.
14 the timid but wise student
The student is timid but wise.
15 this peaceful world
This world is peaceful.
16 this small but powerful country
This country is small but powerful
17 the quiet evening
That evening was quiet.
18 real story
This story is real.
19 my special gift/present
My gift is special.
20 surprising news
The news was surprising.
21 thirsty people
The people were thirsty.
22 useless knowledge
Knowledge was useless.
23 my mother's warm hands
My mother's hands were warm.
24 his young son
His son is young.

p. 26

1 A strange man followed me.
2 I hate Angry Bird.
3 You are a brave guy.
4 My sister likes scary movies.
5 I have enough time.
6 The hungry tiger found a rabbit.
7 I missed the easy question.
8 Children need more free time.
9 The normal body temperature is 36.5 degrees.
10 The troublemaker became a popular singer.

11 They planned a perfect crime.
12 Seoul is a clean and safe city.
13 He lived a simple life.
14 Terrible things happened.
15 That tall and handsome guy is Chulsu.
16 It/This is an important role.
17 I paid a late fee.
18 I picked up the pieces of the broken bottle.
19 We felt the clean and fresh air.
20 A friendly smile comforts the tired people.

p. 27

1 The bright moonlight covers the winter field.
2 Mom and I love/like spicy ttaeokbokki.
3 It/That has lovely and friendly eyes.
4 She has a mysterious charm.
5 My father is a lucky man.
6 The small village became a popular place.
7 I prepared a special and wonderful gift.
8 The high wall blocked them.
9 We saved enough money.
10 The teacher wrote a long sentence.

11 It was a short but difficult question.
12 A dark shadow appeared.
13 No one touched the dirty dog.
14 No one cleaned the messy room.
15 I spent half of the money.
16 We reached the top of the mountain.
17 The spicy smell tickled my nose.
18 The ugly caterpillar/larva became a beautiful butterfly.
19 We found something strange.
20 He said nothing strange.

p. 29

1 My face was red.
2 My face became/got red.
3 My face turned red.
4 My face grew red.
5 My face went red.
6 My face remained/stayed red.
7 My face felt cold.
8 My face looked/seemed red.
9 My voice sounded strange.
10 My feet smelled terrible.

11 The sky is dark.
12 The sky became dark.
13 The sky turned dark.
14 The sky grew dark.
15 I feel bad.
16 You look busy.
17 You sound unhappy.
18 Her tteokbokki is fantastic.
19 These flowers smell good.
20 This tteokbokki tastes spicy.

p. 30

1 I became bored.
2 My body became heavy.

3 The sky got angry/upset.
4 We got ready.
5 The sea grew calm.
6 The weather grew chilly.
7 All the leaves turned brown.
8 Her friendly attitude turned cold.
9 Some of them fell asleep.
10 The room fell silent/quiet.

11 Most of the food went bad.
12 Everything went wrong.
13 Everything came right.
14 My dream came true.
15 The story remains fresh/vivid.
16 The door remained open.
17 The monster stays alive.
18 He stayed single.
19 They kept calm.
20 She kept elegant/graceful.

p. 31
1 I feel confident.
2 I felt comfortable.
3 My body felt heavy.
4 He said "I feel sick."
5 You look sad.
6 They looked different.
7 The lion said "You look delicious."
8 This puzzle seems simple.
9 Some of them seemed nervous.
10 The old chair seemed useless.

11 It/That sounds funny/interesting.
12 That melody sounds familiar.
13 You sound arrogant.
14 It/That sounds difficult.
15 Your farts smell terrible.
16 Lilacs smell sweet.
17 It/This smells deep and rich.
18 This carrot tastes sweet.
19 This soup tastes flat.
20 Good medicine tastes bitter.

p. 33
1 I^1 have^2 English class^3 today^4.
2 Now^1 I^2 am^3 your partner.
3 I am the king here.
4 My father works there.
5 They seemed/looked happy together.
6 These days my mother exercises hard.
7 Yesterday I came home early.
8 My parents married late.
9 She solved the question easily.
10 The day passed quietly. But...

11 Usually I eat slowly.
12 The rumor spread quickly.
13 Sometimes the wind made strange sounds.
14 Soon the shadow appeared again.
15 Later, the tears became a river.
16 I waited outside.

17 The girl sat down there quietly.
18 All students stood up.
19 Suddenly, he walked in.
20 No one/Nobody came back.

p. 34
1 *We got up too late.*
2 I ate too much.
3 The game ended too early.
4 You made too many enemies.
5 I am really sorry.
6 He types really fast.
7 Your answer is really important.
8 I slept very well.
9 Korea has a very long history.
10 Sooni is a very curious girl.

11 Chulsu is a pretty careful boy.
12 I am pretty busy today.
13 I made up a pretty funny story.
14 The restaurant was a little crowded.
15 We arrived there a little late.
16 The story sounded a little ridiculous.
17 They look so different.
18 I missed you so much.
19 Your teacher looks so young.
20 They tried so hard.

p. 36
1 *Come again tomorrow.*
2 Don't laugh too loudly here.
3 Fix your bad habits now.
4 Don't disappoint me.
5 Don't think too deeply.
6 Be confident.
7 Don't be shy.
8 Be quiet/silent.
9 Don't be lazy.
10 Don't be so sad.

11 *Let's play soccer here today.*
12 Let's work together.
13 Why don't we try it again?
14 Let's open our closed mind.
15 Let's not argue here.
16 Why don't you stay here today?
17 Let's not give up too early.
18 Let's meet there right now.
19 Let's be creative.
20 Let's be a positive person.

p. 37
1 Move quickly.
2 Don't move.
3 Why don't you stop now?
4 Don't eat meat too often.
5 Read this part again carefully.
6 Don't ask me. Do it/that yourself.
7 Don't take pictures here.
8 Why don't we/you taste the cake first?
9 Let's plant cherry tomato here.

10 Imagine this huge dragon.
11 Click the arrow icon.
12 Let's find a possible way.
13 Don't test my patience.
14 Don't eat too salty food.
15 Let's calculate the distance.
16 Be happy.
17 Don't be nervous.
18 Don't be afraid.
19 Don't be sorry.
20 Don't bully the weak.

p. 40
1 *I do that every day.*
2 I did that yesterday.
3 *I will do that tomorrow.*
4 I may do that.
5 I can do that here.
6 I could do that there.
7 I would do that.
8 I should do that now.
9 I must do that here.
10 *I **am** doing that really hard.*
11 I was doing that really hard.
12 I will be doing that.
13 I may be doing that.
14 I should be doing that.
15 He must be doing that now.
16 I have done that already.
17 *I have **been** doing that.*
18 *You will **be** happy.*
19 You can be happy here.
20 You should be happy.
21 You must be happy.
22 We have been happy there.

p. 41
1 *Aliens invade the earth.*
2 Aliens invaded the earth.
3 Aliens will invade the earth soon.
4 Aliens may invade the earth soon.
5 *I can protect the earth.*
6 We could protect the earth.
7 Aliens would invade the earth.
8 We must protect the earth.
9 Someone should protect the earth.
10 Animals are protecting the earth.
11 We were protecting the earth.
12 Aliens will be invading the earth.
13 The aliens may be invading the earth.
14 You should be protecting the earth.
15 The aliens have invaded the earth.
16 Aliens have been invading the earth.
17 She has been protecting the earth alone.
18 *You are a hero.*
19 You will be/become a hero.
20 You can be/become a hero.
21 The aliens may be our friends.
22 You should be/become a hero.
23 You must be an alien.

24 The aliens have been our friends.
25 You have been our hero.

p. 42

1 I will come back soon.
2 You should clean this messy room yourselves.
3 We can help other people.
4 Sumin may invite us.
5 No one/Nobody could answer the simple question.
6 Chulsu and I would/used to kill time here.
7 They must be Keyongsangdo people.
8 Maybe this exam will be difficult.
9 We should be careful.
10 This book may look easy. But...

11 A lot of changes will begin soon.
12 You can change your destiny.
13 You may catch a cold. Wear this jacket.
14 It/That may be impossible.
15 Who should protect the earth?
16 Don't cry. A man should/must be tough.
17 We must remove the fear first.
18 It/This must be my destiny.
19 The dog must be wandering here and there.
20 So, the animals could survive.

p. 43

1 These days my brother and I are saving money.
2 My parents were watching the nine o'clock news.
3 My mom was wearing my school uniform.
4 A fierce dog was guarding the door.
5 I am doing homework alone.
6 I was riding my brother's new bike.
7 Most people will be sleeping.
8 I have eaten her tteokbokki before.
9 Sooni has surprised the teacher before.
10 The bus has left already.

11 The teacher was explaining something.
12 You are fighting again.
13 We were expecting something exciting.
14 Our team was doing well.
15 Mom will be making dinner.
16 She may be going mad.
17 I'm sorry. I have spent all the money.
18 I have seen her recently.
19 He has taught young students.
20 The forests have been disappearing.

p. 45

1 *I will not change my mind.*
2 I can't change my mind.
3 She may not change her mind.
4 He could not change his mind.
5 You should not change your mind.
6 You must not change your mind.
7 *I am not kidding.*
8 She was not kidding.
9 I will not be sleeping.

10 They may not be sleeping.

11 You should not be sleeping.
12 *This is not a joke.*
13 That was not a joke.
14 *I will not be scared.*
15 You should not be scared.
16 I have not changed my mind.
17 She has not changed her mind.
18 I have not been scared.
19 He has not been scared.
20 *I do not think so.*
21 I did not think so.
22 She does not think so.

p. 46

1 *Will you come?*
2 Will she come?
3 Can you come?
4 May I come again?
5 Should I come again tomorrow?
6 Would you come tomorrow?
7 Could you come tomorrow?
8 *Am I a robot?*
9 Are you busy now?
10 Is this/it green tea?
11 Was she angry?
12 Are you crying?
13 *Have we met before?*
14 Have you ever seen it?
15 *Do you believe that?*
16 Did you believe that?
17 Does he believe that?

18 ***Won't*** you come tomorrow?
19 Can't you come here?
20 Aren't you hungry?
21 Haven't we met before?
22 Don't you beleive that?
23 Didn't you see that?

p. 47

1 Don't worry. I do not cry.
2 I did not lie. Believe me.
3 You do not know me.
4 You did not do your homework again.
5 My father does not smoke.
6 My sister does not wear glasses.
7 A snake does not chew its prey.
8 It does not look special at all.
9 I do not need your help any more/any longer.
10 Most people did not believe his words.

11 I do not care.
12 I did not steal anything.
13 That does not sound difficult at all.
14 Age does not matter.
15 This world does not exist.
16 No one answered.
17 Nobody knows her real name.
18 Nothing happened.
19 The cat ate nothing.
20 We have no choice.

ANSWER

p. 48

1 Do you know me?
2 Did you finish your homework?
3 Do you believe me? I do not believe myself.
4 Does your father cook sometimes?
5 Does your sister learn mixed martial arts?
6 Does our skin breathe?
7 Do the trees understand you?
8 Do the animals have feelings?
9 Did you see the movie 'Three Idiots'?
10 Did you order chicken?

11 Don't you know me?
12 Don't you brush your teeth?
13 Didn't you read it yet?
14 Don't you believe me?
15 Don't you think so?
16 Don't you love me any more/any longer?
17 Didn't you call me yesterday?
18 Doesn't he look a little strange today?
19 Doesn't she sound a little excited today?
20 Doesn't your mom watch this TV drama?

p. 49

1 Don't worry. I will not(won't) give up.
2 They will not surrender so easily.
3 I can't solve this problem. Help me.
4 They can't understand me.
5 We may not have enough time tomorrow.
6 The printer may not work properly.
7 You/We should/must not kill living things thoughtlessly.
8 You/We should/must not waste water.
9 They could not find that guy.
10 She could not remember anything.

11 I am not sleeping yet.
12 No one/Nobody was following me.
13 I am not a kid any more.
14 I am not tired yet. Let's continue.
15 We have not met before.
16 She has not joined this site.
17 I have not forgotten the disgrace.
18 It will not be the last chance.
19 It can't be true. It must be a dream.
20 We should not be scared.

p. 50

1 Aunt, will you marry him?
2 Won't you join us?
3 Would/Could you help me?
4 Would/Could you check my writing first?
5 It looks delicious. Can I have a bite?
6 Can you imagine that?
7 Can I see your cellphone?
8 May I use this computer now?
9 Should we install a CCTV here?
10 Shouldn't you tell the truth?

11 Are you angry?
12 Am I a studying machine?
13 Are we flying now?

14 Is Kimchi a kind of fermented food?
15 Wasn't it easy?
16 Were you alone there?
17 Are you studying now?
18 Are they twins?
19 Is she your sister Sooni?
20 Have you ever seen a UFO?

p. 51

1 *It is yours, isn't it?*
2 This dog is really smart, isn't it?
3 The movie was boring, wasn't it?
4 You are watching TV now, aren't you?
5 We can meet again, can't we?
6 He could make it, couldn't he?
7 You will help me, won't you?
8 We have met before, haven't we?
9 She has spent the money, hasn't she?
10 You hate me, don't you?
11 He bullied you again, didn't he?
12 Your teacher wears glasses, doesn't he/she?
13 You do not have money, do you?
14 You are not tired, are you?
15 You have not seen it, have you?
16 They will not come, will they?
17 We can't buy it, can we?

p. 53

1 Who is Chulsu?
2 I missed the match. Who won?
3 Who scribbled here?
4 Who will believe this ridiculous story?
5 Who can deny this truth?
6 Who should apologize first?
7 Who/Whom do you resemble?
8 Who/Whom did you meet there yesterday?
9 Who/Whom will you follow?
10 Then who/whom should we believe?

11 What is the matter/problem?
12 What caused this kind of problem?
13 What is it/this? What did you make?
14 What will you do today?
15 Which is your bike?
16 Which boy lied?
17 What kind of game do you enjoy?
18 What movie did you see yesterday?
19 Whose note did you copy?
20 Whose footprint is it?

p. 54

1 When do you feel happy?
2 When did you notice that?
3 When can I receive that?
4 When is the deadline?
5 Mom, where did you put the charger?
6 The hard disk is full. Where should I save it?
7 The class begins soon. Where are you going?
8 Where is the PC room?
9 Why are you giggling? What's so funny?
10 Why don't you swim?

11 How did you solve this problem?
12 Where and how should we start?
13 How can you betray me?
14 How precious and beautiful is a life?
15 How high can this drone fly?
16 How much money do you need?
17 How many people will come here today?
18 How spicy is the tteokbokki?
19 How often does he come here?
20 How long have you been waiting here?

P. 58

1 *I am going to skip breakfast.*
2 She was going to lose weight.
3 You are able to lose weight.
4 My mom and I were able to lose weight.
5 You will be able to lose weight again.
6 My father is supposed to lose weight.
7 I was supposed to lose weight.
8 I am willing to skip breakfast.
9 She was willing to skip dinner.
10 You are likely to gain weight again.
11 I am about to eat a cup ramen.
12 She was about to eat a cup ramen.
13 I have to lose weight.
14 My mom has to lose weight.
15 You will have to skip dinner.
16 My father had to skip dinner.
17 I used to skip breakfast.
18 We used to be good friends.
19 I used to be pretty fat.
20 You'd better lose weight.
21 I'd rather skip breakfast.
22 I'd rather be fat.
23 She seems to skip breakfast.
24 She seems to be losing weight.
25 She seemed to skip dinner.

P. 59

1 *I am not going to give up yet.*
2 Are you going to give up now?
3 What are you going to do now?
4 *We are not able to explain it.*
5 Are you able to explain it?
6 You are not supposed to skip breakfast.
7 Where am I supposed to go?
8 He was not willing to give up.
9 Are they willing to give up?
10 She was not likely to give up.
11 He is not likely to give up the chance.
12 You'd better not give up yet.
13 I'd rather not go there.
14 Would you rather go there?
15 You do not have to lose weight. You look healthy.
16 Your mom does not have to come here.
17 He did not have to skip dinner anymore.
18 Do I have to explain it right now?
19 Does Chulsu have to go there?
20 Why did you have to go there?
21 *You do not seem to know this story.*
22 The teacher seems not to know this story.

23 They did not seem to know this story.
24 My sister seemed not to know this story.
25 He did not seem to be able to understand me.

P. 60

1 *What are you going to do there?*
2 I am going to be/become an idol star.
3 How are you going to eat them all?
4 No one is going to believe my words.
5 Who is going to teach us?
6 Fortunately I was able to pass the test.
7 He will not be able to touch you any more. Don't worry.
8 I was not able to/was unable to accept the reality.
9 You should be able to type English.
10 How fast are you able to type English?
11 You are not supposed to come here.
12 When am I supposed to use this card?
13 Winter is supposed to be cold.
14 I am willing to accept your challenge.
15 Are you willing to sacrifice yourself?
16 A woman was about to open the bathroom door.
17 I was about to vomit.
18 This plan is likely to fail again.
19 When are they likely to arrive here?
20 They are not likely to be so happy.

P. 61

1 *That guy used to bully me.*
2 This building used to be an elementary school.
3 Her eyes used to twinkle.
4 I'd rather eat Kimbap.
5 I'd rather leave the earth.
6 I'd rather not hear that.
7 I'd better go home now.
8 You'd better not open this file.
9 You'd better learn Teakwondo.
10 You'd better not show your face.
11 *So you have to be very careful.*
12 More people have to know the truth.
13 Why do I have to study English so hard?
14 You do not have to worry. Time is enough.
15 So, I had to borrow some money.
16 I did not have to memorize them all.
17 Sometimes he seems to have a complex.
18 He seemed to be smoking there.
19 She seemed not to like dogs.
20 People did not seem to know the truth.

P. 63

1 We bought bread, milk and ice cream there.
2 My cat is really cute and lovely, so everyone loves it.
3 Today I have to read this book and write a book report.
4 Everyone left and Sooni remained there alone.
5 Our teacher came in and called my name.
6 Call your mother and apologize first, and she will forgive everything.
7 The teacher opened his bag and took out a small note.
8 The old man said "Laugh, and blessings will come."
9 The park was small, but very beautiful.
10 I studied hard, but the exam was too difficult.

11 You should be able to speak fast but clearly.

P. 64

1 You have enough time, but I don't.
2 Most of them seemed to hate the decision, but some didn't
3 Birds can fly freely, but we can't.
4 They were strong and brave, but I wasn't.
5 You have met him before, but I haven't.
6 We don't have a big apartment or an expensive car, but (we) have a warm and loving family.
7 My mother is not an English teacher, but a math teacher.
8 They are not wasting time, but gaining good experiences.
9 He was not only a great writer, but (also) a very good farmer.
10 Shoes not only protect our feet, but (also) complete our fashions.
11 She was not only beautiful but also very intelligent. So I used to envy her.

P. 65

1 When should I finish it, today or tomorrow?
2 Who will become the class president, Chulsu or Sooni?
3 Should I follow them, or stay home alone?
4 Did you read the message, or not? Why didn't you answer?
5 My friends will be playing soccer outside or watching TV.
6 Turn off the computer right now, or I will tell mom.
7 Yesterday I came back home too late, so my mother got/was angry.
8 I could not understand the meaning of the sentence, so I had to give up the question.
9 The puppy looked not only very tired, but (also) sick. So I couldn't leave it outside.
10 They insulted my parents, so I could not control myself and lost my reason.
11 She seemed not to like greasy food, so we ordered bibimbap.

P. 67

1 *It is ten thirty.*
2 It was early morning.
3 It was late evening.
4 It is Tuesday today.
5 It was May 3.
6 It is late spring now.
7 It was early summer.
8 It is 2100 now.
9 It is minus 10 degrees outside.
10 It is dry today.

11 *It is good today.*
12 It will be clear/fine/sunny tomorrow.
13 It was very cold yesterday.
14 It is hot and humid today.
15 It is raining outside.
16 It rained yesterday. It was rainy ~.
17 It was getting bright.
18 It is a beautiful day.
19 It is great.
20 It is boring.

P. 69

1 *to learn English here*
   learning English here
2 to travel the world
   traveling the world
3 to wear white shirt today
   wearing white shirt today
4 to clean the house alone
   cleaning the house alone

5 to make good friends
   making good friends
6 to feel tired
   feeling tired
7 to become a Kungfu master
   becoming a Kungfu master
8 to look smart
   looking smart
9 to be busy
   being busy
10 to be a middle school student
   being a middle school student
11 to be able to fly
   being able to fly
12 to have to study English
   having to study English

P. 70

1 *You need to understand your parents.*
2 You do not need to be ashamed.
3 Do I need to take the Chinese character test?
4 I'd like to try it.
5 Would you like to see your future?
6 Which country would you like to visit?
7 I wanted to have new experiences.
8 I do not want to be late again. Hurry up!
9 Why do people want to live long?
10 Everyone wishes to live a happy life.

11 I do not wish to repeat the same mistake.
12 I did not hope to be a hero.
13 I hoped to leave a good impression.
14 She always hopes to remain/stay young.
15 How do you plan to spend this money?
16 I planned to donate the money.
17 I am planning to do something special.
18 Don't hesitate to express your feelings.
19 I was hesitating to push the doorbell.
20 That guy didn't hesitate to swear.

P. 71

1 *Finally Chulsu decided to quit school.*
2 Why did he decide to do so?
3 You should learn to be patient first.
4 When did you learn to play the guitar?
5 So I decided to learn to swim again.
6 Where can I learn to fight?
7 You must learn to forgive yourself.
8 Can you promise to keep the secret?

9 I have not/never promised to do so.
10 First, promise to forgive me.

11 The smart frog pretended to be dead.
12 Don't pretend to be sleeping.
13 Why did you pretend to know the story?
14 I failed to persuade my mom.
15 Most people fail to realize the truth.
16 I decided not to go there anymore/any longer.
17 My mom decided not to eat dinner.
18 I promised not to be late again.
19 I pretended not to care, but I was really glad.
20 She pretended not to know me there.

P. 72

1 *Chulsu's family enjoys going camping.*
2 You seem to enjoy wearing skinny jeans.
3 Actually I do not enjoy eating fish.
4 Keep reading loudly.
5 That guy kept teasing me.
6 I am sorry, but I can't keep chatting here.
7 That was not easy, but I kept going.
8 I would/used to imagine meeting alien.
9 Imagine being/becoming an invisible man.
10 Imagine being able to fly freely.

11 I am considering quitting this institute.
12 He seemed to give up being a human.
13 I had to give up solving other questions.
14 Didn't you finish tidying your room yet?
15 I have to finish preparing the presentation today.
16 Stop complaining.
17 My father promised to quit smoking.
18 Why are you avoiding answering my question?
19 Why don't you try calling his cellphone?
20 Would you mind speaking a little quietly?

P. 73

1 I like to wear comfortable clothes.
2 I don't like to read books.
3 My brother likes drawing cartoons.
4 We do not like eating out.
5 Do you like playing board games?
6 The boy loved to catch insects.
7 I loved reading fantasy novels.
8 Most students hate taking tests.
9 Sooni seems to hate to see you.
10 I used to hate to take a shower.

11 I began/started to feel sleepy again.
12 Suddenly I started/began to gain weight.
13 Suddenly I started/began gaining weight.
14 The mosquito bite continues to itch.
15 The moon continued following me.
16 I pretended not to hear that, and continued to walk.
17 Don't forget to buy ice cream.
18 I will not forget seeing the shooting star.
19 Remember to set the alarm.
20 I don't remember saying so.

P. 76

1 Sumin began to learn Taekyun. / I heard (that) Sumin began to learn Taekyun.
2 She was so beautiful. / I did not know (that) she was so beautiful.
3 Life is too short. / People say (that) life is too short.
4 She did not have enough time. / Sumin said (that) she did not have enough time.
5 I will go there today. / I can't promise (that) I will go there today.
6 Your friends will like it. / I do not know if/whether your friends will like it or not.
7 You have read this book. / I am asking if/whether you have read this book.
8 The water is cold or hot. / How do you know if/whether the water is cold or hot?
9 The pig is laughing or crying./ I don't know if/whether the pig is laughing or crying.
10 I can spend this money. / I do not know if/whether I can spend this money.

P. 77 ~ 78

1 *I know who has the key.*
2 I do not know who is lying.
3 I did not know who she was.
4 Do you know who broke the computer?
5 I do not know what I have to say.
6 Don't you know which is more important?
7 I do not know when mom left home.
8 I know where you can buy it.
9 I do not know why she is so angry.
10 I do not know how you found the answer.
11 I did not know how important that was.
12 They did not know how deep the water was.
13 Do you know how many people will come here today?
14 I want to know how long I should wait.
15 I do not know what kind of fish it is.
16 I do not know which button I should push.
17 I did not know whose phone number it was.
18 I know whose voice you are mimicking.
19 I know who they are supporting.
20 I knew what you wanted to buy.
21 I do not know why you are hesitating.
22 Do you know where they decided to go?
23 I did not know why they kept laughing?
24 Don't you know how much I love you?
25 Don't you know who I am?
26 Read aloud what I write here.
27 I had to eat what she made.
28 Don't believe what he says.
29 No one believed what he said.
30 Do whatever you can do.
31 That is what I wanted to say.
32 You can take whatever you want.

P. 79

1 It is very important (that) you can understand other people.
2 It is not important if/whether your school grades are good or not.
3 It may seem important (that) you enter a good university. But...
4 Is it essential (that) we have smart phone?
5 It is natural (that) Korean students don't like English.
6 It is also possible (that) you can become the president of this country.
7 It seemed almost impossible (that) we could change the situation.
8 It is true (that) the internet is a very useful tool. But...
9 It was clear (that) his answer was wrong, but he didn't admit that.
10 It is not clear if/whether our plan will succeed or not.
11 It is not clear who is right and who is wrong.

ANSWER

P. 80

12 It is not certain if/whether they are willing to help us.
13 It is amazing (that) such a young child can play the gayageum.
14 It is surprising (that) your brother entered that university.
15 Isn't it interesting (that) plants also communicate?
16 It seemed strange (that) the guy avoided facing me.
17 It is lucky (that) the weather is so fine.
18 Is it true (that) you have seen a UFO?
19 It is not a good idea (that) we punish him here.
20 It is a common knowledge now (that) Kimchi is a healthy food.
21 It does not matter if/whether people acknowledge me or not.
22 It does not matter how smart you are. The important thing is (that) you don't lose your passion.
23 It does not matter what other people say. Don't give up your dream.

P. 81

1 The problem is (that) we are wasting too much energy.
2 The sad fact is (that) people have been destroying these beautiful forests.
3 My question is if/whether you understood the correct meaning of the paragraph.
4 My complaint is (that) grown-ups/adults do not respect our interests and personalities.
5 The first reason is (that) people are eating too much meat.
6 Another important thing is how you treat your friends.
7 The important thing is who can reduce mistakes.
8 That is what I want to say.
9 Consideration is what we have to show now.
10 What you have to remember is (that) your potential is limitless.
11 What you had to ask was whether he would support you or not.

P. 82

12 Love is when everything looks beautiful.
13 Here is where we have to part again. Be healthy and happy.
14 That is why I mind meeting that guy personally.
15 This is how they live. You do not need to be angry.
16 That was when I began to feel lonely.
17 These riversides were where human civilizations began.
18 Those were why people invented those weapons.
19 What scientists are failing to find out is how they could predict these things.

P. 83

1 My father said (that) he would come back soon.
2 I believe (that) you will not betray me. Don't forget (that) I am your friend.
3 No one knows if/whether it is a truth or not.
4 I found (that) I did not have enough money.
5 So, do you mean (that) I am a liar?
6 Let's imagine (that) we can use telepathy.
7 I did not expect (that) I would get so nervous.
8 I heard (that) you had lost your phone. Is it/that true?
9 I do not think (that) your behavior was cowardly.
10 Sometimes I wonder if/whether I have done a right thing.
11 He seemed not to remember where he had seen me before.

P. 84

12 Can you answer why the Earth is rotating?
13 Today we are going to learn how plants use light.
14 I will explain why you should not despise or hate others.
15 So, the young people are likely to decide (that) their efforts are useless.
16 Our teacher promised (that) she would buy pizza today.
17 You are going to feel (that) English writing is not so difficult.
18 Now we can't deny (that) aliens and UFOs exist.
19 I admit (that) I used the computer, but I did not install any program.
20 Finally he realized what he had done there.
21 First you need to understand (that) Hangul is a very scientific language.
22 These experiments show that early education may cause diverse side effects.

P. 85

23 You will realize how precious your family is.
24 Don't you wonder whose name they will call?
25 Sometimes the devil used to forget who he was and what he had to do there.
26 The butterfly wondered how far she could fly. So...
27 That/The dog is the only witness. It may know where he buried that.
28 It/This means (that) your mind creates everything.
29 I wonder why people can't realize this simple truth.
30 You will see how amazing the nature is.
31 Do you think so? Then let's see who is the best.
32 You do not need to say any more. I see what kind of person you are.
33 I do not want to admit, but now I see (that) I was wrong.

P. 86

1 Do what you want to do, or you will regret.
2 I vomited what I ate.
3 I told what I had seen there, but they seemed not to believe what I said.
4 Don't forget what you are supposed to do. I will be watching you carefully.
5 Don't hesitate. You can ask whatever you want to know.
6 Whatever you see, hear and sense is illusion.
7 That is what we should not do. Don't forget (that) no one is perfect.
8 He said "You can use whatever you have, but you should not overrun your time.'
9 What we need is not getting knowledge, but awakening our sleeping sensibility.
10 Sooni felt (that) finally she found what she wanted to do.

P. 90

1 (that) I have good friends   to have good friends
   having good friends
2 (that) we protect the nature   to protect the nature
   protecting the nature
3 (that) I live here   to live here
   living here
4 (that) you become a Kingcard   to become a kingcard
   becoming a king card
5 (that) I don't help them   not to help them
   not helping them
6 (that) you don't cry   not to cry
   not crying
7 (that) people are happy   to be happy
   being happy
8 (that) you are busy   to be busy
   being busy
9 (that) I am a Korean   to be a Korean
   being a Korean
10 (that) we can do that   to be able to do that
   being able to do that
11 (that) I should/must study English   to have to study ~
   having to study ~

P. 91

1 whether I should laugh or cry → whether to laugh or cry
2 whether I can finish it today→ whether to finish it today
3 whether I should go there or not → whether to go there or not
4 who/whom we should blame → who to blame
5 who/whom I should believe → who/whom to believe
6 whose book I should read → whose book to read
7 what I should say → what to say
8 which we should choose → which to choose
9 when you should push the button → when to push the button
10 where I can find the flower → where to find the flower
11 how I should solve this problem → how to solve this problem
12 how long I can stay here → how long to stay here

P. 92

1 *It is really important **to** make good friends.*
2 It is important not to overeat.
3 It is not so difficult to protect nature.
4 It may not be easy to admit your mistake.
5 It was hard to believe what they were saying.
6 It may be good to be able to see the future. But...
7 It is not good to eat fast food too often.
8 It must be a terrible thing to be/become an outcast.
9 It is natural to want to help the poor (people).
10 Most students think (that) it is essential to have smart phone.
11 It may be dangerous to install this kind of unknown program.

P. 93

12 It seemed impossible to overturn the decision.
13 Is it possible to choose one's own fate?
14 It is better not to underestimate them.
15 It became difficult to be/become a creative student.
16 It is not a good idea to suppress your feelings.
17 It was his old habit to bite his nails.
18 I am a middle school student now. So it makes sense to raise my allowance.
19 It does not make sense to bring pet dogs here.
20 It will take a lot of time and effort to make a good figure.
21 It takes too much money to raise children. So people give up having babies.
22 It took about an hour and a half to read this book.

P. 94

1 Smoking is a terrible habit. And It is not easy to stop smoking.
2 I know (that) reading is very important, but I don't like reading.
3 Eating raw fish can be dangerous.
4 Finding a parking space may be difficult. So I'd rather use the subway.
5 Not blaming other people must be a very wise attitude.
6 Riding bike can save time.
7 She had many hobbies, and gardening was one of them.

ANSWER

8 Being handsome must be a big advantage, but It can't be everything.
9 Being busy can't be an excuse. These days everybody/everyone is busy.
10 Being able to see and think differently must be one of his good points.
11 Having to get up early was painful.

P. 95

1 What I want to do now is playing/to play computer game.
2 Her favorite hobby is growing/to grow flowers. Especially, she likes fleshy plants.
3 My ambition is conquering/to conquer the world. I believe (that) someday it will come true.
4 The boy's dream was making/to make a time machine.
5 Their mission was destroying/to destroy the ring. But no one thought (that) they could make it.
6 His goal was not making/to make money, but helping/to help the poor people.
7 The secret is trusting/to trust yourself and having/to have self-confidence.
8 My only wish was to have a smart phone, so I began to save my allowance.
9 Don't forget (that) the only and the best way is doing/to do your best.
10 She said "The first rule is not to say no./not saying no."
11 The important thing is experiencing/to experience what you have learned.

P. 96

1 I could not decide whether to order chicken or pizza.
2 I do not know whether to believe what he said or not.
3 I do not know whether to hate you or pity you.
4 The dog seemed to know who to follow.
5 You'd better consider what to do next.
6 It took an hour to decide what to wear.
7 He seemed not to know which way to go.
8 I have not learned when to use commas.
9 First you'd better decide where to save your data.
10 I forgot how to solve this kind of problem.
11 You do not have/need to wonder how to achieve your dreams.

P. 97

12 I do not know whether to endure the pain or take the medicine.
13 Let's decide whether to stay here or go outside.
14 Actually no one knows what to expect now.
15 Did you decide who to bring there tomorrow?
16 I do not know who to call.
17 You should be able to decide yourself what to do and how to do.
18 Knowing when to stop is very important.
19 I was too confused and I did not know who/whom to ask or what to ask.
20 Did you decide where to put the flowers?
21 You need to learn how to spend your free time wisely.
22 She seems to know how to treat that kind of child.

P. 106

1 We are supposed to meet today.
2 Then what are you going to do tomorrow?
3 It's too late now. Just give up!
4 It will become/get/be dark soon. Hurry up.
5 First we have to decide what to eat.
6 See you later.
7 You will also realize the meaning sometime/someday.
8 Sometimes the teacher looked/seemed crazy.
9 These days sneakers are too expensive.
10 One day the aliens invaded the earth again.

11 How can you empty your bowl every morning?
12 Her family goes abroad every/each year.
13 Let's play together this Saturday.
14 This time I lost. I admit my defeat.
15 Didn't you attend the meeting last week?

16 Don't you remember borrowing money last time?
17 A long time ago, the earth was also dust.
18 I warned you some days ago.
19 A few minutes later, the UFO appeared there again.
20 What kind of person do you want to be 10 years later?

P. 107
1 What are you doing here?
2 Living there forever must be boring.
3 We promised to meet there tomorrow afternoon.
4 I have seen that guy somewhere before.
5 Have you ever travelled abroad?
6 Why don't you go home?
7 Someone was sobbing upstairs.
8 I think (that) the pain will fade away soon.
9 Don't come in. I am changing clothes now.
10 Why don't you wait inside?
11 The huge rock began to fly up.
12 He sat down there and lowered his head.

13 Where are you now? I'm home.
14 How many people were there yesterday?
15 No one wants to be here.
16 He did not seem to enjoy being there.
17 Where have you been all day?
18 I went there again, but he was away.
19 The toilet/bathroom is downstairs.
20 How many times have you been abroad?

P. 108
1 I hope to do well this time.
2 "Don't behave so meanly." he said angrily.
3 The stars were twinkling brightly.
4 Listen carefully, and choose the right answer.
5 She remembered everything correctly.
6 Close your eyes, and breathe slowly and deeply.
7 He solved the problem too/so easily.
8 Suddenly, they started to fight fiercely.
9 Children need to play about freely.
10 The big dog kept barking loudly.

11 They lived happily together.
12 You'd better answer the question honestly.
13 Don't worry. The wound will heal naturally.
14 It is natural to greet elders politely.
15 This mouse doesn't seem to work properly.
16 I hid it/that quickly, but he noticed that.
17 Why is it important to exercise regularly?
18 Anyway, we finished the whole process successfully.
19 He pretended to welcome us warmly.
20 We shook hands lightly, and smiled awkwardly.

P. 109
1 My parents always looked busy.
2 You always think positively.
3 This restaurant is always crowded.
4 You are always my best friend.
5 You are always complaining.
6 It is not always easy to do so.
7 You can always cancel it.
8 Remember (that) I can't always help you.
9 Why should we always follow these absurd rules?
10 They have always avoided each other.

11 I have never blamed you.
12 I will never see you again.
13 He felt (that) his life is never happy.
14 It seldom snows here.
15 I could hardly sleep last night.
16 It is hardly surprising (that) he failed again.
17 My family often eats out.
18 It is often difficult to be frank.
19 How often do you air your house?
20 So, sometimes people used to misunderstand me.

P. 110
1 Soon I lost interest and didn't even want to know what to do next.
2 I could not understand why Sumin treated me so coldly. Did I make any mistakes there?
3 It was a very hard day. So I wanted to rest alone quietly, but they did not seem to leave early.
4 A few minutes later the water will begin to boil. Then lower the heat.
5 I turned on the computer and was about to begin the game. Just then the front door opened and my father came in.
6 I bought this cell phone only two days ago, but it is not working properly now. Does it make sense?
7 It is always possible to join this online course. Don't hesitate to look around and try a level test.

P. 111
8 Every day I repeated the same part several times, and it was pretty effective.
9 You need to remember why they decided to forgive you this time. Next time...
10 We used to/would play soccer once or twice a week, but it is not easy to find time these days.
11 We not only had to memorize 50 words a day, but (also) had to do the online homework.
12 The eastern sky was brightening slowly, and there he was sitting still and peacefully.
13 Have you ever wondered why so many people can't live happily?
14 This question may look very simple. However, it is never easy to answer correctly.

P. 112
15 They also knew (that) the war would destroy everything, but finally they couldn't avoid it/that.
16 The game was over, but the excitement didn't calm down so easily, and our faces were still red.
17 I'd better come and practice again sometime tomorrow afternoon. Will you also come here tomorrow?
18 We never imagined (that) the guy could do his part so wonderfully.
19 Knowing many things is not always good. Sometimes knowledge can blind us.
20 "Stop whining! You are not a kid any more. You can't always do what you want to do."
21 I do not mean (that) it is always easy to help others, but mean (that) it's always important.

ANSWER

22 We are Koreans. Therefore/Thus, it is natural (that) we feel (that) English is difficult.
23 Grades are not so important. Instead, it is important to have diverse interests and experiences.
24 I do not expect (that) Sooni will admit that so easily. Besides, We can't say (that) she did that intentionally.
25 It was a living hell. However, no one wondered what was happening there.
26 You have promised not to cause problem any more. However, you are messing up everything again.
27 Avoid taking cold medicine so often. Instead, have/get enough rest. Otherwise, your body will become weaker.
28 "Then, what is the matter? Why are you so angry?" "Don't you see (that) you are spoiling the mood?"

P. 116

1 Let's meet there at 1:30.
2 Today I woke at dawn.
3 At first, I did not believe what you said.
4 I was too young at that time.
5 Don't ask too many questions at a time.
6 He mastered Chungiamoon at 5/at the age of 5.
7 My father came back home around 2 a.m.

8 I was born in winter.
9 The rain stopped in the early morning.
10 It began to rain again in the afternoon.
11 My mom opened this flower shop in 2010.
12 The ghosts disappeared in a moment./in a second.
13 The same thing has happened several times in the past.
14 It is impossible to finish it in/within 10 minutes.
15 How can I make the money in/within three days?

16 The public bath does not open on Tuesdays.
17 Instead, we decided to leave on Friday.
18 Do you wear Hanbok on Chuseok?
19 Finally, a terrible thing happened on my birthday.
20 I pretended to arrive/get there on time.

P. 117

1 Why do you brush your teeth before meal?
2 Tokebies had to go back before the daybreak.
3 Sumin arrived/got there before me.
4 They were living here before the dinosaurs.
5 You can't go anywhere before that.
6 He scored a goal just before the end of the match.
7 We met an hour before the performance.

8 It is a good habit to walk after dinner.
9 He opened his eyes slowly after several minutes.
10 After two days, winter vacation begins.

11 My mom was too busy even after work.
12 Come home straight after school.
13 After that, my mind began to change again.
14 After a while, she called me again.

15 We were here from 3 o'clock.
16 I will be there from 2 to 5 tomorrow.
17 Everything was strange from the beginning.
18 It was sultry from the morning.
19 High school students study from morning to night.
20 We can see stag beetles from June to September.

P. 118

1 I have not seen her since last Sunday.
2 Since then, we have been living here.
3 Since that day, she has not come here alone.
4 You have been lucky until now.
5 I did not know that until this morning.
6 Can you wait until then?
7 Don't use this door until tomorrow.
8 Don't worry. I will come back by 1 o'clock.
9 You promised to finish it by tomorrow.
10 We will be playing there by this time tomorrow.

11 I need a family picture by next Monday.
12 It is impossible to hold your breath for 10 minutes.
13 Don't open your eyes for 10 seconds.
14 It rained for three days last week.
15 This tree has stood here for about 3 hundred years.
16 You can't go out during the test.
17 Today I had a nosebleed during class.
18 Where do you want to go during this vacation?
19 I stayed home during the weekend.
20 How many good things will you do during your lifetime?

P. 119

1 At that time, I remembered (that) I was supposed to meet my friends at 5 o'clock.
2 The next class was English, so I had to memorize the words during the Korean class.
3 I think (that) I will be busy in the morning. Let's meet around 2 o'clock after lunch instead.
4 Beautiful/pretty wild flowers decorate this broad plain from early spring to late autumn.
5 Of course, I hate taking exam, but it's good (that) the school finishes early during the exam period.
6 Damn it! Now these pants are also too tight. I have to start a diet again from tomorrow.
7 It began to snow at night, and in the morning all the world was white.

P. 120

8 I spent all the money in a day, and my mom got very angry. Maybe, she will not give allowance for a while.
9 It does not make sense (that) I have to use this coupon within/in a week. It is just a shallow trick.
10 Sumin's birthday party is at 6 o'clock, and this movie is over at 7. 30. We'd better see it next time.
11 Actually, I did not know what to say at that time. I think (that) I was too puzzled.
12 I have to finish writing my book report by this Friday. Otherwise, I may not be able to go there.
13 Since then, I have always wanted to write my own fantasy novel and tried several times. However, it was never easy.

14 Some of the students slept during the art class, but the teacher didn't scold them.

P. 121

15 In 2002, the Korean soccer team reached the semifinals and many Koreans still remember the matches vividly.
16 At first, I couldn't realize why he pretended not to know me. I knew the reason after a while.
17 Some days ago I heard (that) Chulsu was going to quit all institutes from next month. Did you know that?
18 Until last year, her dream was to become a great gymnast. However, she had to give up the dream after the accident.
19 I expected (that) the pizza would arrive by then, so I didn't eat anything.
20 That guy knew (that) I get an allowance on Mondays.
21 It's best to read the text books from the beginning to the end several times before the exam.

P. 124

1 Let's meet at the theater around 2 o'clock.
2 I was waiting at the exit.
3 At school, Chulsu was a pretty good student.
4 Why are you so angry at me?
5 We woke up at the sound.
6 Water does not always boil at 100C.
7 My name was at the bottom of the list.
8 We were surprised at his strange behavior.
9 She shouted "Don't look at me!"
10 The man glanced at us several times.

11 I hate living in an apartment.
12 Stars are always twinkling in the sky.
13 Don't run around in the house.
14 I saved the files in this folder.
15 He put the money in his pocket.
16 Get in the car.
17 She was in her school uniform.
18 Do not forget (that) your life is in my hands.
19 The game continued even in the rain.
20 In the dark, a sharp scream echoed.

P. 125

1 A fly sat on my left hand.
2 The teacher wrote my name on the board.
3 Why don't you/we hang your painting on this wall?
4 Why is this on my desk?
5 Mom is on the phone.
6 I found this wallet on my way to school.
7 I have seen this movie on TV.
8 It is better to buy that on the internet.
9 It takes over an hour to go there on foot.
10 I'd rather go on a bus.

11 Don't blame your friend in front of others.
12 He disappeared in front of my eyes.
13 I will be in front of the theater.
14 The sun hid behind the clouds.
15 We had to park our car behind the hospital.
16 Don't you see/know who's behind this plan?
17 Don't sit beside/by/next to me.
18 He kept farting beside me.
19 Why did you draw a cat beside the old woman?
20 Do you remember who was beside Chulsu?

P. 126

1 Find different parts between the two pictures/paintings.
2 What happened between them?
3 Liger was born between a lion and a tiger.

4 The bakery is between the supermarket and the flower shop.
5 This game is popular among children.
6 Cyber bullying is a serious problem among students.
7 You can choose only one among them.
8 I believe (that) he was not among them.
9 The pigs are sitting around the table.
10 People gathered around the boy.
11 Don't play near the road.
12 The ball fell near the sleeping dog.
13 The pension was near the beach.
14 We don't go to school this Friday.
15 Turn (to the) left at the bakery.
16 Most of them were strangers to me.
17 Everything was new and amazing to the boy.
18 How do you know what will happen to us?
19 It takes only 5 minutes to walk to school.
20 The woodcutter gave that to the fairy.

P. 127

1 A fresh and cool wind blew from the mountain.
2 We have to import oil from other countries.
3 What did you learn from him?
4 The boy took out a frog from his pocket.
5 How far is it from here?
6 It will protect you from evil spirits.
7 You are from a Yangban family.
8 It is about 300,000 km from the earth to the moon.
9 Can you swim from here to the rock?
10 Count again from 1 to 10 in English.

11 A shooting star passed across the night sky.
12 A broad smile spread slowly across her face.
13 The PC room is across the street.
14 Keep walking along the path to the end.
15 The water flows along the valley to a pond.
16 Tall pine trees were along the beach.
17 We looked up the night sky through the roof window.
18 We reached the camping ground through the forest.
19 People can do anything through the internet.
20 The sun was shining through the leaves.

ANSWER

1 Germs get into our body through wounds.
2 Put these coins into the piggybank.
3 I was looking into the water.
4 A sparrow flew into the classroom.
5 I jumped into the sea from the rock.
6 Fish can't live out of water.
7 A small mouse crawled out of the hole.
8 He threw the cigarette butt out of the car window.
9 He must be out of his mind.
10 The situation was out of control.
11 Soon the moon will rise over the mountain.
12 I put the towel over the trembling puppy.
13 He was about to jump over the wall.
14 Who attached the gum under this desk?
15 They work under the burning sun all day long.
16 Mysterious creatures are living under the sea.
17 Something wriggled beneath my feet.
18 The squirrel climbed up the tree swiftly.
19 The ball began to roll down the street.
20 The jjimjilbang is down the street.

P. 129
1 Most of my friends are going to two or three institutes after school.
2 It is a common knowledge (that) the earth is the third planet in/within our solar system. Don't you know that?
3 In the dream, a huge tiger started to walk to me, but strangely I couldn't move at all.
4 Our teachers were in front of the elevator. So we walked up the stairs instead.
5 Mom came into my room, and put a pillow behind my head. She stroked my head but I just pretended to be asleep.
6 Cool wind was blowing along the beautiful autumn valley and fallen leaves were floating on the water.
7 The bright sun was rising through the clouds over the distant horizon and we cheered to the rising sun altogether.

P. 130
8 She said (that) a strange man was loitering near the playground around 10 o'clock last night.
9 A herd of zebra was running across the field and a lion was running after them.
10 At that moment, a black cat jumped out of the trash can and I almost fainted.
11 During the English class, a white dove flew into our classroom through the open window.
12 I decided to study English through the internet during this winter vacation.
13 The toilet was at the end of the corridor. I put a hand on my hips and began to walk to the toilet in short, quick steps. Then...
14 Our English teacher is from Gyeongsang-do, and his dialect is really funny. Of course, Sometimes we do not understand what he says.

P. 131
15 The old man took a 10,000 won bill from his pocket and gave it to me.
16 A small snack bar was between a stationery store and a beauty shop. We enjoyed stopping by there after school.
17 Chulsu is denying (that) he was among them last night, but it doesn't matter if/whether he was there or not.
18 We ordered jajangmyeon about 15 minutes ago. But the elevator is under maintenance now and our house is on the tenth floor.
19 It does not make sense to solve 25 questions in 20 minutes. It took almost 10 minutes to solve from 1 to 5.
20 In the near future, students may not be using paper books at school any more.
21 How can I know what's in your mind? You always need to express your thoughts to the people.

P. 133
1 *There is a small park beside the building.*
2 There is only one way right now.
3 There are several dialects in Korea.
4 There were some/a few changes in the system.
5 There was a traffic accident at this crossroad yesterday.
6 There are diverse home appliances around us.
7 There can/may be two choices.
8 There are 365 days in a year.
9 There was fear in her voice.
10 There were old pine trees in front of the village.

11 There are many kinds of people in the world.
12 There will be a special concert during the festival.
13 There was something strange.
14 There was a long silence between us.
15 There were hundreds of stars in the night sky.
16 There will be free time after this training.
17 There will/is going to be a surprise event around 2 o'clock.
18 There should be more efforts.
19 There used to be a small bookstore near my house.
20 There used to be a lot of wild tigers even in Korea.

P. 134
1 There is nothing new in your idea.
2 There was no one/nobody out of the window.
3 There was no evidence or witness.
4 There is no difference between them.
5 There were no vacant seats on the bus.
6 There will be no class after lunch time tomorrow.
7 There should be no more violence.
8 There are few people on the street.
9 There were few books in Chulsu's room.
10 There is little water in the lake.
11 There was little rain for the past two months.

12 There was not enough time.
13 There is not a big difference.
14 Fortunately, there was not much damage.
15 There are not enough forests in this city.
16 Was there any message from Sooni?
17 Is there a shuttle bus from here to there?
18 Is there a convenience store around here?
19 Wasn't there a better way?
20 Is there no room?

P. 135

1 Her only hobby is gardening. So, there are beautiful flowers in her small garden every spring.
2 There was a small quarrel between my parents at the dinner table last evening. So the mood is not good now.
3 You'd better check again if/whether there are no mistakes in your answer sheet.
4 During the exam period, there are too many students in the library even on Saturday and Sunday. It is not easy to find a vacant seat.
5 The teacher held my hand and said "Don't worry. There will be another good chance." I just pretended to be indifferent.
6 There was not enough time before the teacher's class, so I gave up finishing the homework.
7 You may have seen UFO or alien pictures on the internet. Then, do you believe (that) there is alien life in the universe?

P. 136

8 We should remember (that) there are still a lot of/many starving children around us.
9 A man was talking loudly on the phone. He seemed to forget (that) there were other people on the bus.
10 Last time, we learned (that) there are three kinds of blood cells in our body. Didn't we?
11 It's important to understand (that) there is a lot of false or incorrect information on the internet.
12 I heard (that) there will be a meteor shower in the northern sky for about 30 minutes around 3 a.m. I want to see it.
13 There is a convenience store across the street. Would you buy some water and soft drinks there?
14 There will be some rain in Yeongnam area from Thursday night to Friday afternoon, but it will be sunny during the weekend.

P. 138

1 Let's talk about our dreams.
2 You don't care about my feelings.
3 This movie is about our neighbors.
4 What can you do for me?
5 Sometimes, we have to fight for justice.
6 It's important to protect forests for many reasons.
7 Smoking is not good for your health.
8 This mountain is famous for azaleas in spring.
9 This is for you.
10 Finally, the train started for the moon.

11 Why are you going around with the guys?
12 Can I take a picture with you?
13 Wash your hands with soap.
14 My heart pounded with expectation.
15 Don't play with food!
16 I don't want to be with you anymore.
17 We can't live without love.
18 Sometimes, I feel irritated without any reason.
19 Everything changes without exception.
20 How can I eat rice without kimchi?

P. 139

1 Then we can go to Mt. Baekdu by train.
2 We control the robots by remote control.
3 I deleted the file by mistake.
4 I met him again on the street by chance.
5 Don't judge a person by his or her appearance/looks.
6 Divide 21 by 3. It must be 7.
7 Multiply that by 213.
8 You look like a pig.
9 I can skate like Yu-na.
10 She also wanted to be happy like other people.

11 No one wishes to be like you.
12 Do they always fight like that?
13 Like his father, he was also very bright.
14 Don't treat me as a criminal.
15 The aliens use you as a lab rat.
16 As a result, it's impossible to do so.
17 He seems not to consider me as a friend.

18 As your teacher, I also feel responsibility.
19 She was born as a daughter of a poor farmer.
20 They accepted that as a matter of course.

P. 140

1 Despite our passion and efforts, we have lost.
2 My grandfather is still strong despite his age.
3 Despite its soft appearance, Big...
4 Despite my warning, he kept/continued teasing me.
5 Don't you admit that despite such evidence?
6 Drink water instead of soft drinks.
7 Can you stop by there instead of me?
8 It is better to use paper dictionary instead of electronic dictionary.
9 It was your decision to choose blue instead of green.
10 Why don't you try it instead of that?

11 I can't spoil everything because of you!
12 You don't need to feel small because of your appearance/looks.
13 I can't go to school today because of headache.
14 Do you mean (that) you failed because of me?
15 I think that it must be because of the bad weather.
16 Everyone looked happy except for me.
17 I know nothing about him except for his face.
18 You can have anything except for this.
19 My grades were not so good except for English.
20 There was no one in the classroom except for Chulsu.

P. 141

1 We were talking about the teacher's strange hair style in front of the classroom door. Then/At that time, suddenly, the door opened.
2 Most people say (that) they want to do good things for the poor (people) later. Not now.
3 Finally the boy decided to buy a small chocolate cake for his sister with the money and went to a bakery.
4 Next morning the autumn sky was clear and blue without a speck of cloud and sparrows were twittering cheerfully on the persimmon tree.
5 It takes only 5 minutes to go to school by bike. Moreover, it is also good for my health.
6 From the back, he looks like a woman because of his long hair. However, people are often surprised at his tough-looking face.
7 I am already 14 years old, but my parents and relatives still seem to see me as a child. I hate it.

P. 142

8 Despite the cold weather, numerous people gathered around City Hall square. It was like a sea of candlelight.
9 Except for my father, all of my family wanted to watch Gag Concert instead of the baseball game.
10 I felt (that) it was shameful to talk badly about someone behind their back. So I left my seat quietly.
11 Despite the teacher's repeated warning, the two guys kept chatting and giggling during the class.
12 This semester, I'm going to choose the ocarina class instead of computer class as after-school class.
13 Now you must clear everything from your desk except (for) your pencil and eraser.
14 Can/Could you borrow a book from the library for me? I have to hand in/submit a book report by this Friday.

P. 143

15 Is this game for children? It is too violent.
16 Since elementary school, I have been with Sooni for seven years. So, I think (that) there is no secret between us.
17 Sleeping in the dirty and smelly room with mosquitoes was like a terrible nightmare.
18 Do you also think (that) it is because of me? Don't you know how hard I have tried?
19 It is not good to rub your skin with rough towel too often. You'd better take a light shower instead.
20 It is impossible to make a happy society without happy families. A happy family is like a healthy cell for our society.
21 I can't believe (that) he drew it by hand. How can a man draw like this just/only with a pencil and eraser?

p. 145

1 I am as tall as our teacher now.
2 Everyone is as tired as you. Stop whining.
3 Parents' love is as deep as the sea.
4 I am not as stupid as you.
5 This exam will be as difficult as the last one.
6 The full moon was as bright as day.
7 She also looked as serious as you.
8 My body felt as light as cloud.
9 The weather became as cold as midwinter.
10 The classroom became as silent as a temple.
11 My sister is as stubborn as my father.
12 It is not as simple as that.
13 Today will not be as hot as yesterday.
14 I can't play soccer as well as my brother.
15 I like gimbap as much as noodles.

16 I'd like to receive that as soon as possible.
17 Move this box as carefully as possible.
18 I wanted to make as many friends as possible.
19 Laugh as often as possible.
20 Push it as hard as possible.

p. 146

1 Math is easier for me.
2 Heavier stone sinks faster in the water.
3 My mom looks younger than her age.
4 Who can run faster than me?
5 Don't worry. I will live much longer than you.
6 The water became much dirtier than before.
7 Animals will be happier in the forest.
8 They gave up climbing higher.
9 There will be a better way.
10 Spend more time with your children.

11 Nothing is faster than light.
12 No one is smarter than me.

13 *Who is **the** smartest of/among you?*
14 I'm the strongest of/among us.
15 Where is the coldest place on earth?
16 Question 4 was the hardest in the test.
17 The biggest bee is the queen.
18 That is the brightest star in the sky.
19 Now is the happiest time in my life.
20 Who's the tallest in your class?

p. 147

1 Imagination is much more important than knowledge.
2 I am much more handsome than you.
3 Why do people want more expensive cars?
4 He looked more energetic than usual.
5 It is more natural not to wear glasses.
6 I felt more and more tired.
7 The story is getting more and more interesting.
8 Are we living in a less dangerous world than the past?
9 I sleep less than 5 hours a day.
10 I can solve this puzzle much more easily.
11 You ate more than me!
12 Speak a little more slowly. I can't follow you.
13 Nothing is more important than this.

14 Mirror, who is the most beautiful in the world?
15 What is the most urgent thing to you?
16 You are the most irritating person here.
17 What is the most popular movie these days?
18 Parenting is the most difficult job.
19 I did not even know the most basic concept.
20 It will be/become the most terrible experience.

1 Home education is as important as school education. We can't expect a great person without good home education.
2 The oldest oak tree whispered "No living things are as selfish as humans." I was ashamed.
3 The teacher said "Calm down", but she also looked as excited as us.
4 Do you want to prove (that) you are as brave as that guy? He's not brave but foolish.
5 The famous restaurant was always crowded with people, but strangely it was not as crowded as usual today.
6 The weather forecast said (that) this weekend will be as hot as today. Chulsu's family has already left to a valley.
7 You don't need to speak English as fluently as a native speaker. The more important thing is what you are saying.

8 Other friends were waiting outside, so I had to finish everything as soon as possible.
9 That guy was much taller than me, so I thought (that) he was a middle school student.
10 Jejudo is the biggest island in Korea, and it's also the most famous tourist attraction.
11 It is true (that) he is the strictest teacher in our school. However, most students like him.
12 Most parents know (that) they should spend more time with their children after work or during the weekend. But...
13 It is the most important to make good friends during your school days.
14 In a survey, about 30% of the students answered (that) they sleep less than 5 hours a day during the exam period.

15 It is faster and safer to use the train instead of your car. Moreover, it's much better for the environment.
16 Do you know what the biggest animal is in the world? It's the blue whale. Its length is about 30 m and weight is about 170 t.
17 You may feel (that) other people are luckier than you. However, it's not wise to compare yourself with others.
18 Love your family with all your heart. Then, your home will be the most restful and comfortable place.
19 Should I make a decision right now? I think (that) I'd better talk about it with my family more seriously.
20 He asked "What do you want to have the most for your birthday gift?" I was about to answer, but at that moment, I awoke.
21 More and more people will want to live more convenient lives, and then we will have to pollute our environment much faster.

1 Don't care about me.
2 I don't care for that kind of style.
3 Who should care for this puppy?
4 Did you dream of a dragon last night?
5 What do you think of Korean people/Koreans?
6 Suddenly, I thought of you.
7 It's not good to deal with him like that.
8 I don't know how to deal with this problem.
9 Don't depend on their help.
10 Your future doesn't depend on your grades.

11 You should not insist on that any more.
12 We just pretended to listen to him.
13 I don't want to listen to your complaints.
14 What are you looking for? I am looking for my cell phone.
15 Why do you look at me like that?
16 You laughed at me in front of other friends.
17 Don't worry about me. I'm fine.
18 How did he succeed in this business?
19 Why didn't you wait for me?
20 It doesn't make sense (that) we wait for you until then.

1 He might be afraid of your indifference.
2 I am not afraid of that guy any longer.
3 Sometimes he felt ashamed of himself.
4 I was too ashamed of my past behaviors.
5 I am always proud of my parents.
6 Are you proud of your country?
7 I am tired of my mom's endless nagging.
8 Are you sure of your victory?
9 I'm not sure of your intention.
10 Hanok is made of wood and earth.

11 Everything was made of pure gold.
12 His face was full of anxiety.
13 I think that I am pretty good at math.
14 I'm poor at other sports.
15 I am not interested in that guy.
16 Jejudo is more famous for Mt. Halla.
17 I was absent from school last Monday because of flu.
18 Are you satisfied with the result?
19 Actually, I am/was very disappointed with the result.
20 Chulsu is very different from his brother.

1 Where have you been? You said that you would wait for me in front of the bookstore until 3 o'clock.
2 The documentary was dealing with global warming and its effects. I began to be/get bored soon.
3 Mom looked at us angrily and said in a sharp voice "Turn off the TV." She looked like a witch.
4 My mom and I enjoy listening to this program every morning. So, the radio is always fixed on this channel.
5 I dreamed of a golden pig last night. So dad said (that) he will/would buy a lottery ticket on his way home from work today.
6 At the moment, Wonhyo realized (that) everything depends on mind and decided not to go to China and came back to Silla.
7 You don't care about other people's feelings at all and just insist on your rights.

8 The young man gathered his courage and explained his idea to the people. However, except for one man, everyone laughed at him.
9 These days more and more parents worry about their children's school lives. Especially, school violence is the most serious problem.

10 My parents always came home late, so my grandmother used to/would care for me after school.

11 I was reading "The tiger and dried persimmon" to my nephew/niece. And it was really funny (that) a tiger was afraid of dried persimmon.

12 He was ashamed of his poor parents, but later he became proud of their honest and sincere life.

13 My mom went to grandmother and my father and I have been eating gomguk for a week. I'm sick of it now.

14 Her novel was full of imagination, and soon I became interested in her works like other friends.

P. 156

15 They explained (that) the lotion is made of natural materials, so It is not harmful to the skin.

16 I decided to learn to swim with my sister during this vacation. Both of us are poor at swimming.

17 Most people seemed to be sure of a good result except for only one person.

18 Spiders are different from insects. Insects have six legs, but spiders have eight legs.

19 Mom said "I know (that) you have a mild fever, but it's not a good idea to be absent from school."

20 You may be disappointed with the result. Don't expect too much from me.

21 I couldn't be satisfied with my painting. So I began to paint again from the beginning. I thought (that) the time was enough.

P. 158

1 These days, people can do a lot of things by using computer.

2 It's not only foolish, but also dangerous to lose weight by not eating.

3 We can help someone just by listening to his or her words closely.

4 My mother always worries about getting fat.

5 How/What about learning Taekwondo with your brother?

6 Mom shouted at me, "Don't even think about turning on the computer!"

7 I was talking with Sumin on the phone about going to a movie.

8 That guy sat down there without apologizing to me. So I stared at him.

9 It's impossible to solve this problem without understanding this concept.

10 You are just complaining about the matter without doing anything.

P. 159

11 You have to face the reality instead of avoiding it.

12 I think (that) we'd better go first instead of waiting for them here.

13 Finish what you have to do now instead of making excuses later.

14 I said "I'm sorry for being late.", but no one looked at me.

15 Don't worry. They won't scold you for making a mistake.

16 She apologized for treating me coldly.

17 I hope to succeed in losing weight this time.

18 You need to be wise in spending your time alone.

19 Why did people begin to dream of going to the moon?

20 The color of the shoes was too different from watching it on the monitor.

P. 160

21 Why do you insist on following me? Just stay (at) home.

22 After about an hour, they succeeded in making fire by rubbing the sticks.

23 Just care about doing your job. I can deal with it alone.

24 Most entertainers always have to worry about losing their popularity.

25 Are you proud of being Korean? Sometimes, I feel ashamed of it/that.

26 I was afraid of missing such a good chance again. So I have lied to them.

27 Aren't you ashamed of not helping your friend?

28 Now I am tired of listening to my mom's nagging.

29 He was poor at considering other people's feelings.

30 Actually, I'm not interested in playing with them.

31 Our teacher is famous for treating his students very strictly.

P. 161

1 I was afraid (that) they would not believe me.

2 I was sorry (that) I said harsh things to my mother in the morning.

3 I was really angry (that) she was ignoring me.

4 My family was happy/pleased (that) we could harvest the big potatoes.

5 Actually I was a little surprised (that) he was so timid.

6 I never dreamed (that) you would prepare such nice gift for me.

7 I began to worry (that) the water would be too deep.

8 He is insisting (that) he has not lied about that. But...

9 Chulsu was proud (that) he scored two goals.

10 She seems to be sure (that) there is afterlife.

P. 162

11 We don't need to argue about whether it's right or not.
12 Have you ever thought about who you are?
13 My sister is very choosy about what she eats.
14 Let's talk about what to do for the world peace.
15 I'm not sure of whether to go to the party or not.
16 People seemed not to be interested in why she was crying there.
17 Everything depends on how you think and behave.
18 Are you satisfied with where you are?
19 They may be laughing at how ignorant I am.
20 Come here, and look at what I made for you.

P. 166

1   When you were young, you were a terrible troublemaker.
2   Our body feels much better when we rest our mind.
3   My sister doesn't turn off the light even when she sleeps.
4   The boy was salivating as he smelled the tteokbbokki.
5   You are becoming like your father as you grow up.
6   Mom asked "What did you do while I was away?"
7   I found something strange while I was looking at the pictures.
8   He was fiddling with his phone even while the teacher was scolding him.
9   Whenever I passed in front of the store, the old man was always sitting on the old chair.
10 You were always beside me whenever I was/felt down. Thanks, my friend!

P. 167

11 I turned on the computer as soon as mom went out.
12 The cute puppy began to wag its tail as soon as it saw me.
13 After the rain stopped, the clear blue sky appeared again.
14 My father lay down on the sofa just after he ate/had dinner.
15 The two guys kept giggling even after the teacher opened the book.
16 We have to finish setting up the tent before it gets too dark.
17 Chulsu left just before you arrived there.
18 Even before the bus stopped, the door opened.
19 Wait here until I come back. Don't go anywhere. It will take less than 10 minutes.
20 You'd better not touch him until his anger melts away.

P. 168

21 Since we argued about that, we have not met.
22 You have been watching TV since you came back from school.
23 Once she starts/begins crying/to cry, no one can stop her.
24 Once you are/get addicted to smart phone, it's so hard to get out.
25 I don't regret what I did because I kept my faith at least.
26 Sumin hates spring because she has an allergy to pollen.
27 As my friends also know them, you can bring them to the meeting.
28 I believed (that) Chulsu was willing to help me as he was/is my friend.
29 I couldn't keep saying any more since they all looked disappointed.
30 Since you go home earlier than me, would you run the washing machine?

P. 169

31 As you know, no living things can live without water.
32 I will keep the promise in any case as I said before.
33 Although/Though we look a lot different, our nature is the same.
34 Although our economy has grown a lot, our level of happiness is very low.
35 While Chulsu is outgoing, his brother is always shy and quiet.
36 While animals have only what they need, our desires never know the limit.
37 An unknown flower began to bloom where the old woman died.
38 I put the birthday card where my mother could/can find it easily.
39 Because the guy always made troubles wherever he went, I can't forget him.
40 The chair said "I can take you wherever you want to go."

P. 170

41 I am sorry if I hurt your feelings.
42 If you can, solve this problem. What will you do for me if I solve it?
43 If you can't concentrate on studying, it's just a waste of time.
44 I will not forgive him this time if the guy lied again.
45 If you have not eaten/had breakfast yet, how about gimbap?
46 If I were you, I would not hang around with those guys.
47 If you were in her place, you could also say like that.
48 If you saved 500 won every day, it would be 180,000 won after a year.
49 If my mother saw it now, she would kill me.
50 If we could throw away greed and selfishness, this world could become much more beautiful.

P. 171

51 Our teacher posted the pictures on the board so that we could see them.
52 I had to tie Ttolttol to a tree so that it couldn't make troubles.
53 Don't forget to log out so that other people can't read your mails.
54 You should use gerund instead of verb so that this sentence makes sense.
55 Mom was clearing the veranda so that she would put the plants there.
56 The library was so warm that I was too sleepy.
57 The restaurant was so crowded (that) we couldn't feel comfortable.
58 You are walking so fast (that) I can't follow you.
59 I was so sorry (that) I couldn't look at his face.
60 Your mind is so wide and free (that) it can cover the whole universe.

P. 174

1 I was sitting in the back seat, picking my nose.
2 Chewing gum, Chulsu answered to the teacher.
3 Growling, the big black dog was staring at us.
4 Brushing her long hair, a cool wind blew into the room.
5 Not wearing pants, a man ran out of the public bath.
6 Holding a bunch of flowers in her hands, my mom was waiting for me.
7 Surprised at the sound, all of us stopped on the spot.
8 Stroking my head with his rough hand, my father smiled at me warmly and gently.
9 He had to spend time alone, watching TV or playing computer games.
10 Not knowing (that) nothing is eternal, we cherish what we possess.

P. 175

11 Sitting by the warm window, I felt too sleepy during the class.
12 Not wanting to talk with him, I pretended not to see him.
13 Having skipped the breakfast, I was too hungry.
14 Having forgotten my ID and PIN number, I couldn't even log in.
15 Knowing his short temper, I avoided irritating him.
16 (Being) Ashamed of what I did, I couldn't raise my face.
17 (Being) Too loose for me, the pants kept falling down.
18 (Being) Born around 9:30 on December 31, I became/turned 2 in one night.
19 Not (being) able to believe him, I called Chulsu again.
20 Being a real man, I can't ignore their cry.

P. 176

21 We must be careful when using smart phone.
22 Do you eat the seeds when eating grapes?
23 Opening your mind is essential when listening to the sound of nature.
24 That guy kept using bad words while talking on the phone.
25 Let's talk about what you thought while watching this video.
26 Mother said nothing to me while coming back home.
27 After changing my attitude, I could feel more comfortable than before.
28 Don't avoid me after becoming a super star.
29 Put a band-aid after applying this medicine on the wound.
30 You have to remove useless files before installing a game or program.

P. 177

31　He seemed to hesitate for a moment before leaving the classroom.
32　She whispered to me "Think again before buying it."
33　Although (being) poor, her heart was full of love and mercy.
34　Although not (being) afraid of that guy, I didn't want to fight him.
35　Although living in the same apartment, we can seldom see each other.
36　if (being) interested in UCC, call me without hesitation.
37　If ordering this computer now, you can get the latest printer for free.
38　On/Upon seeing the full moon, he began to change into a wolf.
39　On/Upon hearing my voice, Ttolttoli ran out like the wind.
40　On/Upon realizing (that) the next class was math, Sumin frowned.

P. 180

1　I have saved money for a year to buy it.
2　The panda walked up the long stairs to see the Kung Fu competition.
3　I was walking to the vending machine to drink something.
4　People use SNS in order to share their ideas.
5　Where is your mother? She went to the market to buy mackerel.
6　Sometimes I pretended to be sick in order not to go to the institute.
7　I left home a little earlier than usual in order not to be late.
8　I tried to stay cool, but it was not easy to hide my excitement.
9　I am trying not to think about that, but it is still bothering me.
10　She tried to hold her fart, but it exploded soon.

P. 181

11　We stopped in front of the wall painting in order to take a picture.
12　I did my best to persuade him, but he didn't listen to me.
13　Why don't you go to see a movie with me if you are free today?
14　We apply sun block to protect our skin from the strong sunlight.
15　Every year too many Koreans go abroad in order to learn English.
16　Give up your cell phone in order to be a creative person.
17　We should be able to sacrifice ourselves in order to love someone or something truly.
18　Sometimes, sparrows or swallows flock together in order to drive away a hawk.
19　(In order) to be happy, you should throw away your greed first.
20　I didn't come here in order to argue with you. Calm down and listen to me.

P. 182

21　People look too busy to think about this kind of problem.
22　It's too late to cancel the appointment.
23　I was too scared to reject his offer.
24　My parents seem to think (that) I'm too young to have a smartphone.
25　This dish is too greasy to eat without Kimchi or kkakdugi.
26　I was too worried and nervous to be sitting there waiting for her call.
27　However, some of us thought (that) it was too early to give up.
28　I'd like to walk with you. Is it too far to walk?
29　This problem is too important to ignore like this.
30　I was too embarrassed to show what I wrote.

P. 183

31　The problem is (that) it is too hot to go around today.
32　It's true that Sumin is too talkative to keep this secret. Isn't it?
33　The bitter wind was cold enough to freeze everything.
34　Are you brave enough to say "NO" in this case?
35　She's naive and simple enough to believe whatever I say.
36　You are old enough to understand what it means.
37　That was enough to draw people's attention.
38　My grandmother used to say "Can I live long enough to see the United Korea?"
39　What she learned at school was not enough to satisfy her curiosity.
40　It means (that) grown-ups are not pure enough to understand the children's hearts.

P. 184

41 I was really happy/glad/pleased to be able to help you.

42 I was upset to have to stay home because of the homework.

43 I expected (that) she would be surprised/shocked to read the message.

44 We were really excited to meet again.

45 People were impressed/touched to hear her piano playing.

46 At first, I thought (that) you were sad to leave us?

47 I'm sorry to be late. But, it's not my fault.

48 I was a little disappointed to find that you were not my team.

49 You should know (that) you are lucky to be born in Korea.

50 I was relieved to hear the familiar voice.

MEMO

누구나 배울 수 있는

영어작문 프로젝트